Précis

Les verbes et leurs prépositions

Isabelle Chollet
Jean-Michel Robert

Sommaire

Directrice éditoriale : Michèle Grandmangin
Édition : Dominique Colombani
Maquette et mise en pages : Nicole Sicre / Lo yenne
Correction : Jean Pencreac'h
Couverture : Avis de Passage

ISBN : 978-2-09-035253-5

Avant-propos

Cet ouvrage s'adresse à un public d'étudiants étrangers de tous niveaux. Il s'agit d'un guide pratique qui apportera à chacun un moyen sûr d'exprimer sa pensée sans contresens et d'améliorer sa syntaxe.

Ce précis rassemble, parmi les verbes les plus fréquents, environ 1 800 de ceux dont les constructions se caractérisent par l'emploi d'une ou plusieurs prépositions ou conjonctions.

EXEMPLE : *demander* ***à quelqu'un de faire quelque chose***, *demander* ***que quelqu'un fasse quelque chose***.

Les verbes sont présentés de façon simple et pratique, l'ordre alphabétique permettant une consultation rapide et facile. Les verbes pronominaux apparaissent dans l'ordre alphabétique du verbe, suivis du pronom se (ou s' devant une voyelle ou un h muet).

EXEMPLE : « *s'intéresser à* quelqu'un ou à quelque chose », chercher à la lettre « **I** » : **Intéresser (s')**.

Des exemples simples permettent de différencier les multiples variantes d'un verbe selon ses constructions. Pour affiner ces nuances, sont parfois ajoutées des notes (encadrées) présentant également des différences sémantiques.

Dans un souci de simplification, nous avons choisi de ne pas faire figurer dans le répertoire principal les verbes n'ayant pas de complément, comme par exemple le verbe *grandir*, ou n'ayant qu'une construction directe, comme par exemple les verbes *adopter* (un enfant) ou *célébrer* (un événement).
Cependant, ces verbes sont répertoriés dans un index en fin d'ouvrage. Ils sont alors suivis des lettres **T** (transitif) ou **I** (intransitif). Les verbes pronominaux – sans construction particulière – n'apparaissent pas dans cet index.

Mode d'emploi

Chaque entrée montre toutes les constructions des verbes, avec les compléments, les prépositions et les conjonctions. Sont mises en évidence les différences de sens (*tenir quelque chose / tenir **à** quelque chose*), de simples nuances (*se décider **à** / décider **de***), des différences de style (emploi recherché ou familier) ou d'usage (par exemple l'emploi du subjonctif après *ne pas croire que* n'est plus obligatoire en français parlé).

En ce qui concerne le choix des modes, nous nous sommes limités à l'indicatif, au subjonctif et à l'infinitif, ce qui ne veut pas dire que le conditionnel soit impossible dans certaines constructions verbales :
*Je crois qu'**il peut** le faire / Je crois qu'**il pourrait** le faire.*
De même, le conditionnel peut apparaître dans le discours rapporté (futur dans le passé) : *Il m'a dit qu'**il ne pourrait pas** venir.*

EXEMPLE DE PRÉSENTATION

ÉCRIRE

- **quelque chose à quelqu'un** : *Véronique écrit une lettre à son ami.*
- **à quelqu'un de + infinitif** [6] : *Elle lui écrit de l'attendre à la gare.*
- **à quelqu'un que + indicatif** : *Elle lui écrit qu'elle va bientôt arriver à Nice.*
- **à quelqu'un que + subjonctif** : *Elle lui écrit qu'il vienne l'attendre à la gare.*

> **Que + subjonctif** et **de + infinitif** expriment l'ordre ou la demande.

La couleur bleue indique **un complément d'objet direct.**
La couleur rouge indique **un complément d'objet indirect** ou **une construction avec préposition ou conjonction.**
L'encadré précise le sens du verbe en fonction de la construction.
Certaines constructions récurrentes ont été répertoriées et renvoient à huit « types » présentés en page suivante. Ces constructions sont notées par un chiffre [6].

REMARQUES SUR L'INDEX

• Les verbes sans complément (comme *grandir*) et les verbes transitifs qui ont un seul complément et ne sont pas suivis de préposition ou de conjonction (comme par exemple *boire*), ne figurent pas dans le répertoire principal mais

se retrouvent dans l'index en fin de volume suivis de la lettre **T** (transitif) ou **I** (intransitif).
Les verbes acceptant les deux constructions sont indiqués par les deux lettres **T**, **I** (Transitif / Intransitif), par exemple le verbe *respirer* **T**, **I** : *je suis soulagé, je respire* (**I**) / *respirer l'air de la mer* (**T**).
• Les verbes toujours pronominaux ne sont pas répertoriés dans cet index.
• Les verbes qui peuvent avoir plusieurs constructions, qui sont des verbes dérivés de verbes présents dans le récit (comme *revendre*) ou d'un usage rare (*subodorer*), sont simplement notés comme transitifs (T).

Les huit types de constructions

Type 1 (Vouloir)

+ infinitif : *Je veux partir.*

Le sujet du verbe est celui de l'infinitif et la construction est obligatoire : « Je veux que je parte » est impossible. Ce sont en général des constructions avec le subjonctif.

Type 2 (Gagner)

+ infinitif : *J'espère gagner.*

Le sujet du verbe est celui de l'infinitif mais la construction n'est pas obligatoire : *J'espère que je vais gagner* est possible.

Type 3 (Craindre)

de + infinitif : *Je crains d'avoir froid.*

Le sujet de verbe est celui de l'infinitif et la construction est obligatoire : « Je crains que j'aie froid » n'est (normalement) pas possible.

Type 4 (Décider)

de + infinitif : *J'ai décidé de partir demain.*

Le sujet du verbe est celui de l'infinitif mais la construction n'est pas obligatoire : *J'ai décidé que je partirai demain* est possible.

Type 5 (Approuver)

de + infinitif : *Je l'approuve de faire cela.*

Le complément du verbe est le sujet de l'infinitif et la construction est obligatoire : « Je l'approuve qu'il fasse cela » est impossible. Cependant, la langue parlée peut parfois admettre cette construction lorsque le complément est un nom (et non un pronom) : *J'approuve mon frère qu'il ait fait cela.*

Type 6 (Demander)

de + infinitif : *J'ai demandé à mon voisin de me prêter sa voiture.*

Le complément du verbe est le sujet de l'infinitif, mais la construction n'est pas obligatoire : *J'ai demandé à mon voisin qu'il me prête sa voiture* est possible.

Type 7 (Gêner)

de + infinitif (impersonnel) : *Cela le gêne de faire cela / Cela lui plaît de faire cela.*

Le complément du verbe est le sujet de l'infinitif. Cette construction est normalement obligatoire : « Cela le gêne qu'il fasse... / cela lui plaît qu'il... » est impossible. Même si le français familier admet parfois certaines constructions comme : *Ça t'embête que tu sois recalé ?*

Type 8 (Teindre)

quelque chose à quelqu'un : *Le coiffeur* ***lui*** *a teint les cheveux.*

Le complément d'objet indirect n'est possible que sous la forme d'un pronom.

« Le coiffeur à teint les cheveux à Marie » est impossible (*Le coiffeur a teint les cheveux* ***de*** *Marie*).

ABAISSER

- **quelque chose** : *Il fait trop chaud dans cette voiture, abaisse un peu la vitre.*
- **quelque chose de quelque chose** : *Le syndicats voudraient abaisser l'âge de la retraite d'un an.*

ABAISSER (S')

- **à quelque chose** : *Ne t'abaisse pas à son niveau.*
- **à + infinitif** : *Ne t'abaisse pas à lui répondre.*

> Suivi de la préposition **à + infinitif**, « s'abaisser » signifie « se comporter comme une personne inférieure ».

ABANDONNER (S')

- **à quelque chose** : *Après son échec, Pierre s'est abandonné au désespoir.*

ABATTRE (S')

- **sur quelqu'un / quelque chose** : *La foudre s'est abattue sur cette maison.*

ABONDER

- **dans quelque chose** : *J'abonde dans votre sens.*

ABONNER

- **quelqu'un à quelque chose** : *J'ai abonné mes enfants à cette revue.*

ABONNER (S')

- **à quelque chose** : *Marie s'est abonnée à ce journal.*

ABOUTIR

- **à quelque chose** : *Ses recherches n'ont pas abouti à la conclusion espérée.*
- **à + infinitif** : *Il n'a pas abouti à créer un nouveau système philosophique.*

ABOYER

- **après / contre quelqu'un** : *Le chien aboie contre le facteur.*

ABRÉGER (S')

- **en quelque chose** : *Le mot « faculté » peut s'abréger en « fac ».*

ABREUVER

- **quelqu'un de quelque chose** : *Pierre a abreuvé Paul d'injures.*

ABRITER

- **quelqu'un / quelque chose de quelque chose** : *Le parapluie abrite les enfants de la pluie.*

ABSTENIR (S')

- **de + infinitif** : *Abstenez-vous de fumer dans les endroits publics.*

ABUSER

- **de quelqu'un / quelque chose** : *N'abusez pas de ma patience.*

Abuser d'une personne peut signifier « violer » : *L'accusé avait essayé d'abuser de sa voisine.*

ACCABLER

- **quelqu'un de quelque chose** : *Marc est arrivé avec deux heures de retard, ses collègues l'ont accablé de reproches.*

ACCÉDER

- **à quelque chose** : *Il n'est pas possible d'accéder à ce site en voiture, il faut marcher.*

ACCEPTER

- **quelqu'un / quelque chose** : *Nous n'acceptons que les membres du club. Veuillez accepter nos excuses.*
- **de + infinitif** [3] : *Julien a accepté de quitter Paris pour la province.*
- **que + subjonctif** : *Valérie n'accepte pas que Julien parte en province.*

ACCLIMATER (S')

- **à quelque chose** : *Malgré le froid, Marc s'est bien acclimaté à sa nouvelle vie au Canada.*

ACCOMMODER (S')

- **de quelque chose** : *Il s'est facilement accommodé du logement que sa firme lui a trouvé.*
- **de ce que + indicatif** : *Il s'accommode facilement de ce qu'on lui donne.*

ACCOMPAGNER

- **quelqu'un / quelque chose** : *Marc accompagne son amie au restaurant. Ils prendront du vin blanc pour accompagner le poisson.*
- **quelque chose de quelque chose** : *Ils ont accompagné le poisson d'un vin blanc d'Alsace.*

ACCOMPAGNER (S')

- **de quelque chose** : *Le fromage s'accompagne souvent de vin rouge.*

ACCORDER

- **quelque chose à quelqu'un** : *Le directeur accorde rarement une faveur à ses employés.*
- **quelque chose avec quelque chose** : *Il faut accorder le verbe avec un sujet.*
- **à quelqu'un** (en général pronom) **que + indicatif** : *Je t'accorde que c'était difficile.*

Accorder quelque chose signifie « mettre en accord ». **Accorder que** signifie « convenir, reconnaître ».

ACCORDER (S')

- **quelque chose** : *Carole travaille beaucoup, elle ne s'accorde jamais un instant de repos.*

- **sur quelque chose** : *Les parents n'arrivent pas à s'accorder sur le prénom de l'enfant.*
- **avec quelque chose** : *Le verbe s'accorde avec le sujet.*
- **à + infinitif** : *Les parents s'accordent à reconnaître que leur bébé est superbe.*

ACCOUCHER
- **quelqu'un de quelqu'un** : *Le médecin a accouché ma cousine d'un garçon.*

> On peut **accoucher de quelque chose**. Ce verbe a alors le sens d'« élaborer péniblement » : *Après des semaines de discussions, les négociateurs ont enfin accouché **d'un accord**.*

ACCOUDER (S')
- **à (contre) quelque chose** : *Ne t'accoude pas à ce balcon, il est fragile.*

ACCOURIR
- **+ infinitif** : *Les enfants accourent embrasser leur mère.*
- **vers quelqu'un / quelque chose** : *Les enfants accourent vers la maison, vers leur mère.*

> Avec un complément de lieu, d'autres prépositions sont possibles : **accourir dans la chambre**.

ACCOUTRER (S')
- **de quelque chose** : *Le chanteur s'était accoutré d'un pantalon rouge.*

ACCOUTUMER
- **quelqu'un à quelque chose** : *L'apprentissage des langues étrangères accoutume les jeunes à des cultures différentes.*
- **quelqu'un à + infinitif** : *Il est espagnol, elle est française ; ils ont accoutumé leurs enfants à parler dans les deux langues.*

ACCOUTUMER (S')
- **à quelqu'un / à quelque chose** : *Les enfants se sont accoutumés à leur nouveau professeur et à leur nouvelle école.*
- **à + infinitif** : *Ils se sont accoutumés à se lever plus tôt.*
- **à ce que + subjonctif** : *Ils se sont accoutumés à ce que les cours soient plus difficiles.*

ACCROCHER
- **quelque chose à quelque chose** : *Accroche ton blouson au portemanteau.*

ACCROCHER (S')
- **à quelqu'un** : *Accroche-toi à moi.*
- **à quelque chose** : *Le petit garçon s'accroche au bras de sa mère.*

> **S'accrocher à** peut avoir le sens de « ne pas vouloir céder, être en grande demande » : *Il s'accroche à ses idées, il s'accroche à ses amis.*

ACCULER
- **quelqu'un à quelque chose** : *Cet homme d'affaires a acculé ses concurrents à la ruine.*

Accuser

- **quelqu'un de quelque chose** : *Qui a accusé Paul de vol ?*
- **quelqu'un de + infinitif** [5] : *On a accusé cet étudiant d'avoir triché.*

Acharner (s')

- **contre / sur quelqu'un** : *Les journalistes se sont acharnés contre (sur) le ministre.*
- **à + infinitif** : *L'accusé s'est acharné à clamer son innocence.*

Acheter

- **quelque chose à quelqu'un** : *J'ai acheté un livre à Marc.*

> **Acheter à quelqu'un** peut avoir deux sens : « acheter pour quelqu'un » et « acheter de quelqu'un ».

Achever

- **quelqu'un ou quelque chose** : *J'ai enfin achevé ma thèse. Tout ce travail m'a achevé.*
- **de + infinitif** : *Aujourd'hui, j'ai achevé d'écrire la conclusion.*

> Si le complément est une chose, **achever** signifie « terminer ». Si c'est un être vivant (humain ou animal), **achever** signifie « tuer » (« mettre fin aux souffrances ») au sens propre *(Le vétérinaire a achevé le pauvre chien)* ou figuré *(Ce travail m'a achevé).*

Acoquiner (s')

- **avec quelqu'un / quelque chose** : *Son fils s'est acoquiné avec une bande de jeunes du quartier.*

Acquiescer

- **à quelque chose** : *Le directeur de l'école n'a pas acquiescé à la demande des élèves.*
- **de quelque chose** : *Il a acquiescé de la tête.*
- **à ce que + indicatif** : *Il n'a pas acquiescé à ce qu'ils lui ont demandé.*

Acquitter (s')

- **de quelque chose** : *Il s'est enfin acquitté de toutes ses dettes.*
- **envers quelque chose** : *Il s'est acquitté (de ses dettes) envers la banque.*
- **de ce que + indicatif** : *Il s'est acquitté de ce qu'il devait.*

Activer (s')

- **à + infinitif** : *Le directeur des ventes s'active à préparer son rapport.*

Adapter

- **quelque chose à quelque chose** : *Essaie d'adapter ton comportement aux circonstances.*

Adapter (s')

- **à quelqu'un / quelque chose** : *Hélène vient de changer de travail. Elle doit s'adapter à ses nouvelles fonctions et à ses nouveaux collègues.*

ADHÉRER

- **à quelque chose** : *Stéphane vient d'adhérer à un nouveau parti politique.*
- **à ce que + indicatif** : *J'adhère complètement à ce que vous proposez.*

ADJOINDRE

- **quelqu'un à quelqu'un** : *Le directeur a adjoint à l'ingénieur un nouveau collaborateur.*

ADJUGER

- **quelque chose à quelqu'un** : *Le jury a adjugé le premier prix à un jeune réalisateur.*

ADJURER

- **quelqu'un de + infinitif** [5] : *L'avocat adjure son client de ne rien lui cacher.*

ADMETTRE

- **quelqu'un / quelque chose** : *Cet établissement n'admet que les meilleurs élèves. Cette règle n'admet aucune discussion.*
- **+ infinitif** [2] : *J'admets avoir une mauvaise prononciation en anglais.*
- **de + infinitif** (généralement à la forme négative) [6] : *Il n'admet pas de se faire corriger sa prononciation.*

> La construction à l'actif **admettre quelqu'un à + infinitif** est rare. Elle s'emploie plutôt avec le passif : *Il a été admis **à faire valoir** ses droits à la retraite.*

- **que + indicatif** : *J'admets que ce n'est pas de ta faute.*
- **que + subjonctif** : *Il admet que son fils de quinze ans sorte seul le soir.*

> Suivi de l'indicatif, **admettre** signifie « reconnaître », suivi du subjonctif **admettre** signifie « tolérer, accepter ».

ADMIRER

- **quelqu'un / quelque chose** : *Je t'admire. J'admire surtout ta modestie.*
- **quelqu'un de + infinitif** [5] : *J'admire cet auteur d'être resté si modeste.*
- **que + subjonctif** : *J'admire que tu sois resté si modeste.*

ADMINISTRER

- **quelque chose** : *Le maire administre la commune.*
- **quelque chose à quelqu'un** : *Le médecin a administré un médicament au malade.*

ADONNER (S')

- **à quelque chose** : *Ma voisine s'adonne à la gymnastique tous les matins.*

ADORER

- **quelqu'un / quelque chose** : *Aude adore ce pays et ses habitants.*
- **quelqu'un de + infinitif** : *Elle les adore d'être si accueillants.*
- **+ infinitif** [1] : *Les enfants adorent manger des bonbons.*
- **que + subjonctif** : *Ce chien adore qu'on le caresse.*

ADOSSER (S')

▸ **à (contre) quelque chose** : *Ne t'adosse pas* **au (contre le) mur**, *la peinture est encore fraîche.*

ADRESSER

▸ **quelque chose à quelqu'un** : *Guy n'adresse plus* **la parole à Françoise**.

ADRESSER (S')

▸ **à quelqu'un, à quelque chose** : *Adressez-vous* **à la secrétaire**. *Adressez-vous* **au bureau d'information**.

ADVENIR

▸ **quelque chose à quelqu'un** (rare) : *Il est advenu* **un accident à mon voisin**.

▸ **de quelqu'un / quelque chose** (dans une interrogation introduite par ***que***) : *Qu'adviendra-t-il* **de mon voisin** *?*

▸ **que + indicatif** : *Il est advenu* **qu'il n'était pas responsable** *de l'accident.*

> **Advienne que pourra :** *« Ce qui peut arriver n'a pas d'importance. »*

AFFAIRER (S')

▸ **auprès de quelqu'un** : *Luc s'affaire* **auprès de sa nouvelle collègue**.

▸ **à + infinitif** : *Il s'affaire* **à** *lui* **rendre** *le travail plus facile.*

AFFECTER

▸ **quelqu'un** : *Son échec à l'examen affecte* **Alain**.

▸ **quelque chose** : *Il affecte* **l'indifférence**.

▸ **quelqu'un à quelque chose** : *Le directeur a affecté* **Nicole à l'accueil des étudiants étrangers**.

▸ **de + infinitif** [3] : *Alain affecte* **de ne pas donner** *d'importance à son échec.*

▸ **quelqu'un de + infinitif** [7] : *Cela* **l'***affecte* **d'avoir échoué**.

▸ **quelqu'un que + subjonctif** : *Cela* **m'***affecte* **que** *Stéphane* **ait échoué**.

> Selon la construction, **affecter** peut avoir trois sens.
> – « faire semblant d'éprouver un sentiment » : *affecter l'indifférence, affecter de s'en moquer.*
> – « causer une douleur morale » : *Son échec l'affecte, cela m'affecte qu'il ait échoué.*
> – « désigner à un poste » : *affecter quelqu'un à l'accueil.*

AFFECTER (S')

▸ **de quelque chose** : *Il ne s'affecte jamais* **de rien**.

AFFICHER (S')

▸ **avec quelqu'un** : *Cet homme est trop vulgaire. Personne ne veut s'afficher* **avec lui**.

AFFILIER (S')

▸ **à quelque chose** : *Annie s'est affiliée* **à un club de danse**.

Affirmer

- **quelque chose** : *Ne m'affirmez pas le contraire !*
- **+ infinitif** [2] : *Le témoin affirme connaître le responsable de l'accident.*
- **que + indicatif** : *Le témoin a affirmé que le conducteur était barbu.*

> À la forme négative, le subjonctif peut remplacer l'indicatif : *Le témoin n'affirme pas que le conducteur soit blond.*

Affliger

- **quelqu'un de quelque chose** : *La nature avait affligé Cyrano d'un nez très long.*

Affliger (s')

- **de quelque chose** : *Nancy s'afflige des malheurs de Richard.*
- **de + infinitif** : *Elle s'afflige de devoir travailler pendant le week-end.*
- **de ce que + subjonctif** : *Nancy s'afflige de ce que Richard soit si malheureux.*
- **de ce que + indicatif** : *Elle s'afflige de ce que Richard lui a raconté.*

> **Subjonctif** s'il s'agit d'un jugement, d'une émotion ; **indicatif** s'il s'agit d'un fait réel.

Affoler (s')

- **de quelque chose** : *Elle s'affole du retard de son fils.*

Affranchir (s')

- **de quelque chose** : *Certains journalistes s'affranchissent des règles de grammaire.*

Affubler (s')

- **de quelque chose** : *Elle s'est affublée d'un chapeau ridicule.*

Agacer

- **quelqu'un de + infinitif** [7] : *Cela m'agace de devoir toujours attendre Luc.*
- **quelqu'un que + subjonctif** : *Cela m'agace qu'il soit toujours en retard.*

Agir

- **sur quelque chose** : *L'inflation agit sur l'économie du pays.*

Agir (s')

- **de quelqu'un** : *De qui s'agit-il ?*
- **de quelque chose** : *Dans cet ouvrage, il s'agit de constructions des verbes.*
- **de + infinitif** : Il s'agit de faire attention
- **que + subjonctif** (généralement à la forme négative) : *Il ne s'agit pas que tu fasses des erreurs.*

Agonir

- **quelqu'un de quelque chose** : *Les supporters ont agoni l'arbitre d'injures.*

Agréer

- **quelque chose** : *Veuillez agréer mes salutations distinguées.*
- **à quelqu'un** : *Venez mardi prochain, si cette date vous agrée.*

Agréer quelque chose : « trouver à son goût ». **Agréer à quelqu'un** (généralement avec pronom) : « convenir ».

AGRÉMENTER

- **quelque chose de quelque chose** : *Olga a agrémenté son exposé de quelques exemples.*

AGRIPPER (S')

- **à quelqu'un, à quelque chose** : *Attention, tu vas tomber, agrippe-toi à la branche.*

AIDER

- **quelqu'un** : *Tu veux bien m'aider ?*
- **à quelque chose** : *Il n'aide jamais au ménage.*
- **quelqu'un à + infinitif** : *Lucie aide son frère à faire ses devoirs.*

AIDER (S')

- **de quelque chose** : *Pour le devoir d'espagnol, elle s'aide d'une grammaire et d'un dictionnaire.*

AIGUILLER

- **quelqu'un vers quelque chose** : *Le conseil de classe a aiguillé cet élève vers des études techniques.*

AIMER

- **quelqu'un / quelque chose** : *Carmen aime bien ses camarades de classe, mais elle n'aime pas la grammaire.*
- **+ infinitif** [1] : *Elle n'aime pas apprendre les conjugaisons.*
- **quelqu'un de + infinitif** (familier) : *Je l'aime d'être si drôle.*

Aimer + infinitif : le sujet de la phrase est aussi celui de l'infinitif.
Aimer quelqu'un de + infinitif : le sujet de l'infinitif est le complément d'objet direct du verbe **aimer**.

- **à penser, à croire que** (plus rare et littéraire) : *J'aime à croire que vous ne l'avez pas fait volontairement.*
- **que + subjonctif** : *Carmen aimerait que la grammaire soit plus facile.*

AJOUTER

- **quelque chose à quelque chose** : *L'écrivain a ajouté un avant-propos à son livre.*
- **que + indicatif** : *L'éditeur a ajouté que le livre serait traduit.*

AJOUTER (S')

- **à quelque chose** : *Aux frais de scolarité s'ajoutent les droits d'inscription.*

AJUSTER

- **quelque chose à quelque chose** : *Il faut ajuster les faits à la théorie.*

Ajuster (s')

- **à quelque chose** : *Les faits ne s'ajustent pas à la théorie.*

Alarmer (s')

- **de quelque chose** : *La population s'est alarmée des menaces d'attentat.*
- **de ce que + subjonctif** : *Elle s'alarme de ce que les attentats soient si fréquents.*
- **de ce que + indicatif** : *Elle s'alarme de ce que dit la radio.*

> **Subjonctif** s'il s'agit d'un jugement, d'une émotion ; **indicatif** s'il s'agit d'un fait réel.

Aligner

- **quelque chose sur quelque chose** : *Le négociateur a aligné ses positions sur celles de ses concurrents.*

> Lorsque le verbe **aligner** signifie « ranger sur une ligne droite », plusieurs prépositions sont possibles. Il s'agit alors de prépositions de lieu : *aligner des objets sur la table, dans l'armoire, devant soi,* etc.

Aligner (s')

- **sur quelque chose** : *Le cours du dollar s'est aligné sur celui de l'euro.*

Alimenter

- **quelqu'un de (avec) quelque chose** : *La mère alimente son enfant malade de (avec du) potage.*

Alimenter (s')

- **de quelque chose** : *L'amour s'alimente de petites attentions.*

Aller

- **quelque part (à, au, en, dans, sur,...)** : *Aller en Italie, au Portugal, aux Pays-Bas, à Rome. Aller à l'université, au bureau, en prison. Aller dans la rue, sur la route.*
- **chez quelqu'un** : *Aller chez le coiffeur, chez le boucher, chez Jacques, etc.*

> D'autres prépositions sont possibles dans des expressions comme : ***aller sur** ses trente ans, **aller contre** la volonté de quelqu'un, **aller au bout de** ses idées,* etc.
> Lorsque le verbe **aller** signifie « convenir », le complément d'objet indirect est généralement un pronom : *Laure a une nouvelle robe, elle ne lui va pas du tout* (une phrase telle que : *Elle ne va pas du tout à Laure* est inusitée).

- **de quelque part à / en / au,...** *Aller de la maison à la plage, aller du Portugal au Brésil.*

> Avec le verbe **aller**, « de + lieu » ne peut pas se transformer en pronom « en ». Le pronom complément de lieu « en » ne se trouve que dans l'expression **s'en aller** (partir) : *Je finis mon café et je m'en vais.* Mais « en » (lorsqu'il n'est pas complément de lieu) peut se trouver dans certaines expressions impersonnelles comme : *Il **en** va de votre santé, il **en** va de mon honneur.*

- **+ infinitif** : *Va chercher du pain.*

> **Aller + infinitif** peut être un auxiliaire de temps pour former le futur proche : *Il va pleuvoir.*

ALLIER

- **quelque chose à quelque chose** : *Allier la force à la prudence.*

ALLIER (S')

- **à (avec) quelqu'un contre quelqu'un ou quelque chose** : *Au début du XIXe siècle, l'Autriche s'est alliée à (avec) l'Angleterre contre Napoléon.*

ALLONGER (S')

- **sur quelque chose** : *Tu es fatigué, allonge-toi sur le lit.*

ALTERNER

- **avec quelque chose** : *Ce semestre, le cours de langue alternera avec celui de civilisation.*

AMBITIONNER

- **quelque chose** : *Joël ambitionne un poste de directeur des ventes.*
- **de + infinitif** : *Il ambitionne de devenir directeur.*

AMÉNAGER

- **quelque chose en quelque chose** : *Lucas a aménagé une partie de son garage en atelier.*

AMENER

- **quelqu'un quelque part** : *J'amène mon fils à l'école.*
- **quelqu'un chez quelqu'un** : *Ce soir je l'amènerai chez le docteur.*
- **quelque chose quelque part (à, dans, chez,...)** : *J'amène ma voiture au garage / chez le garagiste.*
- **quelqu'un à + infinitif** : *Le mécontentement de la population a amené le président à faire des réformes.*

> On entend de plus en plus **amener** pour « apporter » : *Jacques est venu à mon anniversaire, il a amené une bouteille de champagne.*

AMOURACHER (S')

- **de quelqu'un** : *Ma sœur s'est encore amourachée d'un collègue de travail.*

AMPUTER

- **quelqu'un de quelque chose** : *Après son accident, on l'a amputé d'un bras.*

AMUSER

- **quelqu'un avec (de) quelque chose** : *Le comédien amusait le public avec (de) ses plaisanteries.*
- **quelqu'un de + infinitif** [7] : *Cela ne m'amuse pas de passer la journée avec elle.*
- **que + subjonctif** : *Cela ne m'amuse pas qu'il soit toujours en retard.*

Amuser (s')

- **avec quelqu'un / quelque chose** : *Michel s'amuse* ***avec ses amis****. Le chien s'amuse* ***avec sa balle****.*
- **de quelqu'un / quelque chose** : *Le public s'amuse* ***des plaisanteries*** *du comédien. Michel s'amuse* ***de ses amis****.*

> **De** introduit la cause et **avec** l'accompagnement. On peut opposer : *Michel s'amuse* ***avec*** *ses amis* (ils jouent ensemble) et *Michel s'amuse* ***de*** *ses amis* (il rit d'eux).

- **à + infinitif** : *Claire s'amuse* ***à faire*** *des blagues à ses amies.*
- **de ce que + indicatif** : *Elle s'amuse* ***de ce qu'il dit****.*

Ancrer

- **quelque chose dans quelque chose** : *Le capitaine a ancré* ***son bateau dans le port****.*

Angoisser

- **quelqu'un** : *Savoir que l'examen est dans deux jours* ***m'****angoisse.*
- **quelqu'un de + infinitif** [7] : *Cela* ***m'****angoisse* ***de parler anglais*** *en public.*
- **que + subjonctif** : *Cela m'angoisse* ***qu'il y ait*** *une dictée à l'examen.*

Annoncer

- **quelque chose à quelqu'un** : *On* ***m'****a déjà annoncé* ***la bonne nouvelle****.*
- **que + indicatif** : *La météo annonce* ***que*** *le beau temps* ***durera*** *encore demain.*

> Il est éventuellement possible d'**annoncer quelqu'un** (signaler l'arrivée) : *Le directeur m'attend, pouvez-vous* ***m'****annoncer ?*

Anticiper

- **quelque chose** : *Il est inutile d'anticiper* ***l'avenir****.*
- **sur quelque chose** : *N'anticipe pas* ***sur la fin de ce roman****.*
- **sur ce que + indicatif** : *N'anticipe pas* ***sur ce que je dirai*** *tout à l'heure.*

Apaiser

- **quelqu'un / quelque chose** : *Ce médicament apaise* ***la douleur****.*
- **quelqu'un de + infinitif** [7] : *Cela* ***m'****apaise* ***d'écouter*** *de la musique.*
- **que + subjonctif** : *Cela m'a apaisé* ***qu'il se soit excusé****.*

Apercevoir

- **quelqu'un / quelque chose** : *Hier, j'ai aperçu* ***ton frère****. De ma fenêtre, on aperçoit très bien* ***la terrasse du café****.*
- **quelqu'un + infinitif** : *Je* ***l'****ai aperçu* ***embrasser*** *une fille.*
- **quelque chose + infinitif** : *J'aperçois* ***une voiture se garer*** *près du café.*

> En français oral, l'infinitif est souvent précédé de « en train de » : *Je l'ai aperçu* ***en train d'embrasser*** *une fille.*

Apercevoir (s')

- **de quelque chose** : *L'étudiante ne s'est pas aperçue de son erreur.*
- **que + indicatif** : *Je m'aperçois que vous n'avez pas compris.*

Apitoyer (s')

- **sur quelqu'un / quelque chose** : *Cesse de t'apitoyer sur toi et sur tes problèmes.*

Apparaître

- **à quelqu'un + attribut** : *Cette histoire m'apparaît très bizarre.*
- **que + indicatif** : *Il apparaît que les consignes de sécurité n'ont pas été respectées.*

Appartenir

- **à quelqu'un / quelque chose :** *Cette voiture appartient au bibliothécaire. Ces livres appartiennent à la bibliothèque.*
- **à quelqu'un de + infinitif** [7] : *Il appartient aux étudiants de s'informer des horaires des examens.*

> **Il appartient à quelqu'un de** (forme impersonnelle) signifie « c'est le rôle de quelqu'un de ».

Appeler

- **quelqu'un / quelque chose** : *Je suis malade, appelle l'hôpital, appelle le médecin !*
- **quelqu'un à + infinitif** : *On a appelé le docteur Minier à diriger le service des urgences.*

> Certaines expressions se construisent avec la préposition « à » : *appeler à l'aide, appeler au secours, appeler à la rescousse*, etc. Cette préposition se retrouve avec la forme **être appelé** : *être appelé à un nouveau poste, à diriger un service*, etc.

Appesantir (s')

- **sur quelque chose** : *Il est inutile de s'appesantir sur ce sujet qui n'intéresse personne.*

Applaudir

- **quelqu'un / quelque chose** : *Les enfants ont applaudi le magicien et son spectacle.*
- **à quelque chose** : *Les étudiants ont applaudi aux nouvelles réformes de l'université.*

> **Applaudir quelqu'un** : taper dans les mains.
> **Applaudir à quelque chose** : marquer son approbation.

Appliquer

- **quelque chose sur quelque chose** : *Le peintre applique la peinture sur le mur.*
- **quelque chose à quelque chose** : *Ce professeur applique les dernières découvertes de la pédagogie à son enseignement.*

> **Appliquer sur** signifie « placer » ; **appliquer à** signifie « utiliser ».

APPLIQUER (S')

- **à quelqu'un** : *Cette remarque ne s'applique pas* ***à vous****.*
- **à + infinitif** : *L'auteur s'est appliqué* ***à reproduire*** *l'atmosphère des années 1920.*

> **S'appliquer à quelqu'un** signifie « concerner ».
> **S'appliquer à faire quelque chose** signifie « travailler avec soin ».

APPORTER

- **quelque chose à quelqu'un** : *Pierre apporte* ***des cadeaux à ses amis****.*
- **quelque chose à quelque chose** : *Cet artisan apporte* ***beaucoup de soin à son travail****.*

APPRÉCIER

- **quelqu'un / quelque chose** : *Jeanne apprécie* ***son travail****. Elle apprécie aussi* ***son patron****.*
- **de + infinitif** [3] : *Mais elle n'apprécie pas* ***de devoir*** *travailler tard le soir.*
- **que + subjonctif** : *Elle apprécie surtout* ***que*** *son bureau* ***soit proche*** *de sa maison.*

APPRÉHENDER

- **quelque chose** : *Marc appréhende* ***les voyages*** *en avion.*
- **quelqu'un** : *La police a appréhendé* ***un suspect****.*
- **de + infinitif** [3] : *Marc appréhende* ***de prendre*** *l'avion.*
- **que + subjonctif** : *Il appréhende* ***qu'il y ait*** *un accident d'avion.*

> **Appréhender quelque chose** : craindre. **Appréhender quelqu'un** : arrêter.

APPRENDRE

- **quelque chose** : *Lucie apprend* ***l'anglais****.*
- **quelque chose à quelqu'un** : *Madame Kingsburry apprend* ***l'anglais à Lucie****.*
- **quelque chose de quelqu'un** : *Lucie a aussi appris* ***l'anglais de sa mère*** *qui est bilingue.*
- **à quelqu'un à + infinitif** : *Elle* ***lui*** *apprend* ***à prononcer*** *correctement.*
- **à + infinitif** : *Lucie a appris* ***à prononcer*** *correctement.*
- **que + indicatif** : *Lucie a appris* ***que*** *l'école* ***organisait*** *un voyage en Angleterre.*

> **Apprendre l'anglais** signifie « étudier l'anglais ». **Apprendre l'anglais à quelqu'un** signifie « enseigner l'anglais ».

APPRÊTER (S')

- **à quelque chose** : *Les diplomates s'apprêtent* ***à des négociations difficiles****.*
- **à + infinitif** : *Je m'apprête* ***à sortir****.*
- **à ce que + subjonctif** : *Ils s'apprêtent* ***à ce que*** *les négociations* ***soient difficiles****.*

APPROCHER

- **quelqu'un / quelque chose** : *Il est difficile d'approcher* ***le président*** *de cette université.*

Approcher quelqu'un signifie « rentrer en contact ». **Approcher quelque chose** signifie « mettre plus près ».

- **de quelque chose** : *Pascal est en train de réussir, il approche* ***du but****.*

APPROCHER (S')

- **de quelqu'un / quelque chose** : *Marie a peur si un chien s'approche* ***d'elle****.*

APPROUVER

- **quelqu'un / quelque chose** : *Je* ***t'****approuve ! J'approuve* ***ton attitude****.*
- **quelqu'un de + infinitif** [5] : *Je* ***t'****approuve* ***de vouloir changer*** *de travail.*
- **que + subjonctif** : *J'approuve* ***que tu ne veuilles pas*** *rester dans cette entreprise.*

APPROVISIONNER (S')

- **en quelque chose** : *Pour la fête, nous nous sommes approvisionnés* ***en boissons****.*

APPUYER

- **quelqu'un / quelque chose** : *J'appuie* ***ta proposition****, je* ***t'****appuierai à la réunion.*
- **sur quelque chose** : *Appuie* ***sur le bouton****.*
- **quelque chose sur quelque chose** : *Noël a appuyé* ***son argumentation sur des exemples*** *précis.*
- **quelque chose contre quelque chose** : *Appuie* ***l'échelle contre le mur****.*

Appuyer signifie « soutenir » : *appuyer une candidature.* **Appuyer sur** signifie « presser » : *appuyer sur un bouton.*

APPUYER (S')

- **sur (contre, à) quelque chose ou quelqu'un** : *Ne t'appuie pas* ***sur (contre) le balcon****, il est fragile. Appuie-toi* ***au mur*** *ou appuie-toi* ***sur moi****.*

Appuyer sur peut avoir un sens figuré : *Il s'appuie sur Descartes, il s'appuie sur les thèses de Descartes.*

ARC-BOUTER (S')

- **contre quelque chose** : *Le tempête l'a forcé à s'arc-bouter* ***contre la porte*** *pour la fermer.*

ARGUER

- **de quelque chose** : *Pour expliquer la mauvaise situation économique, le ministre a argué* ***de la hausse du prix*** *du pétrole.*
- **que + indicatif** : *Le ministre a argué* ***que*** *la situation économique* ***était mauvaise****.*

ARMER (S')

- **de quelque chose** : *Armez-vous* ***de patience*** *!*
- **contre quelqu'un / quelque chose** : *Armez-vous* ***contre la maladie****.*

ARRACHER

- **quelque chose** : *Il est temps d'arracher **les mauvaises herbes**.*
- **quelque chose à quelqu'un** : *Le dentiste **lui** a arraché **une dent**.*
- **quelqu'un à quelqu'un** : *On a arraché **ces enfants à leurs parents** qui les battaient.*
- **quelqu'un de quelque chose** : *Catherine, si Alain te fait trop souffrir, arrache-**le de ton cœur**.*
- **quelque chose de quelque chose** : *Elle a arraché **ce jouet des mains** de sa sœur.*

> Cette dernière phrase peut être transformée en : *Elle **lui** a arraché ce jouet des mains.*

ARRACHER (S')

- **quelqu'un / quelque chose** : *Ce produit a du succès, tout le monde se **l'**arrache.*
- **de quelque part** (familier) : *Arrache-toi **de là**.*
- **à quelque chose** : *Il n'arrive pas à s'arracher **à ses études**.*

ARRANGER

- **quelque chose / quelqu'un** : *Arrange **les fleurs** dans le vase. Ça **m'**arrangerait.*
- **quelque chose à quelqu'un** : *Sa secrétaire **lui** arrange **ses rendez-vous**.*

> **Arranger quelqu'un** n'a pas le sens de « disposer, aménager », mais signifie « convenir ». Cette construction s'emploie surtout avec le sujet « ça » (cela) et un pronom complément : *Ça m'arrange.*

- **quelqu'un de + infinitif** [7] : *Cela **t'**arrangerait **de venir** plus tôt ?*
- **quelqu'un que + subjonctif** : *Cela **m'**arrangerait **que tu viennes** plus tôt.*

ARRANGER (S')

- **avec quelqu'un** : *Ce ne sont pas mes problèmes, arrange-toi **avec lui**.*
- **pour + infinitif** : *Didier s'arrange toujours **pour être à l'heure**.*
- **pour que + subjonctif** : *Il s'arrange **pour que tout soit prêt** à l'heure.*

> La construction **pour que + subjonctif** ne s'emploie que si les deux sujets sont différents. Sinon, il faut utiliser **pour + infinitif**.

ARRÊTER

- **quelque chose** : *Claude arrête **ses études** cette année.*
- **quelqu'un** : *La police a arrêté **un voleur**.*
- **de + infinitif** : *Je suis fatigué, j'arrête **de travailler**.*

> **Arrêter quelque chose** signifie « cesser ». **Arrêter quelqu'un** signifie « faire prisonnier ».

ARRÊTER (S')

- **de + infinitif** : *Tu devrais t'arrêter **de fumer**.*
- **à quelque chose** : *Il ne faut pas s'arrêter **aux apparences**.*

ARRIVER

- **quelque part (à, en, dans) / de quelque part (de, du,...)** : *Arriver à l'université, en cours, dans la classe. Arriver du restaurant, de la bibliothèque.*
- **à quelque chose** : *Ces étudiants arrivent à la fin de leurs études.*

> Lorsque la préposition « à » n'est pas une préposition de lieu, on la retrouve dans beaucoup d'expressions : *arriver à l'épaule de quelqu'un, ne pas arriver à la cheville de quelqu'un, arriver à ses fins, au but, arriver à l'âge adulte,* etc.

- **à + infinitif** : *Lucien n'arrive pas à apprendre l'allemand.*

> **Arriver à + infinitif** signifie « parvenir, réussir » : *Je suis arrivé à réparer l'ordinateur, j'y suis arrivé.* L'expression **en arriver à** signifie « finir par » : *J'en arrive à penser que je suis un génie en informatique.*

- **quelque chose à quelqu'un** : *Il est arrivé à Pierre un grave accident.*
- **à quelqu'un de + infinitif** [7] : *Il leur arrive souvent de se disputer.*
- **que + subjonctif** : *Il arrive parfois que cet ordinateur soit en panne.*
- **que + indicatif** : *Il est arrivé qu'un jour, Pierre a eu un grave accident.*

> **Il arrive** (forme impersonnelle) signifie « se produire ». **Il arrive que + subjonctif** indique la possibilité (*il est possible que*). **Il arrive que + indicatif** indique que le fait est vraiment arrivé.

ARROGER (S')

- **quelque chose sur quelqu'un / quelque chose** : *Les actionnaires se sont arrogé des droits sur le fonctionnement de l'entreprise et sur ses dirigeants.*

ARROSER

- **quelqu'un / quelque chose** : *En arrosant les fleurs, le jardinier a arrosé un enfant qui passait.*
- **quelqu'un / quelque chose de quelque chose** : *Les critiques ont arrosé ce film de compliments.*

ASPERGER

- **quelqu'un / quelque chose** : *En aspergeant les plantes, j'ai aussi aspergé le chien.*
- **quelqu'un / quelque chose de quelque chose** : *Elle a aspergé le visage de son fils d'eau fraîche.*

ASPERGER (S')

- **de quelque chose** : *Elle s'est aspergé le visage d'eau fraîche.*

ASPIRER

- **quelque chose** : *La pompe aspire l'eau.*
- **à quelque chose** : *Il a trop longtemps travaillé, il aspire au repos.*
- **à + infinitif** : *Il n'aspire plus qu'à se reposer.*

- **à ce que + subjonctif** : *Il aspire à ce que sa dernière année de travail soit calme.*

> Suivi de la préposition « à », le verbe **aspirer** signifie « désirer ».

ASSAILLIR
- **quelqu'un de quelque chose** : *Le public a assailli le conférencier de questions.*

ASSAISONNER
- **quelque chose avec / de quelque chose** : *Assaisonne la salade avec de la / de vinaigrette.*

ASSENER (OU ASSÉNER)
- **quelque chose à quelqu'un** : *Le boxeur a assené un coup à son adversaire.*

ASSERVIR
- **quelqu'un à quelque chose** : *Les Romains ont asservi des peuples étrangers à leurs lois.*

ASSIGNER
- **quelque chose à quelqu'un** : *Le professeur a assigné un travail à chaque étudiant.*
- **quelque chose à quelque chose** : *Il a assigné une limite à la durée du travail.*

> Il est aussi possible d'**assigner quelqu'un à résidence** ou d'**assigner quelqu'un en justice**.

ASSIMILER
- **quelque chose / quelqu'un** : *Ce pays a assimilé de nombreuses influences. Il a aussi assimilé beaucoup d'étrangers.*
- **quelque chose / quelqu'un à quelque chose / quelqu'un** : *On assimile souvent Salvador Dali au surréalisme.*
- **ce que + indicatif** : *Vous n'avez pas assimilé ce que je vous ai enseigné.*

ASSISTER
- **quelqu'un** : *La secrétaire de direction assiste son patron.*
- **à quelque chose** : *Aujourd'hui, Carla n'a pas assisté au cours.*

> **Assister quelqu'un** signifie « aider ». **Assister à quelque chose** signifie « être présent ».

ASSOCIER
- **quelque chose** : *L'Union européenne associe plusieurs pays.*
- **quelqu'un / quelque chose à quelque chose / quelqu'un** : *Les syndicats veulent associer les travailleurs aux bénéfices de l'entreprise.*

ASSOCIER (S')
- **avec quelqu'un / quelque chose** : *Il s'est associé avec son cousin pour créer une entreprise.*
- **à quelque chose** : *Je m'associe à votre peine.*

ASSOMMER

- **quelqu'un de quelque chose** : *Son patron l'a assommé de reproches.*
- **quelqu'un avec quelque chose** : *Tu m'assommes avec tes problèmes.*

> Lorsque **assommer** a le sens d' « abattre, accabler », la préposition est plutôt « de ». Lorsque ce verbe a le sens de « lasser, fatiguer », la proposition est plutôt « avec ».

- **quelqu'un de + infinitif** [7] : *Cela m'assomme de toujours répéter la même chose.*
- **quelqu'un que + subjonctif** : *Cela m'assomme qu'on me pose toujours les mêmes questions.*

ASSORTIR

- **quelque chose à quelque chose** : *Elle a assorti son chapeau à sa robe.*
- **quelque chose de quelque chose** : *Il a assorti son commentaire de nombreux détails.*

> **Assortir à** : associer, harmoniser. **Assortir de** : ajouter.

ASSUJETTIR

- **quelqu'un à quelque chose** : *L'État assujettit tous les citoyens à l'impôt.*

ASSUMER

- **quelque chose** : *Assumez vos responsabilités.*
- **de + infinitif** : *Il assume très bien de devoir voyager pour son travail, il adore ça.*

ASSURER

- **quelqu'un / quelque chose auprès de quelque chose** : *Mon voisin a assuré sa famille et sa maison auprès de cette nouvelle compagnie européenne.*
- **contre quelque chose** : *Cette compagnie l'a assuré contre le vol.*
- **quelqu'un de quelque chose** : *Je vous assure de toute ma sympathie.*
- **à quelqu'un + infinitif** [2] : *Je vous assure pouvoir faire ce travail.*
- **à quelqu'un que + indicatif** : *Je vous assure que vous n'avez rien à craindre.*

ASSURER (S')

- **quelque chose** : *Mon frère s'est assuré les services d'un bon avocat.*
- **de quelque chose** : *Il s'est assuré de la compétence de cet homme de loi.*

> Lorsque **s'assurer** signifie « contrôler, vérifier », la préposition **de** est obligatoire. Lorsque ce verbe signifie « se procurer », la préposition **de** est moins utilisée : ***s'assurer*** *les services* ***d'****un avocat, s'assurer* ***des*** *services d'un avocat..*

- **contre quelque chose** : *Mon frère s'est assuré contre les incendies.*
- **de + infinitif** [4] : *Assurez-vous de n'avoir rien oublié dans le train.*
- **que + indicatif** : *Assurez-vous que vous n'avez rien oublié dans le train.*

Les verbes

ASTREINDRE

- **quelqu'un à quelque chose** : *Mon médecin m'a astreint à un régime très strict.*
- **quelqu'un à faire quelque chose** : *Il m'a astreint à suivre un régime.*

ASTREINDRE (S')

- **à + infinitif** : *Je m'astreins à faire du sport tous les matins.*

ATTACHER

- **quelqu'un / quelque chose** : *Elle a attaché ses cheveux pour aller nager.*
- **quelqu'un / quelque chose à quelqu'un / quelque chose** : *Pour s'amuser, Denys a attaché sa petite sœur à un arbre. Il n'a pas attaché beaucoup d'importance aux larmes de sa sœur.*

> **Attacher** peut signifier « lier » *(attacher sa sœur)* ou « accorder » *(attacher de l'importance).*

ATTACHER (S')

- **à quelqu'un** : *Les enfants se sont vite attachés à Nadia, la jeune fille au pair.*
- **à quelque chose** : *Nadia s'est attachée à sa nouvelle famille.*
- **à + infinitif** : *Elle s'attache à rendre les enfants heureux.*
- **à ce que + subjonctif** : *Elle s'attache à ce que les enfants soient heureux avec elle.*

ATTAQUER (S')

- **à quelqu'un / quelque chose** : *L'opposition s'est attaquée au Premier ministre et à sa politique.*

ATTARDER (S')

- **quelque part (dans, chez, devant,...)** : *Alex s'attarde à la cafétéria.*
- **sur quelque chose** : *Alex s'attarde sur ce sujet qu'il connaît bien.*
- **à + infinitif** : *Il s'attarde à discuter avec ses amis.*

> **Sur** peut être parfois remplacé par **à** : *Ne vous attardez pas à ces détails.*

ATTELER (S')

- **à quelque chose** : *Jean prépare une thèse, il s'attelle à un long travail.*

ATTENDRE

- **quelqu'un / quelque chose** : *Xavier attend le train de Lyon, il attend son amie Sandra.*
- **quelque chose de quelqu'un** : *Sandra attend de Xavier une demande en mariage.*
- **quelqu'un / quelque chose pour + infinitif** : *Il l'attend pour lui présenter ses parents.*
- **de + infinitif** [3] : *Il attend d'avoir un appartement avant de se marier.*
- **que + subjonctif** : *Xavier attend qu'un appartement se libère.*

ATTENDRE (S')

- **à quelque chose** : *Sandra s'attend à la venue d'Alex.*
- **à + infinitif** : *Elle s'attend à voir Alex à la sortie du train.*
- **à ce que + subjonctif** : *Elle ne s'attendait pas à ce que Xavier vienne avec ses parents.*

ATTENDRIR (S')

▸ **sur quelqu'un / quelque chose** : *La grand-mère s'attendrit sur son petit-fils et sur ses sourires.*

ATTENTER

▸ **à quelque chose** : *On a attenté à la vie du ministre de l'Intérieur.*

ATTERRER

▸ **quelqu'un** : *Les informations entendues à la télévision nous ont atterrés.*
▸ **quelqu'un avec quelque chose** : *Vous m'avez atterré avec vos idées.*
▸ **quelqu'un de + infinitif** [7] : *Cela m'atterre de voir de telles choses.*
▸ **quelqu'un que + subjonctif** : *Cela nous a atterrés qu'il y ait eu tant de victimes.*

ATTERRIR

▸ **sur quelque chose** : *L'avion atterrit sur la piste.*

ATTESTER

▸ **quelque chose** : *Cette attitude atteste son intelligence.*
▸ **de quelque chose** : *J'atteste de sa bonne foi.*

Attester quelque chose : « prouver ». **Attester de quelque chose** : « donner pour vrai ».

▸ **+ infinitif** [2] : *J'atteste être majeur.*
▸ **que + indicatif** : *J'atteste qu'il est innocent.*

ATTIRER

▸ **quelqu'un / quelque chose** : *Viviane attire les regards, elle attire Alain.*
▸ **quelque chose à quelqu'un** : *Elle lui attirera bien des soucis.*
▸ **quelque chose sur quelque chose / quelqu'un** : *Elle a attiré l'attention d'Alain sur elle.*

ATTRIBUER

▸ **quelque chose à quelqu'un / quelque chose** : *Le jury a attribué un prix à ce film et à son réalisateur.*

ATTRISTER

▸ **quelqu'un** : *Son échec à l'examen attriste Vincent.*
▸ **quelqu'un de + infinitif** [7] : *Cela l'attriste de devoir repasser cet examen.*
▸ **quelqu'un que + subjonctif** : *Cela attriste ses amis qu'il ne puisse pas prendre de vacances.*

ATTRISTER (S')

▸ **de quelque chose** : *Agnès s'attriste de la mort du petit chat.*
▸ **que + subjonctif** : *On peut s'attrister que beaucoup de langues disparaissent.*

AUGMENTER

▸ **quelque chose** : *Les commerçants ont encore augmenté leurs prix.*
▸ **de quelque chose (quantité)** : *Les prix ont augmenté de cinq pour cent.*

AUTORISER

▸ **quelque chose** : *L'usage autorise des constructions qui ne sont pas dans les grammaires.*

- **quelque chose à quelqu'un** : *Le docteur ne m'autorise pas une seule cigarette.*
- **quelqu'un à + infinitif** : *Le règlement n'autorise pas les élèves à fumer.*
- **que + subjonctif** : *L'école n'autorise pas que les élèves soient absents sans justification.*

> La construction **autoriser que + subjonctif** est assez rare. Elle est généralement remplacée par **à + infinitif** : *Le règlement n'autorise pas* ***que les élèves fument*** **→** *Le règlement n'autorise pas les élèves* ***à fumer****.*

AUTORISER (S')

- **quelque chose** : *Je n'ai plus d'argent, je ne m'autorise même pas un repas au restaurant.*
- **de quelque chose pour + infinitif** (formel) : *Je m'autorise de notre vieille amitié pour vous demander un prêt.*
- **à + infinitif** : *Comment pouvez-vous vous autoriser à me demander de l'argent ?*

AVANCER

- **quelqu'un / quelque chose** : *On a avancé l'heure de la réunion.*
- **de quelque chose** : *Ma montre avance d'une heure.*
- **quelque chose à quelqu'un** : *Pascal a avancé cent euros à Christine.*
- **quelqu'un à quelque chose** : *Ça ne t'avancera à rien.*
- **que + indicatif** : *La presse avance que cet acteur est sur le point de divorcer.*

> **Avancer quelque chose** peut avoir plusieurs significations, comme par exemple :
> – « mettre en avance » *(une montre)*
> – « prêter » *(de l'argent)*
> – « affirmer, prétendre » *(une information).*

AVANTAGER

- **quelqu'un / quelque chose** : *Le comité olympique a avantagé cette capitale et ses représentants.*
- **quelqu'un de + infinitif** [7] : *Cela ne l'avantage pas de porter ce genre de robe.*

AVENTURER (S')

- **dans quelque chose** : *Il n'a pas peur de s'aventurer dans des endroits dangereux.*
- **à + infinitif** : *Il ne s'est pas aventuré à me demander de l'accompagner.*

AVÉRER (S')

- **quelque chose (nom ou attribut)** : *Cela s'est avéré faux, cela s'est avéré une erreur.*
- **être quelque chose** : *Cela s'est avéré être une erreur.*
- **que + indicatif** : *Il s'avère que vous aviez raison.*

> Si ce verbe est suivi de « **que** », le pronom sujet est obligatoirement **il**.

AVERTIR

- **quelqu'un** : *L'heure de l'examen a changé ; avertis Thomas.*
- **quelqu'un de quelque chose** : *Avertis-le du changement d'horaire.*
- **quelqu'un de + infinitif** [6] : *Tu l'as averti de venir plus tôt ?*
- **quelqu'un que + indicatif** : *J'ai déjà averti les autres étudiants que l'horaire avait changé.*

AVEUGLER (S')

- **sur quelque chose** : *Cet étudiant s'aveugle sur ses capacités.*

AVISER

- **quelqu'un de quelque chose** : *Avisez-moi de votre décision quand vous l'aurez prise.*
- **quelqu'un que + indicatif** : *Il a avisé son directeur que sa décision était prise.*

AVISER (S')

- **de quelque chose** : *Tu t'es enfin avisé de ton erreur ?*
- **de + infinitif** : *Ne t'avise pas de recommencer !*

AVOIR

- **quelque chose / quelqu'un** : *J'ai un frère qui a trente ans. Il a une grande maison.*

> **Avoir du mal à + infinitif**, et aussi **avoir mal**, **peur**, **faim**, **soif**, **froid**, **chaud**, etc. Ces mots sont invariables : *elles **ont très mal**.*

- **beau + infinitif** : *Colette a beau s'appliquer, son travail n'avance pas.*
- **quelque chose à + infinitif** : *Elle a un devoir à terminer pour demain.*
- **à + infinitif** : *Elle n'avait pas à sortir la veille avec ses amis.*
- **que + indicatif** (familier) : *Qu'est-ce que tu as ? J'ai que je n'y arrive pas !*

AVOUER

- **quelque chose** : *J'avoue mon ignorance.*
- **quelque chose à quelqu'un** : *Le criminel a avoué son crime aux policiers.*
- **+ infinitif** [2] : *Il a avoué avoir empoisonné sa femme.*
- **que + indicatif** : *J'avoue que j'ai eu tort.*

AXER

- **quelque chose sur quelque chose** : *Le candidat a axé sa campagne sur la lutte contre l'insécurité.*

BADIGEONNER

- **quelque chose de quelque chose** : *Le maçon a badigeonné le mur de peinture.*
- **quelque chose sur quelque chose** : *J'ai badigeonné de la colle sur la planche.*

BÂFRER (SE) (familier)

- **de quelque chose** : *Ces enfants se bâfrent de chocolat, ils n'auront plus faim pour le dîner.*

BAGARRER (SE)

- **avec quelqu'un** : *Paul s'est bagarré avec ses camarades.*

▸ **contre quelqu'un ou quelque chose** : *Paul se bagarre contre Alain et ses idées.*

Se bagarrer avec quelqu'un peut avoir deux significations : « se bagarrer avec l'aide de quelqu'un » ou « se bagarrer contre un adversaire ». Le contexte précise le sens : *Paul s'est bagarré **avec ses camarades contre des élèves** d'une autre école.*

BAIGNER

▸ **quelqu'un / quelque chose** : *La mère baigne son enfant.*

▸ **quelque chose / quelqu'un dans quelque chose** : *Baigne tes pieds dans l'eau.*

BAIGNER (SE)

▸ **dans quelque chose** : *Tu t'es déjà baigné dans l'océan Pacifique ?*

BÂILLER

▸ **de quelque chose** : *Ce film était nul, j'ai bâillé d'ennui en le regardant.*

On peut aussi **bâiller à (+ infinitif)** : *bâiller **à** s'en **décrocher** la mâchoire.*

BAISSER

▸ **quelque chose** : *Baisse un peu la lumière.*

▸ **de quelque chose (quantité)** : *Cette année, le prix des locations a baissé de dix pour cent.*

BALANCER

▸ **quelque chose** : *En marchant, il balançait les bras.*

▸ **quelque chose à quelque chose** (familier) : *Furieuse, elle a balancé un vase à la tête de son mari.*

▸ **quelqu'un à quelqu'un** (familier) : *Le voleur a balancé son complice aux policiers.*

Balancer quelqu'un signifie « dénoncer ».

▸ **entre quelqu'un / quelque chose et quelqu'un / quelque chose** : *Il balance entre la colère et le désespoir.*

▸ **à quelqu'un que + indicatif** (familier) : *Elle lui a balancé qu'elle ne le supportait plus.*

S'en balancer signifie « être indifférent à quelque chose » (langage familier).

BALBUTIER

▸ **quelque chose** : *Le petit garçon a balbutié quelques mots.*

▸ **que + indicatif** : *Il a balbutié qu'il ne l'avait pas fait exprès.*

BANNIR

▸ **quelqu'un / quelque chose de quelque chose** : *Bannissez l'alcool de votre alimentation.*

BAPTISER

- **quelqu'un / quelque chose** : *On peut baptiser **un enfant, un navire, un animal**, etc.*
- **quelqu'un de quelque chose** : *Ces musiciens ont baptisé **leur enfant du nom** de Wolfgang.*

BARBER (familier)

- **quelqu'un** : *Cela ne va pas trop **te** barber ?*
- **quelqu'un de + infinitif** [7] : *Ça **me** barbe **d'aller** à ce cours.*
- **quelqu'un que + subjonctif** : *Ça ne **te** barbe pas **qu'il te téléphone** tous les jours ?*

BARBER (SE) (familier)

- **à + infinitif** : *Vous ne vous barbez pas **à entendre** toujours les mêmes choses ?*

BARBOUILLER

- **quelqu'un / quelque chose de quelque chose** : *Didier a barbouillé **sa petite sœur de peinture**.*

BARBOUILLER (SE)

- **de quelque chose** : *Les enfants se sont barbouillés **de confiture**.*
- **quelque chose de quelque chose** : *Ils se sont barbouillé **le visage de confiture**.*

BARDER

- **quelque chose de quelque chose** : *Avant de mettre le rôti au four, Sophie **l'**a bardé **de lard**.*

Sans complément, le verbe **barder** signifie en français familier « prendre une tournure violente » : *Ça va barder !*

BARRER

- **quelque chose** : *Barrez **votre chèque**.*
- **quelque chose à quelqu'un** : *La déviation barre **la route aux automobilistes**.*

BARRER (SE) (familier)

- **de quelque part** : *Barre-toi **de ce café**.*
- **quelque part** : *Il s'est barré **chez lui**.*

BASCULER

- **dans quelque chose** : *Ce chômeur a brusquement basculé **dans la misère**.*

BASER

- **quelque chose sur quelque chose** : *Elle a basé toute **sa démonstration sur une théorie** fausse.*

BASSINER

- **quelqu'un avec quelque chose** (familier) : *Tu **me** bassines **avec tes problèmes**.*

BATAILLER

- **contre quelque chose** : *Molière a bataillé **contre la religion**.*

BÂTIR

- **quelque chose** : *Les ouvrier bâtissent* ***une maison.***
- **quelque chose sur quelque chose** : *L'écrivain a bâti* ***son roman sur une idée*** *originale.*

BATTRE

- **quelque chose / quelqu'un** : *En 1998, la France a battu* ***le Brésil*** *par trois à zéro.*
- **de quelque chose** : *À l'annonce* ***de la victoire****, le public a battu des mains.*

> **Battre de quelque chose** signifie « agiter quelque chose» : *battre des ailes.* Mais **battre de l'aile** signifie « être mal en point » et **battre des mains** « applaudir ».

BATTRE (SE)

- **avec quelqu'un / quelque chose** : *Depuis hier, je me bats* ***avec cet ordinateur.***
- **contre quelqu'un / quelque chose** : *Marie-Christine se bat* ***contre un texte*** *latin qu'elle n'arrive pas à traduire.*

> Le complément de **se battre avec** peut être un allié ou un adversaire. ***Se battre avec*** *un ordinateur* (adversaire), ***se battre*** *contre un texte latin* ***avec*** *un dictionnaire* (allié).

BAVARDER

- **de quelque chose** : ***De quoi*** *avez-vous bavardé ?*
- **sur quelqu'un** : ***Sur qui*** *avez-vous bavardé ?*

> Les compléments (pronoms) sont généralement employés dans des phrases interrogatives. **Bavarder de quelque chose** signifie « discuter » ; **bavarder sur quelqu'un** signifie « critiquer ».

BAVER

- **sur quelque chose / quelqu'un** : *Le bébé a bavé* ***sur son pull.***

> Quelques expressions en français familier : **baver d'admiration** (être plein d'admiration), **baver sur quelque chose ou quelqu'un** (médire), **en baver** (souffrir : *Le réalisateur en a bavé pour faire ce film*).

BÉNÉFICIER

- **de quelque chose** : *L'accusé a bénéficié* ***de circonstances atténuantes.***

BERCER

- **quelqu'un** : *La mère berce* ***son enfant.***
- **quelqu'un de quelque chose** : *Le maire berce la population* ***de fausses promesses.***

BLAGUER

- **quelqu'un sur quelque chose** : *Tu ne devrais pas* ***le*** *blaguer* ***sur ses fautes*** *de français.*

BLÂMER

- **quelqu'un / quelque chose** : *La direction a blâmé* ***cet employé.*** *Elle a blâmé* ***sa conduite.***

- **quelqu'un de + infinitif** : *On l'a blâmé d'avoir de mauvais résultats.*

> **Blâmer pour quelque chose** est aussi possible : *On l'a blâmé pour ses mauvais résultats.*

BLÊMIR

- **de quelque chose** : *Chaque fois qu'il voyait un chien, il blêmissait de peur.*

BLESSER

- **quelqu'un / quelque chose** : *En faisant cette remarque, tu as certainement blessé ton camarade. Tu as blessé son amour-propre.*
- **quelqu'un à + partie du corps** : *Quand il était petit, un de ses camarades l'a blessé à l'œil.*

> Lorsqu'il ne s'agit pas d'une partie du corps, la préposition peut être **dans** : *Tu l'as blessé **dans son orgueil**.*

- **quelque chose à quelqu'un** : *Une clarté trop vive lui a blessé la vue.*
- **quelqu'un de + infinitif** [7] : *Ça le blesse de voir que cela t'amuse.*
- **quelqu'un que + subjonctif** : *Cela l'a blessé que tu fasses cette remarque.*

BOMBARDER

- **quelque chose** : *Les avions ont bombardé la ville.*
- **quelqu'un de quelque chose** : *Les journalistes ont bombardé les militaires de questions.*

BONDIR

- **sur quelque chose** : *Un appartement se libérait. J'ai bondi sur l'occasion.*

BORNER (SE)

- **à + quelque chose** : *L'interprète s'est borné à une traduction mot à mot.*
- **à + infinitif** : *Il s'est borné à traduire les grandes lignes du discours.*

BOUILLIR

- **de quelque chose** : *En attendant les résultats de l'examen, les étudiants bouillaient d'impatience.*

BOUILLONNER

- **de quelque chose** : *Ma sœur est très créative ; elle bouillonne d'idées.*

BOULEVERSER

- **quelqu'un / quelque chose** : *Jacques a bouleversé son emploi du temps pour passer l'après-midi avec Isabelle. Cela l'a bouleversée.*

> **Bouleverser quelque chose** : « déranger ». **Bouleverser quelqu'un** : « provoquer une forte émotion. ».

- **quelqu'un de + infinitif** [7] : *Cela l'a bouleversée d'apprendre le comportement de Jacques.*

▸ **quelqu'un que + subjonctif.** *Ça l'a bouleversée que Jacques ait changé ses horaires pour elle.*

BOURDONNER

▸ **de quelque chose** : *La classe bourdonne de chuchotements d'élèves.*

BOURRER

▸ **quelque chose** : *Elle a bourré sa valise, mais elle ne peut pas tout emporter pour les vacances.*

▸ **quelque chose de quelque chose** : *Elle a bourré sa valise de vêtements d'été.*

On peut aussi **bourrer le crâne à quelqu'un** : « essayer de lui faire croire des choses fausses ».

BOURRER (SE) (familier)

▸ **de quelque chose** : *Avant de partir au Mali, elle se bourre de médicaments contre le paludisme.*

BRAILLER (familier)

▸ **quelque chose** : *Les supporters de cette équipe de football ont braillé leur mécontentement.*

▸ **que + indicatif** : *Ils ont braillé que l'arbitre était corrompu.*

BRANCHER

▸ **quelque chose** : *Est-ce que tu as branché le ventilateur ?*

▸ **quelque chose sur quelque chose** : *Je le branche sur quelle prise ?*

▸ **quelqu'un de + infinitif** (familier) : *Ça te brancherait d'avoir la climatisation ?*

Brancher quelqu'un (familier) signifie « intéresser » ou « s'adresser à » : *Un type bizarre a **branché Martine** dans la rue.*

BRANCHER (SE)

▸ **sur quelque chose** : *Cet appareil de 220 volts ne se branche pas sur une prise de 110 volts.*

BREDOUILLER

▸ **quelque chose** : *Cédric a bredouillé des explications.*

▸ **quelque chose à quelqu'un** : *Il a bredouillé des excuses à son professeur.*

▸ **que + indicatif** : *Il a bredouillé que ce n'était pas de sa faute.*

BRILLER

▸ **de quelque chose** : *En voyant le plat que Catherine a préparé, les yeux de Jean-Charles brillaient de gourmandise.*

▸ **par quelque chose** : *Catherine ne brille pourtant pas par ses talents de cuisinière.*

Briller de : « pétiller ». **Briller par** : « se distinguer ».

BRISER

- **quelque chose à quelqu'un** [8] : *Son divorce lui a brisé le cœur.*

BROUILLER

- **quelque chose** : *La buée brouille les vitres.*
- **quelque chose à quelqu'un** [8] : *La fatigue lui a brouillé le teint.*
- **quelqu'un avec quelqu'un** : *Ne me brouillez pas avec lui.*

> **Brouiller quelque chose** signifie « rendre trouble », **brouiller quelqu'un** signifie « fâcher ».

BROUILLER (SE)

- **avec quelqu'un** : *Il s'est brouillé avec sa famille.*

BRÛLER

- **quelque chose** : *Fabienne a brûlé les lettres de Philippe.*
- **de quelque chose** : *Elle ne brûle plus d'amour pour lui.*
- **de + infinitif** : *Elle brûle de rencontrer un nouveau garçon.*

BUTER

- **contre / sur quelqu'un / quelque chose** : *En sortant, j'ai buté contre / sur une pierre.*

> **Buter quelqu'un** (familier) signifie « tuer ».

CACHER

- **quelque chose** : *Les parents ont caché les cadeaux de Noël.*
- **quelque chose à quelqu'un** : *Ils ont caché à leurs enfants la vérité sur le Père Noël.*
- **que + indicatif** : *Les enfants ont caché à leurs parents qu'ils ne croyaient plus au Père Noël.*

CACHER (SE)

- **de quelque chose / de quelqu'un** : *Pour fumer, les élèves se cachent des surveillants.*
- **de + infinitif** : *Ils ne se cachent pas de préférer le jeu à l'étude.*

CADRER

- **quelque chose** : *Bernard n'a jamais su cadrer ses photos.*
- **avec quelque chose** : *Ça ne cadre pas avec sa profession, il est photographe.*

> **Cadrer quelque chose** : « mettre au centre » ; **cadrer avec quelque chose** : « concorder ».

CALCULER

- **quelque chose** : *Michel calcule ses dépenses.*
- **que + indicatif** : *J'ai calculé que Claude me devait encore deux cents euros.*
- **combien + indicatif** : *Tu as calculé combien Claude te doit ?*

CALMER
- **quelqu'un / quelque chose** : *Les parents ont dû calmer leurs enfants.*
- **quelqu'un de + infinitif** : *Cela les a calmés de savoir que les monstres n'existaient pas.*

CAMOUFLER
- **quelque chose en quelque chose** : *Dans ce roman policier, le mari avait camouflé le meurtre de sa femme en accident.*
- **quelque chose avec / de quelque chose** : *Le cambrioleur avait camouflé son visage avec / d'un masque.*

CANTONNER (SE)
- **à quelque chose** : *Son activité dans l'entreprise se cantonne à quelques heures de présence.*
- **à + infinitif** : *Cette semaine, il s'est cantonné à prendre connaissance de son courrier.*

CAPITULER
- **devant quelque chose** : *Tu capitules trop vite devant les difficultés.*

CARACTÉRISER (SE)
- **par quelque chose** : *Cet auteur se caractérise par un style très personnel.*

CARESSER
- **quelqu'un / quelque chose** : *Ne caresse pas ce chat, il griffe.*
- **quelqu'un / quelque chose de quelque chose** : *Je ne vais pas le toucher, je vais simplement le caresser du regard.*

CARICATURER
- **quelqu'un / quelque chose** : *Les journaux humoristiques aiment caricaturer les politiciens.*
- **ce que + indicatif** : *Ils caricaturent aussi ce qu'ils disent ou ce qu'ils font.*

CASSER
- **quelque chose** : *Qui a cassé le vase ?*
- **quelque chose à quelqu'un** : *Arrête de crier, tu me casses les oreilles.*

CAUSER
- **quelque chose** : *Son imprudence a causé un accident.*
- **quelque chose à quelqu'un** : *Vous nous causez beaucoup de problèmes.*

> En français familier, on peut **causer** (parler) **à** (avec) **quelqu'un** : *Je ne lui cause plus.*

CÉDER
- **quelque chose à quelqu'un** : *Dans le bus, cédez votre place aux personnes âgées.*
- **à quelqu'un** : *S'il insiste, ne lui cédez pas !*
- **sur quelque chose** : *Je ne céderai pas sur cette question.*

> **Céder quelque chose** : « laisser » ; **céder à quelqu'un, sur quelque chose** : « capituler ».

CERTIFIER

- **quelque chose à quelqu'un** : *Vous pouvez me certifier l'authenticité de cet objet ?*
- **+ infinitif** [2] : *Je certifie avoir pris connaissance des conditions de vente.*
- **que + indicatif** : *Cette attestation pourra vous certifier qu'il est absolument authentique.*

CESSER

- **quelque chose** : *C'est la grève. Les ouvriers ont cessé le travail.*
- **de + infinitif** : *Ils n'ont pas cessé de demander une augmentation.*

CHANGER

- **quelque chose / quelqu'un** : *Alice change son bébé, elle change sa couche.*
- **quelque chose pour (contre) quelque chose** : *Elle a changé son travail pour un autre.*
- **quelque chose en quelque chose** : *Elle a changé le bureau en chambre d'enfant.*
- **de quelque chose / quelqu'un** : *Elle a changé de ville. Elle a aussi changé de mari.*
- **quelque chose (pronom : tout, rien, quelque chose,...) à quelque chose** : *Cela a tout changé à sa vie.*

> **Changer quelque chose** : « remplacer ». **Changer de** : « quitter, laisser pour une même espèce ».

CHANGER (SE)

- **en quelque chose** : *Après deux ans de mariage, le prince charmant s'était changé en méchant mari.*

CHANTER

- **quelque chose à quelqu'un** : *Tu peux me chanter le début de cette chanson ?*

CHARGER

- **quelque chose** : *Les déménageurs chargent le camion.*
- **quelque chose de quelque chose** : *J'aide à charger l'ascenseur de paquets.*
- **quelqu'un de quelque chose** : *L'agence a chargé Paul et Jean du déménagement.*
- **quelqu'un de + infinitif** : *J'ai chargé mon frère de nous attendre dans la nouvelle maison.*

> **Charger quelque chose** : « emplir ». **Charger quelqu'un de** : « confier, rendre responsable ».

CHARGER (SE)

- **de quelque chose ou de quelqu'un** : *Charge-toi de la préparation du repas.*
- **de + infinitif** : *Je me charge d'expliquer le trajet aux déménageurs.*

CHARMER

- **quelqu'un par quelque chose** : *Lucie charme ses collègues par son élégance.*

CHASSER

- **quelque chose / quelqu'un** : *On ne chasse plus le renard en Angleterre.*

- **quelqu'un / quelque chose de quelque part** : *J'ai chassé le chien du salon, il n'a pas le droit d'y entrer.*

Chauffer (se)
- **quelque chose** : *Avant le concert, la cantatrice se chauffe la voix.*
- **à quelque chose** : *Vous vous chauffez au gaz ou à l'électricité ?*

Chercher
- **quelqu'un / quelque chose** : *Je cherche ma classe, je cherche le professeur de français.*
- **à + infinitif** : *André cherche à s'inscrire à un cours d'informatique.*

Chipoter (familier)
- **sur quelque chose** : *L'enfant n'a pas faim, il chipote sur la nourriture.*

Choisir
- **quelqu'un / quelque chose** : *Tu as déjà choisi une profession ?*
- **de + infinitif** : *J'ai choisi d'étudier l'informatique.*
- **entre quelque chose / quelqu'un et (ou) quelque chose / quelqu'un** : *Je n'arrive pas à choisir entre une université française ou une université belge.*
- **ce que + indicatif** : *J'ai choisi ce que je voulais faire.*

Choquer
- **quelqu'un** : *Ce film peut choquer les jeunes spectateurs.*
- **de + infinitif** [7] : *Cela m'a choqué de voir beaucoup d'adolescents dans la salle.*
- **que + subjonctif** : *Cela me choque que tu permettes à ta fille de treize ans de voir ce film.*

Chuchoter
- **quelque chose à quelqu'un** : *Xavier chuchote des mots doux à Christine.*
- **que + indicatif** : *Il lui chuchote qu'il la trouve très belle.*

Circonvenir
- **quelqu'un avec quelque chose** : *L'accusé a circonvenu ses juges avec de belles paroles.*

Circuler
- **que + indicatif** : *Le bruit circule que le gouvernement va tomber.*

Claironner
- **quelque chose à quelqu'un** : *Il nous a claironné son succès à l'examen.*
- **que + indicatif** : *Il claironne partout qu'il est le premier.*

Clamer
- **quelque chose à quelqu'un** : *L'accusé clame son innocence aux jurés.*
- **que + indicatif** : *Il clame qu'il s'agit d'un complot contre lui.*

Cligner
- **de quelque chose** : *Lucie cligne souvent des yeux.*

COALISER (SE)

- **contre quelqu'un ou quelque chose** : *Les partis d'opposition se sont coalisés* ***contre le gouvernement****.*

COGNER (SE)

- **quelque chose** (partie du corps) : *Je me suis cogné* ***la tête****.*
- **à / contre quelque chose** : *Je me suis cogné* ***à / contre la poutre****.*

COÏNCIDER

- **avec quelque chose** : *Cette année, ses dates de vacances coïncident* ***avec celles*** *de sa femme.*

COLLABORER

- **avec quelqu'un** : *Vous collaborerez* ***avec des chercheurs*** *de l'Institut Pasteur.*
- **à quelque chose** : *Vous collaborerez* ***à l'élaboration*** *d'un nouveau médicament.*

COLLER

- **quelque chose à quelque chose** : *Pour mieux entendre, l'enfant a collé* ***son oreille à la porte****.*
- **quelque chose à quelqu'un** (familier) : *On* ***lui*** *a collé* ***ce poste*** *pour s'en débarrasser.*
- **quelque chose sur quelque chose** : *J'ai oublié de coller* ***le timbre sur l'enveloppe****.*

> **Coller quelqu'un** signifie en français familier « suivre quelqu'un de près », « poser une question très difficile » et aussi « sanctionner » : *Le professeur* ***m'****a collé samedi prochain.*

COLLER (SE)

- **à quelque chose / quelqu'un** : *Tu es en retard. Colle-toi* ***au travail****.*
- **contre quelque chose ou quelqu'un** : *Le chat se colle toujours* ***contre mes jambes****.*

COLORER

- **quelque chose de quelque chose** : *Le coucher de soleil colore* ***les bâtiments de rouge****.*

COLORIER

- **quelque chose en quelque chose** : *L'enfant a colorié* ***son dessin en rouge et en bleu****.*

COMBATTRE

- **(contre) quelqu'un / quelque chose** : *Les pompiers ont combattu* ***(contre) les feux*** *de forêts.*

COMBLER

- **quelque chose** : *Ce matin, les ouvriers sont venus pour combler* ***le puits****.*
- **quelqu'un de quelque chose** : *Pour son anniversaire, ses amis* ***l'****ont comblé* ***de cadeaux****.*

> **Combler quelque chose** : « remplir ». **Combler quelqu'un** : « couvrir ».

COMMANDER

- **quelque chose** : *J'ai commandé* ***un nouvel ordinateur****.*

▸ **quelqu'un** : *Alexandre commandait les soldats macédoniens.*

> **Commander quelque chose** : « passer une commande ». **Commander quelqu'un** : « diriger » (*commander une armée*), éventuellement **commander à** (*il commande **à ses troupes***).

▸ **quelque chose à quelqu'un** : *J'ai commandé au vendeur quelques logiciels.*
▸ **à quelqu'un de + infinitif** [6] : *Je lui ai commandé de les faire livrer chez moi.*
▸ **que + subjonctif** : *J'ai commandé que l'ordinateur me soit livré au plus vite.*

COMMENCER
▸ **quelque chose** : *Julien va commencer ses études en automne.*
▸ **par quelque chose** : *L'année universitaire commence par l'accueil des nouveaux étudiants.*
▸ **par + infinitif** : *Julien a commencé par prendre une inscription à l'université.*
▸ **à + infinitif** : *En automne, il commence à faire froid.*

> **De** peut parfois remplacer **à** : *Il commence **de** pleuvoir, il commence **à** pleuvoir.*

COMMETTRE (SE)
▸ **avec quelqu'un** : *Tu ne devrais pas te commettre avec ces gens-là.*

COMMUNIQUER
▸ **quelque chose** : *Le directeur a communiqué la date des examens.*
▸ **quelque chose à quelqu'un** : *Pourrais-tu me communiquer les horaires des examens ?*
▸ **que + indicatif** : *Les services de l'université communiquent que la date des examens a changé.*
▸ **avec quelqu'un / quelque chose** : *Je communique avec elle. Le bureau du doyen communique avec celui de sa secrétaire.*

> **Communiquer avec quelque chose** signifie « être en relation par un passage ».

COMPARER
▸ **quelque chose / quelqu'un à quelque chose / quelqu'un** : *On a comparé Napoléon à César.*
▸ **quelqu'un / quelque chose avec (et) quelqu'un / quelque chose** : *Cette étude compare le système libéral anglais avec / et le système social français.*

> **Comparer à** indique un rapport d'égalité. **Comparer avec / et** : « chercher des différences ».

COMPATIR
▸ **à quelque chose** : *Je compatis à vos malheurs.*

COMPENSER
▸ **quelque chose par quelque chose** : *Elle compense sa petite taille par des chaussures à talons.*

COMPLAIRE (SE)
- **dans quelque chose** : *Inutile de l'aider, il se complaît* ***dans sa médiocrité***.
- **à + infinitif** : *Il ne se complaît qu'****à parler*** *de ses échecs.*

COMPLIMENTER
- **quelqu'un sur (pour)** : *Max a complimenté* ***Sarah sur (pour) son mariage***.

COMPLOTER
- **contre quelqu'un** : *Les anarchistes russes complotaient* ***contre le tsar***.
- **de + infinitif** : *Ils avaient comploté* ***de tuer*** *le monarque.*

COMPORTER (SE)
- **avec quelqu'un** : *Comment s'est-il comporté* ***avec toi*** *?*
- **en quelqu'un** : *Dans cette affaire, il s'est comporté* ***en gentleman***.

COMPOSER (SE)
- **de quelque chose** : *La bibliothèque se compose* ***de plusieurs milliers*** *de volumes.*

COMPRENDRE
- **quelqu'un / quelque chose** : *Fabien ne comprend pas* ***l'allemand***.
- **à quelque chose** : *Il ne comprend rien* ***à la langue*** *de Goethe.*
- **ce que + indicatif** : *Il ne comprend pas* ***ce qu'on*** *lui* ***dit*** *en allemand.*
- **comment / quand / pourquoi / où + indicatif** : *Je ne comprends pas* ***comment il a pu*** *vivre un an à Berlin.*
- **que + subjonctif** : *Je comprends* ***que*** *l'allemand* ***soit*** *une langue difficile.*
- **que + indicatif** : *Je comprends surtout* ***que*** *Fabien n'****est*** *pas* ***doué*** *pour les langues.*

> **Comprendre que + subjonctif** : « admettre ». **Comprendre que + indicatif** : « réaliser ».

COMPTER
- **quelque chose / quelqu'un** : *Vous avez compté* ***le nombre*** *d'invités ?*
- **pour quelqu'un** : *Cette soirée compte beaucoup* ***pour nous***.
- **sur quelqu'un / quelque chose** : *Nous comptons* ***sur vous, sur votre présence***.
- **avec quelque chose** : *Il faut aussi compter* ***avec les invités*** *de dernière minute.*

> **Compter sur** : « s'appuyer sur ». **Compter pour** : « avoir de l'importance ». **Compter avec** : « tenir compte ».

- **+ infinitif** [2] : *Nous comptons* ***faire*** *cette soirée vendredi prochain.*
- **que + indicatif** : *Nous comptons* ***que*** *tout* ***se passera*** *bien.*

CONCENTRER (SE)
- **sur quelque chose** : *Il n'arrive pas à se concentrer* ***sur son travail***.

CONCEVOIR
- **quelque chose** : *Avec mes collègues, nous avons conçu* ***un projet*** *révolutionnaire.*

- **de + infinitif** [4] : *Nous ne concevons pas de devoir abandonner ce projet.*
- **que + subjonctif** : *Je ne conçois pas que ce projet puisse échouer.*

CONCLURE

- **quelque chose** : *Nous avons conclu un accord avec nos concurrents.*
- **quelque chose de quelque chose** : *Qu'avez-vous conclu de la réunion ?*
- **à quelque chose** : *La police a conclu à un assassinat.*
- **de quelque chose que + indicatif** : *J'en conclus que j'avais tort de croire à un suicide.*

> **Conclure de quelque chose** : « tirer une conséquence de quelque chose » (en conclure) ; **conclure à** : « tirer une conclusion ».

CONCORDER

- **avec quelque chose** : *Votre témoignage concorde avec le mien.*
- **avec ce que + indicatif** : *Cela concorde tout à fait avec ce que j'ai vu.*

CONCOURIR

- **à quelque chose** : *Ton aide a beaucoup concouru à ma réussite.*
- **à ce que + subjonctif** : *Ton aide a concouru à ce que je réussisse.*

CONDAMNER

- **quelqu'un / quelque chose** : *Le tribunal a condamné l'accusé.*
- **quelqu'un à quelque chose** : *Il l'a condamné à plusieurs années de prison.*
- **à + infinitif** : *Il l'a condamné à passer dix ans en prison.*

CONDENSER

- **quelque chose** : *Votre exposé est trop long. Essayez un peu de le condenser.*
- **quelque chose en quelque chose** : *Le journaliste a condensé son article en deux pages.*

CONDUIRE

- **quelqu'un / quelque chose** : *Lisa conduit sa Volkswagen.*
- **quelqu'un / quelque chose quelque part (dans, en, chez,...)** : *Elle conduit ses enfants à l'école.*
- **quelqu'un à + infinitif** : *Un embouteillage la conduit à prendre un autre itinéraire.*

CONFESSER

- **quelque chose à quelqu'un** : *Il a confessé son erreur à ses collègues.*
- **+ infinitif** [2] : *Il a confessé s'être trompé.*
- **que + indicatif** : *Je confesse que j'ai fait une erreur.*

CONFESSER (SE)

- **à quelqu'un** : *Le petit Jacques s'est confessé à sa mère.*
- **de quelque chose** : *Il s'est confessé de sa faute.*

CONFIER

- **quelque chose à quelqu'un** : *Lucie va voir Florence pour lui confier un secret.*

- **quelqu'un à quelqu'un** : *Pendant son absence, elle confie **sa fille à la voisine**.*
- **à quelqu'un que + indicatif** : *Lucie confie **à Florence qu'elle est** enceinte.*

CONFIER (SE)

- **à quelqu'un** : *Florence est la seule amie **à qui** Lucie se confie.*

CONFIRMER

- **quelque chose à quelqu'un** : *La secrétaire a confirmé **au candidat l'heure** du rendez-vous.*
- **que + indicatif** : *Elle a confirmé **que** le poste **était** toujours vacant.*

CONFISQUER

- **quelque chose à quelqu'un** : *Beaucoup de lignes aériennes confisquent **les briquets aux passagers**.*

CONFONDRE

- **quelqu'un / quelque chose** : *Dans cette classe, le professeur confond souvent **les noms**.*
- **quelqu'un / quelque chose avec (et) quelqu'un / quelque chose** : *Le journaliste avait confondu **Budapest avec (et) Bucarest**.*

CONFORTER

- **quelqu'un dans quelque chose** : *Personne ne l'a contredit. Cela **l'**a conforté **dans son opinion**.*

CONFRONTER

- **quelque chose / quelqu'un à quelque chose / quelqu'un** : *Après l'accident, la police a confronté **le conducteur au piéton**.*
- **quelque chose avec (et) quelque chose** : *La police a confronté **la version** de l'automobiliste **avec (et) celle** du piéton.*

Confronter quelqu'un à : « mettre en présence ». **Confronter avec** : « comparer ».

CONJURER

- **quelqu'un de + infinitif** : *Je **vous** conjure **de** me **faire** confiance.*

CONNAÎTRE

- **quelqu'un / quelque chose** : *Je ne connais pas **l'informatique**.*
- **quelque chose à quelque chose** : *Je connais peu **de choses à l'informatique**.*

CONNAÎTRE (S'Y)

- **en quelque chose** : *Tu t'y connais **en bricolage** ?*

CONSACRER

- **quelque chose à quelque chose / quelqu'un** : *Ce savant a consacré **sa vie à la recherche**.*
- **quelque chose à + infinitif** : *J'ai consacré **mon après-midi à ranger** ma bibliothèque.*

CONSACRER (SE)

- **à quelqu'un / quelque chose** : *Depuis qu'il est à la retraite, il peut se consacrer à la peinture.*

CONSEILLER

- **quelqu'un** : *Il ne sait pas quoi choisir, conseillez-le.*
- **quelque chose à quelqu'un** : *Je te conseille la truite, elle est délicieuse.*
- **à quelqu'un de + infinitif** [5] : *Je te conseille de l'accompagner d'un vin blanc.*
- **que + subjonctif** : *Le guide a conseillé que nous fassions cette excursion.*

CONSENTIR

- **quelque chose** : *Le magasin consent une réduction.*
- **quelque chose à quelqu'un** : *Le vendeur est prêt à me consentir une réduction.*
- **à + infinitif** : *Si la réduction est importante, je consens à prendre deux articles.*
- **à ce que + subjonctif** : *Je consens à ce que la livraison n'ait lieu que la semaine prochaine.*

> Mais aussi **que + subjonctif** : *Je consens **que** la livraison **ait lieu** plus tard* (plus recherché).

CONSIDÉRER

- **quelque chose** : *Considérez bien tous les aspects du problème.*
- **quelqu'un / quelque chose comme quelqu'un / quelque chose** : *Je considère mon collègue comme un expert pour ce genre de questions.*
- **+ infinitif** [2] : *Il considère avoir tout fait pour régler le problème.*
- **que + indicatif** : *Je considère que le problème n'est pas réglé.*

CONSIDÉRER (SE)

- **comme quelqu'un** : *Mon collègue se considère comme un expert.*

> En français familier, **comme** peut disparaître, le verbe est alors suivi d'un nom sans article ou d'un adjectif : *Il se considère capable de régler ces problèmes.*

CONSISTER

- **en quelque chose** : *En quoi consistera mon travail ?*
- **à + infinitif** : *Votre travail consistera à assister le directeur des ventes.*

CONSOLER

- **quelqu'un** : *La mère console son enfant.*
- **quelqu'un de quelque chose** : *Elle le console de la perte de son jouet.*
- **de + infinitif** [7] : *Ça le console d'apprendre que sa mère lui achètera un nouveau jouet.*
- **que + subjonctif** : *Ça le console que sa mère lui ait promis un nouveau jouet.*

CONSOLER (SE)

- **de quelque chose** : *L'enfant s'est vite consolé de la perte de son jouet.*
- **de + infinitif** : *Il s'est consolé d'avoir perdu son jouet.*

CONSOLIDER

- **quelque chose avec quelque chose** : *Il faudrait consolider* **ce mur avec du ciment**.

CONSPIRER

- **contre quelqu'un / quelque chose** : *Ils sont accusés d'avoir conspiré* **contre l'État**.
- **à quelque chose** : *Tout conspire* **à leur condamnation**.
- **à + infinitif** : *Tout conspire* **à** *les* **faire** *condamner.*
- **à ce que + subjonctif** : *Tout conspire* **à ce que** *les accusés* **soient** *lourdement condamnés.*

> **Conspirer contre** : « comploter ». **Conspirer à** : « tendre à ».

CONSTATER

- **quelque chose** : *Le chef de service a constaté* **des erreurs** *de comptabilité.*
- **que + indicatif** : *Il a constaté* **que** *les comptes* **comportaient** *des erreurs.*

CONSTERNER

- **quelqu'un** : *Stéphane arrête ses études. Cette nouvelle a consterné* **ses parents**.
- **de + infinitif** [7] : *Cela le consterne* **de voir** *ses parents malheureux.*
- **que + subjonctif** : *Cela le consterne* **qu'***ils ne* **comprennent** *pas sa décision.*

CONSTRUIRE

- **quelque chose** : *Les maçons construisent* **la maison**.
- **quelque chose de quelque chose** : *Il a construit* **tout un roman de cette histoire**.

CONSULTER

- **quelqu'un / quelque chose** : *Julie consulte* **son agenda**. *Elle veut consulter* **une voyante**.
- **quelqu'un sur (au sujet de, à propos de) quelque chose** : *Elle veut* **la** *consulter* **sur son avenir**.

CONTENTER (SE)

- **de quelque chose** : *Je me contente* **d'un sandwich** *pour le déjeuner.*
- **de + infinitif** : *Moi, je ne me contenterai pas* **de déjeuner** *d'un sandwich.*
- **de ce que + indicatif** : *Contente-toi* **de ce que** *je t'***offre**.

CONTER

- **quelque chose à quelqu'un** : *La grand-mère a conté* **à son petit-fils l'histoire** *de Blanche-Neige.*
- **que + indicatif** : *La tradition conte* **qu'***un dragon* **habitait** *dans la forêt.*

CONTESTER

- **quelque chose / quelqu'un** : *L'avocat a contesté* **les accusations** *contre son client.*
- **quelque chose à quelqu'un** : *Il a contesté* **au témoin le droit** *de critiquer l'accusé.*
- **+ infinitif** [3] : *L'accusé conteste* **être** *le seul coupable.*
- **que + subjonctif** : *Le juge conteste* **que** *l'accusé* **soit** *sincère.*

Si le verbe **contester** est à la forme négative, **que** peut être suivi de l'indicatif : *Je ne conteste pas **qu'il soit / est** sincère.*

CONTINUER
- **quelque chose** : *Les experts continuent **leurs recherches**.*
- **à (de) + infinitif** : *Ils continuent **à (de) chercher** des solutions.*

CONTRAINDRE
- **quelqu'un à quelque chose** : *La crise a contraint **la direction à la fermeture** d'usines.*
- **quelqu'un à (de) + infinitif** : *La crise a contraint **la direction à (de) fermer** des usines.*

CONTRAINDRE (SE)
- **à + infinitif** : *Le sportif s'est contraint **à s'entraîner** chaque jour.*

CONTRARIER
- **quelqu'un / quelque chose** : *La grève des transports contrarie **mes projets**. Cela **me** contrarie.*
- **quelqu'un de + infinitif** [7] : *Cela **me** contrarie **de devoir** renoncer à mes projets.*
- **que + subjonctif** : *Ça me contrarie **que** vous **soyez** venu pour rien.*

CONTRASTER
- **avec quelque chose** : *La tranquillité de la petite fille contrastait **avec l'énergie** de son frère.*

CONTREVENIR
- **à quelque chose** : *L'homme d'affaires a réussi cette opération sans contrevenir **à la loi**.*

CONTRIBUER
- **à quelque chose** : *Le nouveau directeur a beaucoup contribué **à la bonne marche** de l'entreprise.*
- **à + infinitif** : *Le changement de direction a contribué **à sauver** l'entreprise.*
- **à ce que + subjonctif** : *Les réformes ont contribué **à ce que** l'entreprise **soit** sauvée.*

CONTRÔLER
- **quelqu'un / quelque chose** : *Les douaniers ont contrôlé **mes papiers** d'identité.*
- **si / que + indicatif** : *Tu as contrôlé **si / que** la porte **était** bien fermée ?*

CONVAINCRE
- **quelqu'un** : *Vous **m'**avez convaincu.*
- **de quelque chose** : *Vous m'avez convaincu **de l'importance** du contrat.*
- **quelqu'un de + infinitif** [5] : *Le vendeur **m'**a convaincu **de signer**.*
- **que + indicatif** : *Il m'a convaincu **qu'**il n'y **avait eu** aucun problème.*

CONVAINCRE (SE)
- **de quelque chose** : *Je suis convaincu **de son honnêteté**.*
- **que + indicatif** : *Nous sommes convaincus **que** tout **se passera** bien.*

Convenir

- **à quelqu'un / quelque chose** : *La date que vous me proposez ne me convient pas.*
- **de quelque chose** : *Convenons d'une nouvelle date.*
- **de + infinitif** [4] : *Convenons de nous rencontrer mardi prochain.*
- **que + subjonctif** : *Il ne conviendrait pas que nous attendions plus longtemps.*
- **que + indicatif** : *Convenez que j'ai raison.*

Il convient que + subjonctif : « Il est convenable que ». **Je conviens que + indicatif** : « J'avoue que ».
Le verbe **convenir** se conjugue avec l'auxiliaire **avoir** lorsqu'il a le sens de « plaire, être approprié à », avec l'auxiliaire **être** lorsqu'il signifie « décider ensemble ».

Converser

- **avec quelqu'un** : *Pendant le trajet, j'ai conversé avec mon voisin.*
- **de quelque chose** : *Nous avons conversé de choses et d'autres.*

Convertir

- **quelque chose en quelque chose** : *À l'aéroport, j'ai converti mes euros en dollars.*
- **quelqu'un à quelque chose** : *Il n'a pas été possible de convertir tous les Européens à l'euro.*

Convertir en : « changer ». **Convertir à** : « persuader d'adhérer à ».

Convertir (se)

- **à quelque chose** : *les Français se sont vite convertis à l'euro.*

Convier

- **quelqu'un à quelque chose** : *J'ai convié un ami à une réception.*
- **quelqu'un à + infinitif** : *Je l'ai convié à venir à l'institut culturel suédois.*

Coopérer

- **à quelque chose** : *Madeleine coopère à ce projet de traduction.*
- **avec quelqu'un** : *Elle coopère avec des traducteurs néerlandais.*

Copier

- **quelque chose / quelqu'un** : *Valérie copie souvent sa grande sœur et ses tenues vestimentaires.*
- **sur quelqu'un** : *Elle copie aussi sur ses camarades pendant les examens.*

Correspondre

- **à quelqu'un / quelque chose** : *Le prix demandé ne correspond pas à celui qui est affiché en vitrine.*
- **avec quelqu'un** : *Luc correspond avec un écolier anglais.*

Correspondre : « concorder ». **Correspondre avec** : « échanger des lettres ».

CORRIGER

- **quelqu'un / quelque chose** : *Le professeur corrige **l'élève**, il corrige **sa prononciation**.*
- **quelqu'un de quelque chose** : *L'enseignant corrige **Maxime de sa mauvaise prononciation**.*

CORRIGER (SE)

- **de quelque chose** : *Maxime a du mal à se corriger **de sa mauvaise prononciation**.*

COTISER

- **à quelque chose** : *C'est la première année qu'il cotise **à la Sécurité sociale**.*

COUCHER

- **quelqu'un** : *Le petit garçon est fatigué. Sa mère va **le** coucher.*
- **avec quelqu'un** : *Paul a couché **avec son frère** jusqu'à l'âge de trois ans.*

> **Coucher avec quelqu'un** peut aussi signifier, selon le contexte, « avoir des rapports sexuels » : *Voulez-vous coucher avec moi, ce soir ?*

COUPER

- **quelque chose** : *Coupe **le pain**.*
- **quelque chose à quelqu'un** : *Patrick n'arrête pas de couper **la parole à Danièle**.*

> En français familier, **couper à quelque chose** signifie « échapper » : *couper à une corvée.*

COUPER (SE)

- **quelque chose** : *En coupant le pain, je me suis coupé **le doigt**.*
- **de quelque chose / quelqu'un** : *Il ne veut plus retourner dans son pays, il s'est coupé **de sa famille et de ses racines**.*

> **Se couper de quelqu'un ou quelque chose** : « perdre le contact avec ».

COURIR

- **quelque part (dans, à, en, sur,...)** : *Courir **dans un parc, en ville, sur une piste**, etc.*
- **quelque chose** : *José a couru **sa chance**, il a couru **les cent mètres** et il a gagné.*
- **après quelque chose / quelqu'un** : *Il a toujours couru **après la gloire**.*
- **à quelque chose** : *S'il continue à fumer, ce sportif court **à sa perte**.*

> **Courir après** : « rechercher ». **Courir à** : « aller rapidement à ».

- **+ infinitif** [1] : *José court **annoncer** la nouvelle à ses amis.*

> Dans la phase *Le bruit court que José a arrêté de fumer*, **que** n'est pas une conjonction mais un pronom relatif : *Le bruit que José à arrêter de fumer court.*

COÛTER

- **quelque chose** : *Dans ce magasin, les vêtements coûtent **une fortune**.*
- **quelque chose à quelqu'un** : *Ce manteau a coûté **à Hélène un mois** de salaire.*
- **de + infinitif** : *Ça lui a coûté **de** ne pas **pouvoir** s'acheter aussi une robe.*

COUVER

- **quelque chose** : *La poule couve les œufs.*
- **quelque chose / quelqu'un de quelque chose** : *L'avare couvait des yeux son trésor.*

COUVRIR

- **quelqu'un / quelque chose** : *L'assurance couvre tous les frais.*
- **quelqu'un / quelque chose de quelque chose** : *Elle couvre ses amis de cadeaux.*

COUVRIR (SE)

- **de quelque chose** : *Il s'est couvert de ridicule.*

CRACHER

- **quelque chose** : *La vipère a craché son venin.*
- **sur quelqu'un / quelque chose** : *Julien n'est pas aimé, il crache toujours sur ses collègues.*

> En français familier, **cracher sur** signifie « exprimer du mépris », **ne pas cracher sur** « aimer » : *Il ne crache pas sur l'argent.*

CRAINDRE

- **quelqu'un / quelque chose** : *Mon frère craint les accidents d'avion.*
- **pour quelque chose** : *Il craint pour sa vie.*
- **de + infinitif** [3] : *Il craint de mourir dans un accident.*
- **que + subjonctif** : *Il craint que l'avion n'explose en plein vol.*

> Le **ne** explétif n'est plus obligatoire : *Il craint que l'avion explose en plein vol.*

CRAMPONNER (SE)

- **à quelqu'un / quelque chose** : *Cramponne-toi à la branche ou cramponne-toi à moi.*

CRÉDITER

- **quelqu'un de quelque chose** : *La banque a crédité mon compte de mille euros.*

CRÉER

- **quelque chose** : *L'artiste a créé un chef-d'œuvre.*
- **quelque chose à quelqu'un** : *Le transport du tableau a créé beaucoup de problèmes aux organisateurs de l'exposition.*

CREVER

- **quelque chose** : *Le méchant petit garçon a crevé le ballon de sa sœur.*
- **de quelque chose** : *Ferme la fenêtre, on crève de froid ici.*

> **Crever quelque chose** : « faire éclater » ; **crever de quelque chose** (familier) : « mourir ».

CREVER (SE) (familier)

- **quelque chose** : *Il a travaillé jour et nuit pour finir son rapport. Il s'est crevé la santé.*
- **à + infinitif** : *Il s'est crevé à faire ce travail pénible.*

CRIER

- **quelque chose** : *Les manifestants ont crié **leur colère**.*
- **quelque chose à quelqu'un** : *Ils ont crié **des slogans aux passants**.*
- **à quelque chose** : *Ils ont crié **au scandale**.*
- **après quelque chose / quelqu'un** : *Ils ont crié **après le ministre**.*
- **sur quelqu'un** (familier) : *Ils ont crié **sur le ministre**, ils **lui** ont crié dessus.*

> **Crier à** : « dénoncer » ; **crier après** : « s'emporter contre ».

- **de + infinitif** [6] : *Un policier a crié aux manifestants **de cesser**.*
- **que + indicatif** : *Les manifestants ont crié **qu'ils** ne **s'arrêteraient** pas.*

> Il est possible d'avoir **que + subjonctif** pour remplacer l'impératif au style indirect : *Je lui ai crié qu'il fasse attention.*

CRITIQUER

- **quelqu'un / quelque chose** : *J'ai critiqué **son travail**.*
- **quelqu'un de (pour) + infinitif** : *Il **m'**a critiqué **de** ne pas **connaître** l'informatique.*

CROIRE

- **quelqu'un / quelque chose** : *Roger ne ment jamais, on peut **le** croire.*
- **quelque chose de quelqu'un** : *Je ne peux pas croire **ça de lui**.*
- **à quelque chose** : *Je ne crois pas **à ces histoires**.*
- **en quelqu'un / quelque chose** : *Je crois **en mes amis**.*

> **Croire à** signifie « tenir une chose pour réelle », **croire en** signifie « se fier à », mais aussi « avoir la foi » : *Croyez-vous en Dieu ?*

- **+ indicatif** [4] : *Je crois **pouvoir** lui faire confiance.*
- **que + indicatif** : *Je crois **qu'il est** digne de confiance.*

> Lorsque **croire** est à la forme négative ou interrogative, **que** peut être suivi du subjonctif : *Je ne crois pas qu'il soit digne de confiance.*

CROULER

- **sous quelque chose** : *La salle croulait **sous les applaudissements**.*

CUIRE

- **quelque chose** : *Tu as cuit **le rôti** ?*
- **à quelqu'un** : *Le petit garçon a reçu une gifle. Les joues **lui** cuisent encore.*

> Dans cette construction, le complément de **cuire** est généralement un pronom.

CUISINER

- **quelque chose à quelqu'un** : *Sa femme lui a cuisiné son plat préféré.*

> Il est possible **de cuisiner quelqu'un** : « chercher à obtenir des renseignements de quelqu'un ».

CULPABILISER (SE)

- **de + infinitif** : *Les parents se sont culpabilisés d'avoir refusé à leur fils l'autorisation de sortir.*

DAIGNER

- **+ infinitif** [1] : *Il n'a pas daigné nous aider.*

DANSER

- **quelque chose** : *Wolfgang danse très bien la valse.*
- **avec quelqu'un** : *Il a dansé toute la soirée avec Nicole.*

DATER

- **quelque chose** : *Pouvez-vous dater ce document ?*
- **de quelque chose** (moment) : *Ce tableau date du dix-huitième siècle.*

DÉBALLER

- **quelque chose** : *Il est temps de déballer les colis.*
- **quelque chose à quelqu'un** : *Il a tout déballé à sa copine.*

> En français familier, **déballer quelque chose à quelqu'un** signifie « avouer ».

DÉBARRASSER

- **quelque chose** : *Débarrasse la table, s'il te plaît.*
- **quelqu'un / quelque chose de quelque chose / quelqu'un** : *Débarrasse la table de tes livres.*

DÉBARRASSER (SE)

- **de quelqu'un / quelque chose** : *Je vais bientôt me débarrasser de cette vieille télévision.*

DÉBATTRE

- **(de) quelque chose** : *Nous allons débattre le (du) prix de la location.*

> **Débattre quelque chose** en français standard, **débattre de quelque chose** en français familier.

DÉBLATÉRER

- **contre (sur) quelqu'un** : *Mon voisin déblatère toujours contre (sur) ses collègues.*

DÉBITER

- **quelque chose à quelqu'un** : *Dans ce café, on débitait de l'absinthe aux clients.*
- **quelque chose / quelqu'un de quelque chose** : *La banque a débité mon compte de mille euros.*

> **Débiter à** : « vendre ». **Débiter de** : « enlever ».

DÉBORDER
- **quelque chose** : *Les événements ont débordé **le gouvernement**.*
- **de quelque chose** : *L'eau déborde **du vase**.*

DÉBOUCHER
- **quelque chose** : *Débouche **une bonne bouteille** !*
- **sur quelque chose** : *Ces études ne débouchent **sur rien**.*

> Lorsqu'il s'agit d'un lieu, on peut **déboucher sur** ou **dans** : *La rue débouche sur / dans une avenue.*

DÉBROUILLER (SE)
- **en quelque chose** : *Ronaldo se débrouille **en français**.*
- **pour + infinitif** : *Il s'est débrouillé **pour obtenir** une bourse Erasmus.*
- **pour que + subjonctif** : *Il s'est débrouillé **pour que** son fils **obtienne** un stage.*

> **Pour + infinitif** si le sujet de la phrase est aussi celui de l'infinitif, sinon **pour que + subjonctif**.

DÉBUTER
- **quelque chose** : *Philippe débute **sa carrière** de professeur.*

> Il est possible de **débuter dans** : *Philippe débute dans la profession* (il est nouveau).

- **par quelque chose** : *Il débute **par un collège** de banlieue.*
- **par + infinitif** : *Il va débuter **par enseigner** à des enfants de onze et douze ans.*

DÉCALER
- **quelque chose de quelque chose** : *Christophe a décalé **ses vacances d'une semaine**.*

DÉCAMPER
- **de quelque part** : *Quand il a aperçu le chien, le chat a décampé **du fauteuil**.*

DÉCARCASSER (SE) (familier)
- **pour + infinitif** : *Mon voisin s'est décarcassé **pour** me **venir** en aide.*
- **pour que + subjonctif** : *Il s'est décarcassé **pour que je puisse** réaliser mes projets.*

> **Pour + infinitif** si le sujet de la phrase est aussi celui de l'infinitif, sinon **pour que + subjonctif**.

DÉCÉDER
- **de quelque chose** : *Sa tante est décédée **d'un cancer**.*

DÉCENTRALISER
- **quelque chose quelque part (à, en,....)** : *L'entreprise a décentralisé **une de ses usines en Chine**.*

DÉCERNER
- **quelque chose à quelqu'un** : *Le jury a décerné **le premier prix à une** jeune **violoniste** coréenne.*

DÉCEVOIR
- **quelqu'un** : *Mon voyage à Nice **m'**a déçu.*
- **de + infinitif** [7] : *Ça m'a déçu **de** ne pas **pouvoir** aller à la plage.*
- **que + subjonctif** : *Ça m'a déçu **que** le temps n'**ait** pas été ensoleillé.*

DÉCHAÎNER (SE)
- **contre quelque chose / quelqu'un** : *La critique s'est déchaînée **contre ce film**.*

DÉCHARGER
- **quelque chose** : *Peux-tu m'aider à décharger **la voiture** ?*
- **quelqu'un de quelque chose** : *Après son échec, on **l'**a déchargé **de ses fonctions**.*
- **quelque chose sur quelqu'un** : *Les manifestants ont déchargé **leur colère sur le ministre**.*

DÉCHARGER (SE)
- **de quelque chose sur quelqu'un / quelque chose** : *Il se décharge toujours **de ses responsabilités sur ses adjoints**.*

DÉCHIFFRER
- **quelque chose à quelqu'un** : *Je ne comprends pas ce code. Peux-tu **me le** déchiffrer ?*

DÉCHIRER
- **quelque chose** : *Ce vieux livre est fragile. Fais attention à ne pas **le** déchirer.*
- **quelque chose à quelqu'un** [8] : *Marianne a rompu avec Luc. Cette rupture **lui** a déchiré **le cœur**.*

DÉCHOIR
- **de quelque chose** : *S'il faisait cela, il croirait déchoir **de son rang**.*
- **quelqu'un de quelque chose** : *Le tribunal a déchu **l'accusé de ses droits** civiques.*

> **Déchoir de quelque chose** : « s'abaisser ». **Déchoir quelqu'un de quelque chose** : « déposséder ».

DÉCIDER
- **quelque chose** : *Le Président a décidé **la dissolution** de l'Assemblée nationale.*
- **de quelque chose** : *Le ministère de l'Éducation décide **de la date** des vacances.*

> **Décider quelque chose** : « décréter ». **Décider de quelque chose** : « choisir ».

- **quelqu'un à + infinitif** : *J'ai décidé **mes amis à partir** avec moi en vacances.*
- **de + infinitif** [4] : *J'ai décidé **de partir** en vacances en Irlande.*
- **que + indicatif** : *J'ai décidé **que nous partirons** au mois de juillet.*

Décider quelqu'un à : « déterminer quelqu'un à faire quelque chose ». **Décider de / que** : « prendre une décision ».

DÉCIDER (SE)

- **pour quelque chose** : *Je me suis décidé pour des vacances au bord de la mer.*
- **à + infinitif** : *Mes amis se sont enfin décidés à m'accompagner.*

DÉCLARER

- **quelque chose à quelqu'un** : *Roméo a déclaré son amour à Juliette.*
- **+ infinitif** [2] : *Il a déclaré être prêt à mourir pour elle.*
- **que + indicatif** : *Juliette a déclaré qu'elle l'aimait elle aussi.*

DÉCLARER (SE)

- **+ adjectif** : *Le gouvernement s'est déclaré satisfait du résultat du vote.*
- **pour (contre) quelque chose / quelqu'un** : *Les ouvriers se sont déclarés pour (contre) la grève.*

DÉCLINER

- **quelque chose** : *Je n'avais pas envie de sortir, j'ai décliné l'invitation.*
- **quelque chose à quelqu'un** : *Il a dû décliner son identité aux policiers.*

DÉCLINER (SE)

- **sur quelque chose** : *Le nom latin* manus *se décline sur la quatrième déclinaison.*
- **en quelque chose** : *Ce modèle de canapé se décline en trois couleurs.*

DÉCOCHER

- **quelque chose à quelqu'un** : *Louise a décoché à Jules une remarque ironique.*

DÉCOLÉRER

- **de + infinitif** [4] : *Paul ne décolère pas de devoir repasser son examen en septembre.*
- **que + subjonctif** : *Il ne décolère pas que ses vacances soient gâchées.*

DÉCOLLER

- **quelque chose de quelque chose** : *Décolle le timbre de l'enveloppe pour ta collection.*
- **de quelque part** (familier) : *Décolle d'ici.*

DÉCOLLER (SE)

- **de quelque chose** : *Le papier peint commence à se décoller du mur.*

DÉCOLORER

- **quelque chose à quelqu'un** : *La coiffeuse lui a décoloré les cheveux.*

DÉCOMPOSER

- **quelque chose en quelque chose** : *Le professeur a décomposé le texte en trois parties.*

DÉCOMPOSER (SE)

- **en quelque chose** : *Cette dissertation se décompose en trois parties : thèse, antithèse, synthèse.*

DÉCONCERTER

- **quelqu'un** : *Son départ m'a déconcerté.*
- **de + infinitif** [7] : *Cela m'a déconcerté d'apprendre son départ.*
- **que + subjonctif** : *Cela m'a déconcerté qu'il soit parti.*

DÉCONNECTER

- **quelque chose / quelqu'un de quelque chose** : *Ses vacances l'ont déconnecté de la réalité.*

DÉCONSEILLER

- **quelque chose à quelqu'un** : *Le médecin a déconseillé à ma sœur le beurre et la mayonnaise.*
- **à quelqu'un de + infinitif** [5] : *Il lui a déconseillé de manger entre les repas.*
- **que + subjonctif** : *Le guide a déconseillé que nous allions seuls en montagne.*

DÉCORER

- **quelque chose de (avec) quelque chose** : *Alain a décoré le sapin de Noël de (avec des) bougies.*

DÉCOULER

- **de quelque chose que + indicatif** : *Il découle des derniers résultats de l'entreprise qu'il faut changer de stratégie.*

DÉCOURAGER

- **quelqu'un** : *Les exceptions en grammaire française découragent les étudiants étrangers.*
- **quelqu'un de + infinitif** : *La difficulté de cette langue les découragent parfois de l'apprendre.*

DÉCOUVRIR

- **quelque chose / quelqu'un** : *Christophe Colomb a découvert l'Amérique.*
- **que + indicatif** : *Des scientifiques ont découvert que les Vikings étaient arrivés avant Colomb.*

DÉCRÉTER

- **quelque chose** : *Le gouvernement a décrété l'état d'urgence.*
- **que + indicatif** : *Il a décrété que les violences urbaines devaient cesser.*

DÉCRIRE

- **quelque chose à quelqu'un** : *Ce roman décrit à ses lecteurs la vie quotidienne au Moyen Âge.*

DÉCROCHER

- **quelque chose de quelque chose** : *Décroche ce tableau du mur.*

> En français familier, **décrocher quelque chose** peut signifier « obtenir » : *Il a décroché son bac.*

DÉDAIGNER

- **quelque chose / quelqu'un** : *Cet écrivain dédaigne **les honneurs**.*
- **de + infinitif** [3] : *Il a dédaigné **d'apprendre** la langue du pays où il a fait un stage d'un an.*

> **Dédaigner de + infinitif** est une construction recherchée. Parfois, particulièrement à la forme négative, on emploie **dédaigner + infinitif** : *Je ne dédaigne pas regarder un vieux film policier à la télévision.*

DÉDICACER

- **quelque chose à quelqu'un** : *L'auteur a dédicacé **son dernier livre à une admiratrice**.*

DÉDIER

- **quelque chose à quelqu'un / quelque chose** : *Elle a dédié **son livre à la mémoire** de ses parents.*

DÉDIRE (SE)

- **de quelque chose** : *Vous ne pouvez vous dédire **de vos engagements**.*

DÉDOMMAGER

- **quelqu'un de quelque chose** : *La compagnie d'assurance a dédommagé **les voyageurs de la perte** de leurs bagages.*

DÉDUIRE

- **quelque chose de quelque chose** : *« Vous avez cassé trois assiettes, je déduirai **le prix** de ces assiettes **de votre salaire** », dit le patron au serveur.*
- **de quelque chose que + indicatif** : *Le détective a déduit **de ses observations que** ce n'**était** pas un suicide mais un crime.*

> **Déduire quelque chose** : « enlever, retrancher ». **Déduire que** : « conclure ».

DÉFAILLIR

- **de quelque chose** : *En apprenant qu'elle avait réussi, elle a cru défaillir **de joie**.*

DÉFAIRE (SE)

- **de quelque chose / quelqu'un** : *L'acteur Raimu ne s'est jamais défait **de son accent** provençal.*

DÉFENDRE

- **quelqu'un / quelque chose** : *Le comité universitaire défend **les étudiants** et **leurs revendications**.*

> **Défendre quelque chose** peut signifier « protéger, soutenir », mais aussi « interdire ». *La loi défend le port d'armes dans les lieux publics.*

- **de quelque chose** : *Un bon pull défend **du froid**.*

- **quelqu'un / quelque chose contre quelqu'un / quelque chose** : *L'ingénieur défend son projet contre les attaques de ses adversaires.*
- **quelque chose à quelqu'un** : *Son médecin lui a défendu les sports violents.*
- **à quelqu'un de + infinitif** [5] : *Son médecin lui a défendu de faire trop d'efforts.*
- **que + subjonctif** : *Le directeur de l'hôtel a défendu qu'on allume le chauffage avant le 15 octobre.*

Défendre (se)

- **de quelque chose** : *Défendez-vous des coups de soleil avec cette crème solaire.*
- **contre quelque chose** : *Flaubert s'est défendu contre les accusations de ses adversaires.*
- **de + infinitif** : *Il s'est défendu d'avoir écrit un livre immoral.*

Déferler

- **sur quelque chose** : *Les vagues déferlent sur la plage.*

Défier

- **quelqu'un / quelque chose** : *Il ne faut pas défier le sort.*
- **quelqu'un à quelque chose** : *J'ai défié mon frère aux échecs.*
- **quelqu'un de + infinitif** [5] : *Je te défie de boire ce verre d'huile.*
- **quelqu'un à + infinitif** : *Je te défie à boire.*

> **Défier de** : « mettre au défi » (en doutant que l'autre en soit capable). **Défier à** (rare) : « provoquer, inviter à se mesurer comme adversaire ».

Défier (se)

- **de quelqu'un / quelque chose** : *Paul se défie de Virginie et de ses belles promesses.*

Déformer

- **quelque chose à quelqu'un** [8] : *La maladie lui a déformé les mains.*

Défrayer

- **quelque chose** : *L'événement a défrayé la chronique.*
- **quelqu'un de quelque chose** : *L'université devrait défrayer les chercheurs de leurs frais.*

Dégager

- **quelque chose** : *Dégagez le passage, s'il vous plaît.*
- **de quelque part** (familier) : *Dégage de chez moi !*
- **quelqu'un de quelque chose** : *Je vous dégage de toute responsabilité.*
- **quelque chose de quelque chose** : *Je dégage toute responsabilité de cette affaire.*

Dégager (se)

- **de quelque chose** : *Il s'est dégagé de ses obligations.*
- **de quelque chose que + indicatif** : *Il se dégage de notre étude que vous êtes dans votre tort.*

Se dégager de peut signifier « se libérer de », mais aussi « sortir, émaner » : *l'atmosphère qui se dégage des romans de Simenon.*

DÉGÉNÉRER

- **en quelque chose** : *La manifestation a dégénéré en émeute.*

DÉGOÛTER

- **quelqu'un** : *Mon voisin de table mange salement, il me dégoûte.*
- **quelqu'un de quelque chose / quelqu'un** : *La routine l'a dégoûté de son travail.*
- **de + infinitif** [7] : *Cela me dégoûte de tant travailler pour si peu d'argent.*
- **que + subjonctif** : *Cela me dégoûte que mon salaire soit si bas.*

DÉGOÛTER (SE)

- **de quelque chose** : *On se dégoûte vite de ces desserts trop sucrés.*
- **de + infinitif** : *On se dégoûte vite de manger toujours la même chose.*

DÉGRINGOLER

- **quelque chose** : *Les enfants dégringolent l'escalier.*
- **de quelque chose** : *Le petit Max dégringole de son lit.*
- **quelque part (dans, sur,...)** : *Nathalie dégringole dans l'escalier.*

Dégringoler quelque chose : « descendre vite sans tomber ». **Dégringoler de / sur / dans quelque chose** : « descendre vite en tombant ».

DÉGUISER

- **quelque chose** : *L'escroc avait déguisé son écriture.*
- **quelqu'un en quelque chose / quelqu'un** : *Aurélie a déguisé sa petite sœur en princesse.*

DÉGUISER (SE)

- **en quelque chose / quelqu'un** : *Son fils s'est déguisé en Zorro.*

DÉJEUNER

- **de quelqu'un chose** : *À midi, il a déjeuné d'un sandwich.*

DÉLAISSER

- **quelque chose / quelqu'un** : *Il est fatigué. Je crois qu'il devrait délaisser un peu son travail.*
- **quelque chose / quelqu'un pour quelque chose / quelqu'un** : *Il délaisse le piano pour la flûte.*

DÉLASSER

- **quelqu'un / quelque chose** : *La lecture me délasse. Elle délasse l'esprit.*
- **de quelque chose** : *La lecture délasse du travail.*
- **quelqu'un de + infinitif** : *Cela me délasse de lire.*

DÉLECTER (SE)

- **de quelque chose** : *Il n'est pas certain que tous les Français se délectent d'escargots.*

DÉLÉGUER

- **quelqu'un** : *Tous les pays concernés ont délégué **des représentants**.*
- **quelqu'un / quelque chose à quelqu'un** : *Déléguez **une partie** de vos responsabilités **à vos collègues**.*

DÉLESTER

- **quelque chose** : *Les dockers délestent **le navire**.*
- **quelqu'un de quelque chose** : *L'escroc avait délesté **la vieille dame de toute sa fortune**.*

DÉLESTER (SE)

- **de quelque chose** : *L'entreprise s'est délestée **de deux filiales** déficitaires.*

DÉLIBÉRER

- **sur quelque chose** : *Les syndicats ont délibéré **sur la poursuite** de la grève.*
- **de quelque chose** : *Les syndicats ont délibéré **de la poursuite** de la grève.*

> **Délibérer sur** : « discuter ». **Délibérer de** : « décider ».

DÉLIER

- **quelque chose** : *À son arrivée en prison, on a délié **les mains** du prisonnier.*
- **quelqu'un de quelque chose** : *Je **vous** délie **de vos engagements**.*

DÉLIRER

- **de quelque chose** : *Le malade délirait **de fièvre**.*

DÉLIVRER

- **quelqu'un** : *La police a délivré **les otages**.*
- **quelque chose** : *Ne délivrez pas encore **cette information** !*
- **quelqu'un de quelque chose / quelqu'un** : *La police a délivré **l'otage de ses liens**.*
- **quelque chose à quelqu'un** : *Le médecin a délivré **au malade un certificat** d'invalidité.*

> **Délivrer quelqu'un** : « libérer ». **Délivrer quelque chose** : « remettre, livrer ».

DÉLIVRER (SE)

- **de quelque chose / quelqu'un** : *Elle s'est délivrée **de ses obligations**.*

DÉLOGER

- **quelqu'un de quelque chose** : *Le chien a délogé **le chat du fauteuil**.*

DEMANDER

- **quelque chose / quelqu'un** : *On demande **Monsieur Lefèvre** au téléphone.*

> En français familier, on peut aussi **demander après** quelqu'un.

- **quelque chose à quelqu'un** : *Ce touriste étranger **m'**a demandé **son chemin**.*

- **à + infinitif** : *Je ne demande qu'à vous croire.*
- **à quelqu'un de + infinitif** [6] : *Mon voisin m'a demandé de lui prêter ma voiture.*

> **À + infinitif** si le sujet de **demander** est le sujet de l'infinitif. **De + infinitif** si le complément d'objet indirect de **demander** est le sujet de l'infinitif. Sans complément, **à** ou **de** peuvent parfois être possibles : *Il demande **à être / d'être** exempté.*

- **que + subjonctif** : *Aline a demandé que le colis soit livré le plus rapidement possible.*
- **si / quand / comment / pourquoi + indicatif** : *Elle a demandé au livreur s'il avait bien noté l'adresse.*

DEMANDER (SE)

- **ce que + indicatif** : *Je me demande ce qu'Aline m'a offert.*
- **si + indicatif** : *Je me demande si le colis arrivera à temps.*

DÉMANGER

- **quelqu'un** : *Il se gratte, son bras le démange.*
- **quelqu'un de + infinitif** : *Ça me démange de tout laisser tomber.*

> En français recherché, ce verbe est intransitif : *La main lui démange.*

DÉMARQUER (SE)

- **de quelqu'un / quelque chose** : *Pendant la campagne électorale, le candidat de la majorité s'est nettement démarqué des partis extrémistes.*

DÉMÊLER

- **quelque chose** : *Démêle tes cheveux, tu ressembles à une sorcière.*
- **quelque chose de quelque chose** : *Il est difficile de démêler le vrai du faux.*

DÉMÊLER (SE)

- **de quelque chose** : *Il a eu du mal à se démêler de cette affaire.*

DÉMENER (SE)

- **pour + infinitif** : *Démenez-vous pour finir ce travail à temps.*

DÉMERDER (SE) (familier)

- **pour + infinitif** : *Il s'est démerdé pour ne pas passer l'examen.*

DÉMETTRE

- **quelque chose** [8] : *Une balle de tennis lui a démis le poignet.*
- **quelqu'un de quelque chose** : *Le conseil d'administration a démis le directeur de son poste.*

DÉMETTRE (SE)

- **quelque chose** : *En jouant au tennis, Bernard s'est démis le poignet.*
- **de quelque chose** : *Il a dû se démettre de ses fonctions.*

DEMEURER

▸ **quelque part (à, en, chez,...)** : *Pendant son séjour, Tania demeurera à Lyon, chez des amis.*

> **Que + indicatif** dans l'expression : *Il n'en **demeure pas moins que** (le fait est que).*

DÉMISSIONNER

▸ **de quelque chose** : *Cédant aux pressions, le ministre a démissionné de son poste.*

DÉMOLIR

▸ **quelqu'un / quelque chose** : *Les enfants démolissent parfois leurs jouets.*
▸ **quelque chose à quelqu'un** : *L'alcool lui a démoli le foie.*
▸ **quelqu'un de + infinitif** (familier) : *Ça m'a démoli d'apprendre qu'il divorçait.*

DÉMONTRER

▸ **quelque chose à quelqu'un** : *Le professeur de mathématiques démontre le théorème à ses élèves.*
▸ **que + indicatif** : *Je vous démontrerai que vous avez tort.*

DÉMORDRE

▸ **de quelque chose (à la forme négative)** : *L'accusé ne démord pas de ses positions.*

DÉMUNIR

▸ **quelqu'un de quelque chose** : *Cet achat m'aurait démuni de toutes mes économies.*

DÉMUNIR (SE)

▸ **de quelque chose** : *Je refuse de me démunir de tout mon argent.*

DÉNONCER

▸ **quelque chose / quelqu'un** : *La presse a dénoncé un scandale financier.*
▸ **quelqu'un à quelqu'un** : *Il a triché, mais je ne le dénoncerai pas aux examinateurs.*

> Le complément d'objet indirect (troisièmes personnes) ne devient pas **lui** ou **leur**. Il est supprimé ou transformé en **à lui *(elle)*, à eux à elles**.

DÉPARTIR (SE)

▸ **de quelque chose** : *Il ne s'est jamais départi de son calme.*

DÉPASSER

▸ **quelqu'un / quelque chose** : *Cette voiture roule trop lentement, dépasse-la.*
▸ **quelqu'un / quelque chose de quelque chose** : *Vous avez dépassé la vitesse autorisée de vingt kilomètres.*
▸ **quelqu'un que + subjonctif** (familier) : *Ça me dépasse qu'il ait pu agir ainsi.*

DÉPATOUILLER (SE) (familier)

▸ **de quelque chose** : *Juan n'arrive pas à se dépatouiller de ses affaires de cœur.*

DÉPÊCHER (SE)

▸ **de + infinitif** : *Dépêche-toi de te préparer, nous sommes en retard.*

DÉPEINDRE

▸ **quelque chose à quelqu'un** : *La scène **nous** dépeint **un mariage** dans un village en Provence.*

DÉPENDRE

▸ **quelque chose** : *Peux-tu m'aider à dépendre **ce tableau** ?*

▸ **de quelqu'un / quelque chose** : *Son augmentation dépend **de la décision** du directeur.*

▸ **de ce que + indicatif** : *Son augmentation dépend **de ce que** le directeur **décidera**.*

DÉPÉRIR

▸ **de quelque chose** : *Dans cette classe, les élèves dépérissent **d'ennui**.*

DÉPÊTRER (SE)

▸ **de quelque chose** : *Le petit garçon avait du mal à se dépêtrer **de ses mensonges**.*

DÉPLAIRE

▸ **à quelqu'un** : *Je crois que je ne **lui** déplais pas.*

▸ **à quelqu'un de + infinitif** [7] : *Mais cela **lui** déplairait **de** le **reconnaître**.*

▸ **que + subjonctif** : *Cela ne me déplaît pas **qu'elle soit** un peu fière.*

DÉPLORER

▸ **quelque chose** : *Nous avons déploré **votre comportement**.*

▸ **de + infinitif** [3] : *Je déplore **d'avoir** à vous le dire, mais votre attitude est insupportable.*

▸ **que + subjonctif** : *Nous déplorons **que vous n'ayez pas** su vous maîtriser.*

DÉPOSER

▸ **quelque chose / quelqu'un** : *Je **te** dépose quelque part ?*

Déposer quelqu'un peut aussi signifier « renverser » : *déposer un roi, un président..*

▸ **contre quelqu'un / en faveur de quelqu'un** : *Le témoin a déposé **contre l'accusé**.*

▸ **+ infinitif** [2] : *Le témoin a déposé **avoir** vu l'accusé la nuit du crime.*

▸ **que + indicatif** : *Le témoin a déposé **qu'il avait vu** l'accusé la nuit du crime.*

DÉPOSSÉDER

▸ **quelqu'un de quelque chose** : *La Révolution française a dépossédé **les nobles de leurs biens**.*

DÉPOUILLER

▸ **quelqu'un / quelque chose de quelque chose** : *L'hiver dépouille **les arbres de leurs feuilles**.*

DÉPOUILLER (SE)

▸ **de quelque chose en faveur de (pour) quelqu'un** : *Dans le roman de Balzac, le père Goriot s'est dépouillé **de toute sa fortune en faveur de ses filles**.*

DÉPRIMER

▸ **quelqu'un** : *La rentrée des classes peut déprimer **les élèves**.*

- **de + infinitif** [7] : *Ça les déprime de devoir retourner à l'école.*
- **que + subjonctif** : *Cela peut aussi déprimer les professeurs que les vacances soient finies.*

DÉRANGER

- **quelque chose / quelqu'un** : *C'est toi qui as dérangé mes affaires ?*
- **quelqu'un de + infinitif** [7] : *Cela vous dérangerait de me déposer en ville ?*
- **que + subjonctif** : *Cela ne vous dérange pas que je vous accompagne ?*
- **si + indicatif** : *Cela vous dérange si je fume ?*

> **Si** exprime une demande, une permission ; **que** indique un fait accompli.

DÉRANGER (SE)

- **pour quelqu'un / quelque chose** : *Ne vous dérangez pas pour moi.*
- **pour + infinitif** : *Il s'est dérangé en personne pour me féliciter de mon succès.*

DÉRIVER

- **quelque chose** : *Les forts courants ont fait dériver le navire.*
- **de quelque chose** : *Le verbe « devenir » dérive du verbe « venir ».*

> **Dériver quelque chose** : « détourner ». **Dériver de quelque chose** : « venir de ».

DÉROBER

- **quelque chose à quelqu'un** : *On a dérobé un tableau à ce riche collectionneur.*

DÉROBER (SE)

- **à quelque chose** : *Le conservateur du musée s'est dérobé aux questions des journalistes.*

DÉSAPPROUVER

- **quelqu'un / quelque chose** : *Je désapprouve complètement les conclusions de cet article.*
- **quelqu'un de + infinitif** [5] : *Je vous désapprouve d'avoir écrit cet article.*

> **De** peut parfois être remplacé par **pour** : *Je vous désapprouve **pour avoir** écrit cet article.*

- **que + subjonctif** : *Je ne désapprouve pas que vous défendiez vos idées.*

DESCENDRE

- **quelque chose / quelqu'un** : *Tu vois la valise sur l'armoire ? Tu peux la descendre ?*

> **Descendre quelqu'un** peut signifier « tuer » ou « critiquer fortement » en français familier.

- **quelque part (dans, à,...)** : *Descends à la cave.*
- **de quelque chose / quelqu'un** : *L'homme descend du singe.*
- **+ infinitif** : *Je descends chercher du pain à la boulangerie.*

DÉSESPÉRER

- **quelqu'un** : *Cette élève désespère ses professeurs.*

- **de + infinitif** [3] : *Alice désespère de pouvoir un jour parler l'anglais parfaitement.*
- **que + subjonctif** : *Alice désespère que son anglais s'améliore.*

Désespérer + infinitif en français familier : *Je désespère pouvoir y arriver un jour.*

Déshabiller

- **quelqu'un** : *La mère déshabille l'enfant avant de le coucher.*
- **quelqu'un de** : *À la discothèque, Guy déshabillait les filles du regard.*

Déshabituer

- **quelqu'un de quelque chose** : *La vie à l'étranger l'avait déshabitué de sa langue maternelle.*
- **quelqu'un de + infinitif** : *Ne plus voyager l'a déshabitué de parler des langues étrangères.*

Déshabituer (se)

- **de quelque chose** : *Essayez de vous déshabituer du tabac.*
- **de + infinitif** : *Essayez de vous déshabituer de fumer.*

Désigner

- **quelqu'un / quelque chose** : *Le professeur a désigné une ville sur la carte.*
- **quelqu'un / quelque chose à quelqu'un** : *Désignez-moi les responsables.*
- **quelqu'un comme** : *On a désigné Jacques comme responsable.*
- **quelqu'un pour + infinitif** : *Les étudiants ont désigné Michel pour être leur délégué.*

Désintéresser (se)

- **de quelque chose / quelqu'un** : *Raoul se désintéresse de ses études.*

Désirer

- **quelqu'un / quelque chose** : *Vous désirez un café ?*
- **+ infinitif** [1] : *Vous désirez boire quelque chose ?*
- **que + subjonctif** : *Vous désirez que je vous fasse un café ?*

Désister (se)

- **en faveur de quelqu'un** : *Les candidats des petits partis se sont désistés en faveur du candidat de la majorité.*

Désobéir

- **à quelqu'un / à quelque chose** : *Les enfants ont désobéi à leurs parents.*

Désoler

- **quelqu'un** : *L'attitude de ses enfants le désole.*

On peut aussi **désoler quelque chose** (français recherché) : **désoler un pays,** « dévaster ».

- **quelqu'un de + infinitif** [7] : *Cela le désole de ne pas pouvoir leur faire confiance.*
- **que + subjonctif** : *Cela le désole que ses enfants soient si peu sérieux.*

DÉSOLER (SE)

- **de + infinitif** : *Elle se désole de ne pas gagner plus d'argent.*

DÉSOLIDARISER (SE)

- **de quelqu'un / de quelque chose** : *Il ne s'est jamais désolidarisé de ses camarades.*

> **D'avec** est possible : *Il se désolidarise **d'avec** ses collègues.*

DESSAISIR

- **quelqu'un de quelque chose** : *Le commissaire a dessaisi l'inspecteur de cette affaire.*

DESSAISIR (SE)

- **de quelque chose** : *L'inspecteur refuse de se dessaisir du dossier.*

DESSÉCHER

- **quelque chose** : *Le vent brûlant dessèche les cultures.*
- **quelque chose à quelqu'un** [8] : *La chaleur leur desséchait la gorge.*

DESSERVIR

- **quelque chose** : *Le repas est terminé, il est temps de desservir la table.*
- **quelqu'un auprès de quelqu'un** : *Ce garçon est trop brutal. Son comportement le dessert auprès des autres élèves.*
- **quelqu'un de + infinitif** [7] : *Cela l'a beaucoup desservi de ne pas connaître l'informatique.*
- **quelqu'un que + subjonctif** : *Cela l'a desservi qu'on ait cité son nom.*

> **Desservir quelque chose** : « débarrasser (la table) » ou « relier » (par un moyen de transport).
> **Desservir quelqu'un** : « causer du tort ».

DESSINER

- **quelque chose à quelqu'un** : *Dessine-moi un mouton.*

DESTINER

- **quelqu'un / quelque chose à quelqu'un / à quelque chose** : *Les parents de Jean-Pierre avaient destiné une somme à l'éducation de leur fils.*
- **à + infinitif** : *Ses parents l'avaient destiné à être pharmacien.*

DESTINER (SE)

- **à quelque chose** : *Jean-Pierre se destine à la magistrature.*
- **à + infinitif** : *Il se destine à devenir juge.*

DESTITUER

- **quelqu'un** : *Le conseil d'administration a destitué le directeur.*
- **quelqu'un de quelque chose** : *On l'a destitué de ses fonctions.*

DÉTACHER

- **quelqu'un / quelque chose** : *Détache le chien.*
- **quelque chose de quelque chose / de quelqu'un** : *Il n'arrive pas à détacher ses yeux de sa voisine.*

▸ **quelqu'un à quelque chose** : *Le gouvernement a détaché* ***deux conseillers à l'ambassade****.*

Détacher quelqu'un à : « envoyer, déléguer ». On peut aussi **détacher quelqu'un auprès de quelqu'un** : *détacher un négociateur auprès des belligérants.*

DÉTACHER (SE)

▸ **de quelque chose / de quelqu'un** : *Cet enfant n'arrive pas à se détacher* ***de ses*** *mauvaises* ***habitudes****.*

DÉTAILLER

▸ **quelque chose à quelqu'un** : *Mon voisin* ***m'****a détaillé* ***ses projets*** *de vacances.*

▸ **quelque chose en quelque chose** : *Le boucher détaille* ***la viande en morceaux****.*

DÉTEINDRE

▸ **sur quelque chose** : *Pendant la lessive, les chaussettes bleues avaient déteint* ***sur le linge*** *blanc.*

▸ **sur quelqu'un** : *Corinne a trop d'influence sur Jean : elle déteint* ***sur lui****.*

DÉTENDRE

▸ **quelqu'un / quelque chose** : *Un bon massage détend* ***les muscles****.*

▸ **quelqu'un de + infinitif** [7] : *Cela* ***me*** *détend* ***de me faire*** *masser.*

▸ **quelqu'un que + subjonctif** : *Cela* ***me*** *détend* ***qu'on*** *me* ***masse****.*

Détendre quelque chose : « relâcher ce qui est tendu ». **Détendre quelqu'un** : « relaxer ».

DÉTENDRE (SE)

▸ **quelque chose** : *Je vais faire une petite promenade pour me détendre* ***les jambes****.*

▸ **de quelque chose** : *Elle se détend* ***de son travail*** *en écoutant de la musique.*

DÉTERMINER

▸ **quelque chose** : *Les experts n'ont pas encore déterminé* ***les causes*** *de l'accident.*

▸ **quelqu'un à + infinitif** : *Le manque de preuves a déterminé* ***les experts à retarder*** *leurs conclusions.*

DÉTERMINER (SE)

▸ **à + infinitif** : *Je ne me suis pas encore déterminé* ***à accepter*** *ce poste.*

DÉTESTER

▸ **quelqu'un / quelque chose** : *Mafalda déteste* ***la soupe****.*

▸ **+ infinitif** [1] : *Manolito déteste* ***aller*** *à l'école.*

▸ **que + subjonctif** : *Les parents de Mafalda détestent* ***qu'elle*** *leur* ***pose*** *des questions.*

▸ **quelqu'un de + infinitif** [5] : *Elle* ***les*** *déteste* ***d'avoir*** *fait cela.*

DÉTOURNER

▸ **quelque chose** : *Les pirates de l'air ont détourné* ***un avion****.*

▸ **quelqu'un / quelque chose de quelque chose** : *Ne détourne pas* ***ton petit frère de son travail****.*

Détourner (se)

▸ **de quelqu'un / de quelque chose** : *Depuis quelque temps, il se détourne* ***de ses amis****.*

Dévaler

▸ **quelque chose** : *Les rochers ont dévalé* ***la pente****.*

▸ **de quelque chose** : *Les rochers dévalent* ***de la montagne****.*

Devancer

▸ **quelqu'un / quelque chose** : *À l'examen de calcul, Pierre devance* ***Anne****.*

▸ **de quelque chose** : *Il la devance* ***de trois points****.*

Devenir

▸ **quelqu'un / quelque chose** : *Cette ancienne gare est devenue* ***un musée****.*

▸ **+ adjectif** : *Arrête ! Es-tu devenu* ***fou*** *?*

Déverser

▸ **quelque chose dans / sur quelqu'un / quelque chose** : *L'enfant a déversé* ***du sable sur le sol****.*

Déverser (se)

▸ **dans quelque chose** : *Les fleuves se déversent* ***dans la mer****.*

Dévier

▸ **quelque chose** : *Pendant les travaux, il a fallu dévier* ***la circulation****.*

▸ **de quelque chose** : *Les critiques ne l'ont pas fait dévier* ***de son projet****.*

Deviner

▸ **quelque chose** : *Je ne crois pas qu'il devinera* ***la solution*** *de cette énigme.*

▸ **que + indicatif** : *J'ai tout de suite deviné* ***que c'était*** *une blague.*

Dévoiler

▸ **quelque chose à quelqu'un** : *La voyante a dévoilé* ***à son client un avenir heureux****.*

▸ **ce que + indicatif** : *Il a dévoilé* ***ce qu'on*** *lui* ***avait dit*** *de garder secret.*

Devoir

▸ **quelque chose à quelqu'un** : *Je dois encore* ***de l'argent à tes amis****.*

▸ **+ infinitif** : *Je dois les* ***rembourser*** *bientôt.*

Devoir (se)

▸ **de + infinitif** : *Je me dois* ***de respecter*** *ma parole.*

▸ **à quelqu'un / à quelque chose** : *Il se doit* ***à ses enfants*** *et* ***à leur éducation****.*

Dévorer

▸ **quelqu'un / quelque chose** : *Le loup dévore* ***l'agneau****.*

▸ **quelqu'un / quelque chose de quelque chose** : *Elle dévorait* ***les gâteaux des yeux****.*

Dévouer (se)

▸ **à quelque chose / quelqu'un** : *Le savant se dévoue entièrement* ***à ses recherches****.*

▸ **pour + infinitif** : *Il s'est dévoué* ***pour expérimenter*** *un nouveau médicament.*

▸ **pour que + subjonctif** : *Il se dévoue* ***pour que*** *les recherches* ***aboutissent****.*

Pour + infinitif si le sujet de la phrase est aussi celui de l'infinitif, sinon **pour que + subjonctif**.

DIALOGUER
- **avec quelqu'un** : *Ce politicien ne refuse jamais de dialoguer* ***avec ses adversaires****.*

DICTER
- **quelque chose à quelqu'un** : *Le directeur a dicté* ***une lettre à sa secrétaire****.*

DIFFÉRENCIER
- **quelque chose / quelqu'un** : *Je ne peux pas différencier* ***ces deux sons****.*
- **quelqu'un / quelque chose de quelqu'un / de quelque chose** : *Beaucoup de Français ne différencient pas phonétiquement* ***« brun » de « brin »****.*

DIFFÉRENCIER (SE)
- **de quelqu'un / quelque chose** : *Le basque se différencie* ***des*** *autres* ***langues*** *européennes.*
- **de quelqu'un / quelque chose par quelque chose** : *Le basque se différencie* ***des*** *autres* ***langues*** *européennes* ***par son origine*** *inconnue.*

DIFFÉRER
- **quelque chose** : *J'ai dû différer* ***mon départ****.*
- **de quelque chose** : *Ma position diffère* ***de la tienne****.*

Différer quelque chose : « repousser, retarder ». **Différer de quelque chose** : « être différent ». En français soutenu, on peut **différer à** (ou **de**) **faire quelque chose** : *Il a trop différé à partir.*

DIGÉRER
- **quelque chose** : *Les invités digéraient tranquillement* ***leur repas****.*
- **de + infinitif** : *Il ne digère pas* ***d'avoir*** *dû repasser son examen.*
- **que + subjonctif** : *Elle ne digère pas* ***qu'il ait*** *oublié de lui téléphoner.*

Ces deux dernières constructions ne s'emploient qu'à la forme négative et dans un registre familier. **De** est parfois omis : *Il ne digère pas être obligé de repasser l'examen.*

DILUER
- **quelque chose dans quelque chose** : *Le cuisinier a dilué* ***le piment dans la sauce****.*

DILUER (SE)
- **dans quelque chose** : *Ce médicament se dilue* ***dans l'eau****.*

DIMINUER
- **quelqu'un / quelque chose** : *Elle a diminué* ***sa consommation*** *de cigarettes.*
- **quelque chose de quelque chose** : *Elle a diminué* ***sa consommation*** *de cigarettes* ***de moitié****.*

DÎNER
- **de quelque chose** : *Elle a dîné* ***d'une salade****.*

DIRE

- **quelque chose** : *Jean-Charles ne dit pas toujours la vérité.*
- **quelqu'un / quelque chose + adjectif** : *On dit cet homme très riche, on le dit millionnaire.*

Lorsque le verbe **dire** est au conditionnel, l'adjectif devient un nom (avec article), et le COD disparaît : *On le dit fou* (il dit qu'il est fou), mais : *On dirait un fou.*

- **quelque chose à quelqu'un** : *Jean-Charles n'a pas dit toute la vérité à sa femme.*
- **quelque chose de quelqu'un / quelque chose** : *On dit beaucoup de bien de cette grammaire.*

Si le complément (introduit par **de**) devient un pronom, il y a deux possibilités. Si le complément est animé, il faut **de + pronom tonique** : *On dit du bien* ***de ce professeur****, on dit du bien* ***de lui****.* Si le complément est inanimé, il faut le pronom **en** : *On dit du bien* ***de cette grammaire****, on en dit du bien.*

- **quelque chose sur quelqu'un / quelque chose** : *Tu as quelque chose à dire sur sa conduite ?*
- **de quelqu'un que + indicatif / conditionnel** : *On dit de lui qu'il est / serait malade.*
- **+ infinitif** [2] : *Je lui ai téléphoné. Il m'a dit être malade.*
- **que + indicatif** : *Je lui ai téléphoné, on m'a dit qu'il était malade.*

L'expression **Dire que + indicatif** exprime l'étonnement, l'indignation, la surprise : *Dire que la semaine dernière, il était en pleine forme !*

- **ce que + indicatif** : *Il ne dit jamais ce qu'il pense réellement.*
- **à quelqu'un de + infinitif** [6] : *Dites-leur de se dépêcher.*
- **à quelqu'un que + subjonctif** : *Dites-leur qu'ils se dépêchent.*

Dire que + subjonctif / de + infinitif exprime un ordre, une demande. Si le sujet du verbe **dire** est impersonnel, ce verbe signifie « plaire » : *Ça te dit d'aller au cinéma ? Ça te dirait qu'on aille au cinéma ?*

DIRE (SE)

- **quelqu'un** : *Claude se dit spécialiste en la matière, mais j'en doute.*
- **adjectif** : *Elle se dit souffrante.*
- **que + indicatif** : *Je me suis dit que ce n'était pas la peine de changer de l'argent.*

DIRIGER

- **quelqu'un / quelque chose vers quelqu'un / quelque chose** : *Le pilote dirige l'avion vers le sud.*

La préposition **vers** est la plus fréquente, mais d'autres sont possibles comme **sur, contre, dans la direction de**, etc. : *diriger une lumière sur quelqu'un.*

DIRIGER (SE)

▸ **vers quelqu'un / quelque chose** : *J'ai vu Alice ce matin, elle se dirigeait* ***vers l'université.***

DISCERNER

▸ **quelque chose de quelque chose** : *Cet enfant est trop petit pour discerner* ***le bien du mal.***

▸ **quelque chose d'avec quelque chose** (plus littéraire) : *Discerner* ***le bien d'avec le mal.***

DISCOURIR

▸ **de / sur quelque chose** : *Elle adore discourir* ***de (sur des) sujets*** *complètement incompréhensibles pour son entourage.*

DISCRÉDITER

▸ **quelqu'un auprès de quelqu'un** : *Je crois que ton échec* ***t'a*** *discrédité* ***auprès du directeur.***

> On peut aussi **discréditer quelqu'un (ou se discréditer)** *dans l'esprit / aux yeux de quelqu'un.*

DISCULPER (SE)

▸ **de quelque chose** : *Il n'arrivera pas à se disculper* ***de cette accusation*** *auprès de ses collègues.*

▸ **auprès de / devant** : *Il se disculpe* ***auprès de (devant) ses collègues.***

DISCUTER

▸ **quelque chose** : *Les parlementaires discutent* ***la proposition*** *du gouvernement.*

▸ **de quelque chose** : *Pierre a discuté* ***de sport*** *avec ses amis.*

▸ **sur quelque chose** : *Arrêtez de discuter* ***sur des détails*** *sans importance.*

> **Discuter quelque chose** : « débattre », mais aussi « contester : *Ne discutez pas mes ordres.* **Discuter de quelque chose** : « parler, échanger des idées ». **Discuter sur quelque chose** : « polémiquer », mais aussi, selon le contexte, « parler, échanger des idées » : *discuter sur un film.*

DISPARAÎTRE

▸ **de quelque part** : *Le magicien a fait disparaître sa partenaire* ***de la scène.***

DISPENSER

▸ **quelque chose à quelqu'un** : *Il m'agace, il n'arrête pas de* ***me*** *dispenser* ***ses conseils.***

▸ **quelqu'un de quelque chose** : *Pierre est grippé, on* ***l'a*** *dispensé* ***de sport.***

▸ **quelqu'un de + infinitif** : *On* ***l'a*** *dispensé* ***de faire*** *du sport.*

> **Dispenser** : « donner, prodiguer ». **Dispenser de** : « libérer d'une obligation »

DISPENSER (SE)

- **de quelque chose** : *Vous n'êtes pas autorisé à vous dispenser de vos obligations.*
- **de + infinitif** : *Vous ne pouvez pas vous dispenser d'assister aux réunions.*

DISPOSER

- **quelque chose quelque part (sur, dans,...)** : *Marie a disposé les fleurs dans le vase.*
- **de quelque chose / de quelqu'un** : *Elle ne dispose pas de beaucoup de temps.*

> **Disposer quelque chose** : « placer ». **Disposer de quelque chose** : « avoir à sa disposition ».

DISPOSER (SE)

- **à + infinitif** : *Je me disposais à partir.*

DISPUTER

- **quelque chose contre quelqu'un** : *La Hongrie a disputé un match contre la Slovaquie.*
- **quelque chose à quelqu'un** : *La Hongrie a disputé la victoire à la Slovaquie.*
- **de / sur quelque chose** (littéraire) : *Les philosophes ont longtemps disputé de (sur) l'origine du langage.*

DISPUTER (SE)

- **avec quelqu'un** : *Alain s'est disputé avec Viviane.*
- **quelque chose** : *Les athlètes se sont disputé la première place.*

> **Se disputer la première place** : « lutter pour la première place ». **Se disputer pour la première place** : « avoir une querelle au sujet de la première place ».

DISSIMULER

- **quelque chose à quelqu'un** : *Il a dissimulé à ses parents son échec à l'examen.*
- **que + indicatif** : *Je ne t'ai jamais dissimulé que j'étais contre ce projet.*

DISSOCIER (SE)

- **de quelqu'un / de quelque chose** : *Nous tenons à nous dissocier de ce projet aventureux.*

DISSOUDRE (SE)

- **dans quelque chose** : *Le sucre se dissout dans l'eau.*

DISSUADER

- **quelqu'un de faire quelque chose** : *Nicolas a dissuadé son frère d'entreprendre ce voyage.*

DISTINGUER

- **quelqu'un / quelque chose de quelqu'un / quelque chose** : *À cette heure, on ne distingue plus le jour de la nuit.*

Distinguer (se)

- **de quelque chose / quelqu'un par quelque chose** : *L'éléphant d'Afrique se distingue de l'éléphant d'Asie par sa taille.*

Distraire

- **quelqu'un de quelque chose** : *Ses amis sont venus le distraire de ses problèmes.*
- **de + infinitif** : *Cela distrait d'aller au cinéma.*

Distribuer

- **quelque chose à quelqu'un** : *Votre travail sera de distribuer des prospectus aux passants.*

Divertir

- **quelqu'un de quelque chose** : *Les jeux des enfants m'ont diverti de mon travail.*
- **de + infinitif** : *Cela divertit de regarder un film.*

Divertir (se)

- **de quelque chose** : *Tes amis ne sont pas gentils, ils se divertissent de ton embarras.*
- **à + infinitif** : *Mes enfants se sont beaucoup divertis à regarder les clowns.*

Diviser

- **quelque chose en quelque chose** : *L'administration a divisé la France en régions et en départements.*
- **un nombre par un nombre** : *Maintenant, les enfants, divisez neuf par trois.*

> On peut aussi **diviser des personnes** : *Le référendum sur la Constitution a divisé les Européens.*

Diviser (se)

- **en quelque chose** : *Divisez-vous en petits groupes et discutez entre vous.*
- **sur quelque chose** : *Les Français se divisent souvent sur les questions politiques.*

Divorcer

- **de / d'avec** : *Élisabeth a divorcé de / d'avec Richard.*

Divulguer

- **quelque chose à quelqu'un** : *Ne divulguez pas cette information confidentielle à vos collègues.*

Documenter (se)

- **sur quelque chose** : *Avant de partir en Mongolie, je me suis documenté sur ce pays.*

Dodeliner

- **de quelque chose** : *Il est sur le point de s'endormir. Il dodeline déjà de la tête.*

Donner

- **quelque chose à quelqu'un** : *Elle a refusé de lui donner son numéro de téléphone.*
- **quelqu'un à quelqu'un** (familier) : *Le malfaiteur a dénoncé son complice. Il l'a donné aux policiers.*

- **sur quelque chose** : *La chambre donne* ***sur le jardin****.*
- **dans quelque chose** : *Il s'habille n'importe comment. Il donne facilement* ***dans le ridicule****.*
- **quelque chose pour quelque chose / quelqu'un** : *Il dit être prêt à donner* ***sa vie pour ses idées****.*

> Lorsqu'il s'agit d'un échange, la préposition peut être **pour** ou **contre** : *Il m'a donné deux timbres chinois pour / contre mon timbre iranien.* S'il s'agit d'un achat, la préposition peut être **pour** ou **de** : *On lui a donné cent euros pour / de sa collection de timbres.*

- **à + infinitif** : *Sylvain donne* ***à boire*** *à ses invités.*
- **quelque chose à + infinitif** : *Elle a donné* ***son linge à laver****.*

DONNER (SE)

- **quelque chose** : *Ils se sont donné* ***un baiser****.*
- **à quelque chose** : *Carole se donne complètement* ***à ses études****.*

DORMIR

- **de quelque chose** : *Pendant que Didier dort* ***du sommeil*** *du juste, Valérie ne dort que* ***d'un œil****.*

DOTER

- **quelqu'un / quelque chose de quelque chose** : *Le ministère a doté* ***l'université de crédits*** *importants.*

DOUBLER

- **de quelque chose** : *En quelques jours, le ruisseau a doublé* ***de volume****.*

DOUBLER (SE)

- **de quelque chose / de quelqu'un** : *Chez Leibniz, le philosophe se doublait* ***d'un mathématicien****.*

DOUTER

- **de quelqu'un / de quelque chose** : *Je n'ai jamais douté* ***de son honnêteté****.*
- **de + infinitif** [3] : *Je ne suis pas très sûr, mais je doute* ***d'avoir*** *dit cela.*
- **que + subjonctif** : *Je doute* ***qu'il soit*** *sincère.*

> À la forme négative, l'indicatif est possible : *Je ne doute pas qu'il est honnête / qu'il soit honnête.* La préposition **de** peut parfois être omise : *Je doute pouvoir y arriver.*

DOUTER (SE)

- **de quelque chose** : *Il ne s'est jamais douté* ***de rien****.*
- **que + indicatif** : *Tu te doutes bien* ***que j'ai refusé*** *sa proposition.*

DRAPER (SE)

- **dans quelque chose** : *Elle s'est drapée* ***dans son châle****.*

DRESSER

- **quelque chose à quelqu'un** : *Les Romains dressaient des autels aux dieux inconnus.*
- **quelqu'un contre quelqu'un** : *La question du Mont-Saint-Michel dresse les Bretons contre les Normands.*
- **quelqu'un à quelque chose** : *Les sous-officiers dressent les soldats au maniement des armes.*
- **à + infinitif** : *Olivier a dressé son chien à garder la maison.*

DRESSER (SE)

- **contre quelque chose / quelqu'un** : *Les écologistes se dressent contre les chasseurs.*
- **sur quelque chose** : *Il doit se dresser sur la pointe des pieds pour voir passer le défilé.*

S'il ne s'agit pas d'une partie du corps, d'autres prépositions sont possibles : *Les montagnes se dressent **à** l'horizon, un château se dresse **dans** le lointain,* etc.

DURCIR

- **quelque chose à quelqu'un** [8] : *Sa nouvelle coiffure lui durcit le visage.*

DURER

- **quelque chose** (durée) : *Plaisir d'amour ne dure qu'un moment.*
- **à quelqu'un** : *Elle doit rester encore deux mois dans cette petite ville. Le temps lui dure.*

ÉBLOUIR

- **avec / de quelque chose** : *Il m'a ébloui avec(de) ses récits de voyages.*

ÉCARTER

- **quelqu'un / quelque chose de quelque chose** : *César a écarté Pompée du pouvoir.*

ÉCARTER (S')

- **de quelqu'un / de quelque chose** : *Ne vous écartez pas du chemin.*

ÉCHANGER

- **quelque chose avec quelqu'un** : *Yves a échangé un regard complice avec Stéphanie.*
- **quelque chose contre quelque chose** : *Est-ce que je peux échanger cet article contre un autre ?*

ÉCHAPPER

- **à quelqu'un / quelque chose** : *Vous n'échapperez pas à ma vengeance.*
- **à quelqu'un de quelque chose** [8] : *Il n'a pas fait attention, le vase lui a échappé des mains.*
- **à quelqu'un que + indicatif** : *Il ne m'a pas échappé que ce projet ne vous plaît pas.*

ÉCHAPPER (S')

- **de quelque chose** : *Le voleur s'est échappé de prison.*

ÉCHAUFFER

- **quelque chose à quelqu'un** [8] : *Vous commencez à m'échauffer les oreilles.*

ÉCHINER (S')

- **à + infinitif** : *Toute sa vie, il s'est échiné à procurer une vie décente à sa famille.*

ÉCHOIR

- **à quelqu'un de + infinitif** : *C'est à vous qu'il échoit de faire ce travail.*

ÉCHOUER

- **à quelque chose** : *Beaucoup d'étudiants ont échoué à l'examen.*
- **à + infinitif** : *Le gouvernement a échoué à faire passer sa réforme.*

ÉCHOUER (S')

- **quelque part (sur, dans,...)** : *La barque s'est échouée sur la côte, dans la vase.*

ÉCLAIRCIR

- **quelque chose à quelqu'un** [8] : *Patricia est allée chez le coiffeur. Il lui a éclairci les cheveux.*

ÉCLAIRER

- **quelqu'un de quelque chose** : *Éclairez-moi de vos lumières.*

ÉCLATER

- **en quelque chose** : *Quand le ballon a éclaté en morceaux, l'enfant a éclaté en sanglots.*

ÉCŒURER

- **quelqu'un** : *La nourriture de ce restaurant avait écœuré les touristes.*
- **de + infinitif** [7] : *Cela m'écœure d'entendre de telles choses.*
- **que + subjonctif** : *Cela nous écœure que de telles choses soient encore autorisées.*

ÉCONOMISER

- **quelque chose à quelqu'un** : *Je t'emmène à la gare. Ça t'économisera un ticket de bus.*

ÉCOPER

- **de quelque chose** (familier) : *Le délinquant a écopé de trois mois de prison.*

ÉCORCHER

- **quelque chose à quelqu'un** [8] : *Ce bruit déplaisant leur écorchait les oreilles.*

ÉCOUTER

- **quelqu'un / quelque chose** : *Elle écoute un CD de Céline Dion.*
- **ce que + indicatif** : *Vous n'écoutez pas ce que je dis.*
- **quelqu'un + infinitif** : *Je ne l'avais pas encore écouté chanter.*

ÉCRASER

- **quelque chose à quelqu'un** [8] : *Attention, tu vas écraser les pieds de ta sœur, tu vas lui écraser les pieds.*
- **quelqu'un de quelque chose** : *Au Moyen Âge, les seigneurs écrasaient le peuple d'impôts.*

ÉCRIER (S')

- **que + indicatif** : *L'accusé s'est écrié qu'il était innocent.*

ÉCRIRE

- **quelque chose à quelqu'un** : *Véronique écrit une lettre à son ami.*
- **à quelqu'un de + infinitif** [6] : *Elle lui écrit de l'attendre à la gare.*
- **à quelqu'un que + indicatif** : *Elle lui écrit qu'elle va bientôt arriver à Nice.*
- **à quelqu'un que + subjonctif** : *Elle lui écrit qu'il vienne l'attendre à la gare.*

Que + subjonctif et **de + infinitif** expriment l'ordre ou la demande.

ÉCROULER (S')

- **sur quelqu'un / quelque chose** : *J'ai eu peur, j'ai cru que le mur allait s'écrouler sur moi.*
- **de quelque chose** : *Je n'en peux plus, je m'écroule de fatigue.*

EFFACER

- **quelque chose de quelque chose** : *Efface ces mauvais souvenirs de ta mémoire.*

EFFACER (S')

- **devant quelqu'un / quelque chose** : *Les femmes ne s'effacent plus devant les hommes.*
- **de quelque chose** : *Ces mauvais souvenirs ne s'effacent pas de ma mémoire.*

S'effacer de : « disparaître ». **S'effacer devant** : « laisser la première place ».

EFFLEURER

- **quelque chose de quelque chose** : *Je me suis simplement permis de lui effleurer la joue d'un doigt.*

EFFORCER (S')

- **de + infinitif** : *Le magasin s'efforcera de répondre à toutes les demandes.*

En français littéraire, **à** peut remplacer **de** : *Je m'efforce **à** vous plaire.*

EFFRAYER

- **quelqu'un avec quelque chose** : *Arrête d'effrayer les enfants avec tes histoires de fantômes.*
- **de + infinitif** [7] : *Ça m'effraie de devoir traverser ce parc la nuit.*
- **que + subjonctif** : *Cela m'effraie que tu n'aies pas encore fini ta thèse.*

EFFRAYER (S')

- **de quelque chose** : *Il est très peureux, il s'effraie de tout.*

ÉGALISER

- **quelque chose à quelqu'un** [8] : *Le coiffeur a égalisé les cheveux de Marc, il lui a égalisé les cheveux.*

ÉGOSILLER (S')

- **à + infinitif** : *Je ne vais pas encore m'égosiller à répéter cent fois la même chose.*

ÉGRATIGNER

- **quelque chose à quelqu'un** [8] : *Les ronces lui ont égratigné les jambes.*

ÉLARGIR

- **quelque chose à quelqu'un** [8] : *Ce voyage lui a élargi l'horizon.*

ÉLEVER

- **quelqu'un / quelque chose** : *Ma grand-mère a élevé six enfants.*
- **quelque chose à quelqu'un** : *On a élevé une statue à ce bienfaiteur de l'humanité.*
- **quelqu'un à quelque chose** : *Le directeur a élevé Luc au poste de chef du personnel.*
- **quelque chose de quelque chose** : *Les maçons ont élevé ce mur de deux mètres.*

ÉLEVER (S')

- **à quelque chose** : *Les travaux s'élèvent à mille euros.*
- **de quelque chose** : *La température s'est élevée de dix degrés.*
- **au-dessus de quelque chose** : *Il ne cherche pas à s'élever au-dessus de sa condition.*
- **contre quelque chose / quelqu'un** : *Les étudiants se sont élevés contre cette décision injuste.*
- **quelque part (sur, dans, au-dessus de,...)** : *Des ruines s'élèvent sur la colline.*

> **S'élever à (+ prix)** : « coûter », **s'élever de** : « augmenter », **s'élever au-dessus de** : « dépasser », **s'élever contre** : « s'opposer ».

ÉLIRE

- **quelqu'un** : *Les Français élisent un président, les Allemands élisent un chancelier.*
- **quelqu'un comme quelqu'un** : *Les Californiens ont élu un acteur comme gouverneur.*

> **Comme** est souvent supprimé : *On a élu cet acteur gouverneur de Californie.*

ÉLOIGNER

- **quelqu'un / quelque chose** : *Éloigne les enfants, ce film n'est pas de leur âge.*
- **quelqu'un / quelque chose de quelqu'un / quelque chose** : *Éloigne le chat de l'aquarium.*

ÉLOIGNER (S')

- **de quelqu'un / quelque chose** : *Le bateau s'éloigne du rivage.*

ÉMAILLER

- **quelque chose de quelque chose** : *Il aime émailler sa conversation de plaisanteries.*

ÉMANCIPER (S')

- **de quelqu'un / quelque chose** : *Elle rêve de s'émanciper de ses parents.*

ÉMANER

- **de quelque chose** : *Une certaine poésie émane de ce texte.*

EMBALLER

- **quelque chose à quelqu'un** : *Voulez-vous que je vous emballe cet article ?*

EMBARRASSER

- **quelqu'un** : *La question du journaliste embarrasse* ***le député.***
- **de + infinitif** [7] : *Cela vous embarrasserait* ***de préciser*** *votre question ?*
- **que + subjonctif** : *Ça ne m'embarrasse pas* ***que vous soyez*** *d'un autre avis.*

EMBARRASSER (S')

- **de quelqu'un / de quelque chose** : *Elle est directe. Elle ne s'embarrasse pas* ***de précautions.***

EMBÊTER

- **quelqu'un avec quelque chose** : *Jérémie embête* ***ses amis avec ses lamentations.***
- **de + infinitif** [7] : *Cela ne t'embête pas* ***de me conduire*** *à la gare ?*
- **que + subjonctif** : *Ça m'embête* ***que tu ne saches pas*** *conduire.*

EMBOBINER

- **quelqu'un avec / par quelque chose** (familier) : *La vendeuse embobine* ***les clients avec / par de belles paroles.***

EMBOÎTER

- **quelque chose dans quelque chose** : *Emboîtez* ***ce tuyau dans cet autre tuyau.***

> On peut aussi **emboîter le pas à quelqu'un** : « marcher derrière quelqu'un ».

EMBOURBER (S')

- **dans quelque chose** : *Il s'est embourbé* ***dans des justifications*** *inutiles.*

EMBRASSER

- **quelqu'un / quelque chose** : *La mère embrasse* ***son bébé.***
- **quelque chose à quelqu'un** [8] : *Elle* ***lui*** *embrasse* ***les cheveux.***
- **quelque chose de quelque chose** : *Le bébé embrasse* ***la pièce du regard.***

> On peut aussi **embrasser des idées, une opinion, une carrière** : « adopter ».

EMBRAYER

- **sur quelque chose** : *N'embraye pas* ***sur ce sujet.*** *Tu sais que cela me déplaît.*

EMBROUILLER (S')

- **dans quelque chose** : *Le compte n'est pas juste. Il a dû s'embrouiller* ***dans ses calculs.***

EMBUER (S')

- **de quelque chose** : *Ses yeux se sont embués* ***de larmes.***

ÉMERGER

- **de quelque chose** : *La solution émergea* ***de la discussion.***

ÉMERVEILLER

- **quelqu'un** : *Le spectacle émerveillait* ***les enfants.***
- **quelqu'un de + infinitif** [7] : *Cela* ***les*** *émerveillait* ***de voir*** *les tours du magiciens.*
- **que + subjonctif** : *Cela* ***les*** *émerveillait* ***qu'il puisse*** *faire disparaître sa partenaire.*

ÉMERVEILLER (S')

- **de (devant) quelque chose** : *Les enfants s'émerveillent du (devant le) spectacle des clowns.*
- **de + infinitif** : *Les parents s'émerveillent de voir leurs enfants si heureux.*

La préposition **devant** peut précéder un nom, mais pas un pronom : *Ils s'émerveillent **devant** le spectacle, ils s'émerveillent **de tout**.*

EMMÉNAGER

- **dans quelque chose** : *La semaine prochaine, nous allons emménager dans un nouvel appartement.*

EMMENER

- **quelqu'un quelque part** : *Ma sœur emmène ses enfants à la piscine tous les samedis.*
- **quelqu'un + infinitif** : *Elle les emmène faire du sport.*

EMMERDER (très familier)

- **quelqu'un avec quelque chose** : *Tu emmerdes tout le monde avec tes questions stupides !*
- **quelqu'un à + infinitif** : *Tu nous emmerdes à toujours poser les mêmes questions.*
- **quelqu'un de + infinitif** [7] : *Ça m'emmerde de lui répondre.*
- **que + subjonctif** : *Ça m'emmerde qu'il vienne chez moi tous les jours.*

Si le verbe est au conditionnel, **si + imparfait** peut remplacer **que + subjonctif** : *Ça m'emmerderait **qu'il ne vienne** pas / **s'il ne venait** pas.*

S'EMMERDER (S') (très familier)

- **avec quelque chose** : *Ne t'emmerde pas avec tes questions.*
- **à + infinitif** : *Ne t'emmerde pas à lire ce livre, il est nul.*

ÉMOUVOIR

- **quelqu'un avec / par / de quelque chose** : *La petite fille émeut ses parents avec / par / de ses larmes.*
- **quelqu'un de + infinitif** [7] : *Cela m'a ému de le voir si malade.*
- **quelqu'un que + subjonctif** : *Cela m'a ému qu'elle se soit confiée à moi.*

ÉMOUVOIR (S')

- **de quelque chose** : *Catherine s'émeut toujours du malheur des autres.*

La préposition **de** s'emploie surtout devant un complément de cause. *Elle s'émeut **du malheur des autres**,* mais *Elle s'émeut **à la vue** (devant le spectacle) du malheur des autres.*

EMPARER (S')

- **de quelque chose** : *Napoléon III s'est emparé du pouvoir en 1851.*

EMPÊCHER

- **quelque chose** : *Le père de Claude fera tout pour empêcher* ***son mariage*** *avec Dominique.*
- **quelqu'un de + infinitif** [5] : *Ses parents* ***l'****empêchent* ***de se marier****.*

> Le complément d'objet est parfois sous-entendu : *Cette maladie n'empêche pas de vivre.*

- **que + subjonctif** : *Les parents n'ont pas pu empêcher* ***qu'ils se marient****.*

> Si le verbe **empêcher** est à la forme négative (avec **cela** ou **ça** comme sujet), le verbe de la subordonnée peut être au subjonctif ou à l'indicatif (pour mieux affirmer une réalité) : *Cela n'empêche pas que* ***tu sois / es*** *en retard.* L'expression **(il) n'empêche que** est suivie de l'indicatif : *N'empêche / Il n'empêche que j'avais raison (et pourtant, j'avais raison).*

EMPÊCHER (S')

- **de + infinitif** : *Le enfants ne pouvaient pas s'empêcher* ***de rire****.*

EMPÊTRER (S')

- **dans quelque chose** : *Plutôt que de dire la vérité, il s'est empêtré* ***dans ses mensonges****.*

EMPIÉTER

- **sur quelque chose** : *Je mets une clôture pour que mon voisin n'empiète plus* ***sur mon territoire****.*

EMPIFFRER (S') (familier)

- **de quelque chose** : *À la fête d'anniversaire de Nicolas, les enfants se sont empiffrés* ***de gâteaux****.*

EMPLIR

- **quelque chose / quelqu'un de quelque chose** : *La mort du petit chat a empli* ***Agnès de chagrin****.*

EMPLIR (S')

- **de quelque chose** : *À l'annonce de la mort du petit chat, ses yeux se sont emplis* ***de larmes****.*

EMPLOYER

- **quelqu'un / quelque chose** : *La professeur de langue emploie* ***une méthode*** *progressive.*
- **quelqu'un / quelque chose à + infinitif** : *Elle emploie* ***ses soirées à corriger*** *ses copies.*

EMPLOYER (S')

- **à + infinitif** : *Elle a employé* ***toute sa matinée à la préparation de ses cours****.*

EMPOISONNER

- **quelqu'un / quelque chose avec quelque chose** : *Dans ce film, le personnage principal empoisonne* ***sa femme avec de l'arsenic****.*
- **quelqu'un de + infinitif** (familier) : *Ça* ***m'****empoisonne* ***de suivre*** *un régime.*

EMPORTER (L')
- **sur quelqu'un / quelque chose** : *Le match est fini. Lyon l'emporte sur Lille par 3 à 0.*

EMPORTER (S')
- **contre quelqu'un / quelque chose** : *Cet enfant n'est pas patient, il s'emporte facilement contre ses frères et sœurs.*

EMPRESSER (S')
- **de + infinitif** : *J'ai bien reçu votre lettre et je m'empresse de vous répondre.*

> **S'empresser de** : « se hâter ». En français plus recherché, **s'empresser à + infinitif, s'empresser auprès de quelqu'un** signifie « mettre de l'ardeur » : *Il s'empresse **auprès** des jolies filles, il s'empresse **à** leur **plaire**.*

EMPRUNTER
- **quelque chose à quelqu'un** : *Je vais emprunter un marteau à mon voisin.*

ENCAISSER
- **quelque chose** : *Vous ne pourrez encaissez ce chèque que le mois prochain.*
- **quelqu'un** (familier) : *Bertrand ne peut pas encaisser sa belle-mère.*
- **de + infinitif** (familier) [3] : *Il n'encaisse pas de devoir déjeuner avec elle chaque semaine.*
- **que + subjonctif** (familier) : *Je n'arrive pas à encaisser qu'elle gagne plus d'argent que moi.*

ENCHANTER
- **quelqu'un** : *Le spectacle a enchanté les enfants.*
- **quelqu'un de infinitif** [7] : *Ça ne m'enchante pas de rester seul pendant les vacances.*
- **quelqu'un que + subjonctif** : *Ça ne m'enchante pas que mes amis partent en vacances sans moi.*

ENCOMBRER
- **quelqu'un / quelque chose avec quelque chose** : *Tu m'encombres avec tes affaires.*

> La préposition **de** est parfois possible : *Tu encombres l'entrée **avec (de)** tes bagages.*

ENCOMBRER (S')
- **de quelqu'un / quelque chose** : *Il ne s'encombre pas de scrupules.*
- **quelque chose avec / de quelque chose** : *Il ne s'encombre pas la mémoire avec des (de) souvenirs désagréables.*

ENCOURAGER
- **quelqu'un / quelque chose** : *Les spectateurs encouragent les sportifs.*
- **quelqu'un à + infinitif** : *La foule encourage le boxeur à continuer le combat.*

ENDUIRE
- **quelque chose / quelqu'un de quelque chose** : *L'esthéticienne enduit de crème le visage de sa cliente.*

Les verbes

Enduire (s')

- **quelque chose de quelque chose** : *Les lutteurs de l'Antiquité s'enduisait le corps d'huile.*

Énerver

- **quelqu'un avec quelque chose** : *Tu as énervé le conférencier avec tes questions.*
- **quelqu'un de + infinitif** [7] : *Ça m'énerve de ne jamais avoir de chance.*
- **quelqu'un que + subjonctif** : *Ça m'énerve qu'on ne fasse jamais appel à moi.*

Énerver (s')

- **contre quelqu'un / quelque chose** : *Je m'énerve contre les lenteurs de l'administration.*

Enfermer

- **quelqu'un / quelque chose dans quelque chose** : *Enferme le chien dans le garage.*

Enfermer (s')

- **dans quelque chose** : *L'adolescente s'est enfermée dans sa chambre.*

Enferrer (s')

- **dans quelque chose** : *Le petit garçon s'est enferré dans ses mensonges.*

Enflammer (s')

- **pour quelqu'un / quelque chose** : *Le public s'est enflammé pour cette nouvelle pièce de théâtre.*

Enfoncer

- **quelque chose à quelqu'un dans quelque chose** [8] : *Son mari jaloux lui a enfoncé un couteau dans le cœur.*

Enfoncer (s')

- **dans quelque chose** : *Fabien s'enfonce dans la déprime.*

Enfuir (s')

- **de quelque chose** : *Elle fait une fugue, elle s'enfuit de la maison.*

Engager

- **quelqu'un / quelque chose** : *L'entreprise a engagé un nouveau comptable.*
- **quelque chose dans quelque chose** : *Il fait trop sombre. Je n'arrive pas à engager la clé dans la serrure.*
- **quelqu'un à quelque chose** : *Je vous engage à la patience.*
- **quelqu'un à + infinitif** : *Le professeur engage les élèves à lire ce livre.*

> Le verbe **engager** a plusieurs sens selon la construction. Voici les plus fréquents :
> **Engager quelqu'un** : « embaucher, recruter » : *engager une secrétaire.*
> **Engager quelque chose** : « commencer » : *engager une discussion.*
> **Engager dans quelque chose** : « faire entrer » : *engager la clé dans la serrure.*
> **Engager à faire quelque chose** : « inciter » : *engager à faire des efforts.*

ENGAGER (S')

- **dans quelque chose** : *Le gouvernement s'est engagé* ***dans la voie*** *des réforme.*
- **à + infinitif** : *Il s'est engagé* ***à baisser*** *les impôts.*

ENGLUER (S')

- **dans quelque chose** : *Mireille s'englue de plus en plus* ***dans un travail*** *sans intérêt.*

ENGOUFFRER (S')

- **dans quelque chose** : *À l'ouverture des portes, les clients se sont engouffrés* ***dans le magasin.***

ENGOURDIR

- **quelque chose à quelqu'un** [8] : *Le froid* ***lui*** *engourdissait* ***les doigts.***

ENGUEULER (S') (familier)

- **avec quelqu'un** : *Richard s'est encore engueulé* ***avec sa copine.***

ENHARDIR (S')

- **à + infinitif** : *La secrétaire s'est enhardie* ***à critiquer*** *les décisions de son patron.*

ENIVRER (S')

- **de quelque chose** : *Enivrez-vous* ***de vin, de poésie*** *ou* ***de vertu.***

ENLAIDIR

- **quelque chose à quelqu'un** [8] : *Ses grimaces* ***lui*** *enlaidissent* ***le visage.***

ENLEVER

- **quelqu'un / quelque chose de quelque chose** : *Enlève* ***ta main de mon genou !***
- **quelqu'un / quelque chose à quelqu'un** : *Christine a enlevé* ***à Marc*** ***toutes ses illusions.***

> **Enlever quelque chose** : « retirer ». **Enlever quelqu'un** : « ravir, kidnapper ».

ENLISER (S')

- **dans quelque chose** : *Le directeur de projet s'est enlisé* ***dans les difficultés.***

ENNUYER

- **quelqu'un avec quelque chose** : *Guy ennuie* ***ses amis avec ses histoires.***
- **quelqu'un de + inf.** [7] : *Cela* ***les*** *ennuie* ***de sortir*** *avec lui.*
- **quelqu'un que + subjonctif** : *Cela* ***m'****ennuie* ***qu'il ne s'en rende pas compte.***
- **quelqu'un à + infinitif** : *Guy ennuie* ***tout le monde à*** *toujours* ***se plaindre.***

> **Ennuyer de + infinitif / que + subjonctif** si le sujet est « cela » ou « ça ».

ENNUYER (S')

- **avec quelqu'un** : *Elle s'ennuie* ***avec moi.***
- **de quelqu'un** : *Elle s'ennuie* ***de Pierre.***
- **à + infinitif** : *Elle s'ennuie* ***à l'attendre.***

S'ennuyer avec quelqu'un : « trouver le temps long ». **S'ennuyer de quelqu'un** : « regretter son absence ».

ÉNONCER
- **quelque chose à quelqu'un** : *Je n'ai fait que vous énoncer les faits.*

ENORGUEILLIR (S')
- **de quelque chose** : *Vincent s'enorgueillit de sa mention au baccalauréat.*
- **de + infinitif** : *Il s'enorgueillit d'avoir passé le baccalauréat à seize ans.*
- **que + subjonctif** : *Ses parents s'engorgueillent qu'il soit bachelier.*

ENQUÉRIR (S')
- **de quelqu'un / quelque chose** : *Un de vos amis est venu s'enquérir de vous.*
- **si + indicatif** (recherché) : *Il s'est enquis si vous habitiez toujours ici.*

ENQUÊTER
- **sur quelqu'un / quelque chose** : *La police enquête sur ce vol audacieux.*

ENRAGER
- **de + infinitif** : *Lucien enrage de ne pas avoir été invité à cette fête.*

ENREGISTRER
- **quelque chose** : *Elle vient d'enregistrer son premier disque.*
- **quelque chose sur quelque chose** : *J'ai enregistré cette émission sur un DVD.*
- **que + indicatif** : *Vous avez bien enregistré qu'il n'y aura pas de cours demain ?*
- **ce que + indicatif** : *Vous avez enregistré ce que je vous ai dit ?*

ENRICHIR :
- **quelque chose de quelque chose** : *L'italien a enrichi la langue française de beaucoup de mots.*

ENRICHIR (S')
- **de quelque chose** : *Sa collection d'art s'est enrichie de deux nouveaux tableaux.*

ENSEIGNER
- **quelque chose à quelqu'un** : *Monsieur Dumont enseigne le français aux étudiants étrangers.*
- **comment + infinitif** : *Il leur enseigne comment bien prononcer.*
- **à + infinitif** : *Il leur enseigne à écrire sans fautes.*
- **que + indicatif** : *Il enseigne que la liaison n'est pas toujours obligatoire en français.*

ENSORCELER
- **quelqu'un par / avec quelque chose** : *Elle l'a ensorcelé par (avec) sa beauté.*

ENSUIVRE (S')
- **que + indicatif** : *Il s'ensuit que vous avez tort.*

ENTENDRE
- **quelque chose / quelqu'un** : *As-tu entendu ses arguments ?*
- **quelque chose à quelque chose** : *Je n'entends rien à la métaphysique.*

- **quelqu'un + infinitif** : *J'ai entendu Yves affirmer le contraire.*

Il n'est pas possible de changer la construction **quelqu'un + infinitif** en **que + indicatif** sans changer le sens : *J'ai entendu qu'Yves affirmait le contraire* signifie « on m'a dit qu'Yves affirmait le contraire. » Pour garder le sens, il faut utiliser un pronom relatif : *J'ai entendu Yves qui affirmait le contraire.*

- **que + indicatif / conditionnel** : *J'ai entendu qu'il n'y aurait pas de cours demain.*
- **ce que + indicatif** : *Je n'ai pas entendu ce que vous me disiez.*
- **+ infinitif** [1] : *J'entends être obéi.*
- **que + subjonctif** : *J'entends que vous m'obéissiez.*

Entendre + infinitif / que + subjonctif : « vouloir ». Quelquefois, **entendre + infinitif** peut signifier « avoir connaissance en écoutant », mais le sujet de l'infinitif n'est pas le sujet du verbe **entendre** : *j'ai entendu* ***parler*** *de vous.*

ENTENDRE (S')

- **avec quelqu'un** : *Lise s'entend bien avec ses collègues.*
- **sur quelque chose** : *Ils se sont entendus sur l'heure du rendez-vous.*
- **en quelque chose** : *Lise s'y entend en musique.*
- **pour + infinitif** : *Elle ne s'y entend pas trop pour cuisiner.*

S'entendre avec : « sympathiser ». **S'entendre sur** : « se concerter ». **S'y entendre en / pour** : « être compétent ».

ENTÊTER (S')

- **à + infinitif** : *Ne t'entête pas à essayer de comprendre ce texte, il est trop difficile.*

ENTHOUSIASMER (S')

- **pour quelque chose** : *Richard va chaque été en Espagne, il s'enthousiasme pour la corrida.*

ENTOURER

- **quelqu'un / quelque chose de quelque chose** : *Les parents entourent leur enfant d'affection.*
- **quelque chose avec quelque chose** : *J'ai entouré le paquet avec un ruban.*

ENTOURER (S')

- **de quelqu'un / de quelque chose** : *Patricia aime s'entourer d'amis.*

ENTRAÎNER

- **quelqu'un à quelque chose** : *L'officier entraîne les soldats au maniement des armes.*
- **à + infinitif** : *Le professeur entraîne les élèves à bien prononcer.*

ENTRAÎNER (S')

- **à quelque chose** : *Entraînez-vous à la prononciation du « th » anglais.*
- **quelqu'un à + infinitif** : *Entraînez-vous à bien prononcer.*

ENTREPRENDRE
- **quelque chose** : *Sébastien entreprend un long voyage en Afrique.*
- **quelqu'un sur quelque chose** : *Il m'a entrepris sur ma connaissance de ce continent.*
- **de + infinitif** : *Il a entrepris d'apprendre une ou deux langues africaines.*

ENTRER
- **quelque part (dans, en, à,...)** : *Demain, le petit Paul entrera à l'école primaire.*
- **quelque chose** : *L'informaticien a entré les données dans l'ordinateur.*

ENTRETENIR
- **quelqu'un / quelque chose** : *Marie entretient bien sa maison. Elle entretient encore son fils qui a trente ans.*

> **Entretenir quelqu'un** : « subvenir aux besoins de quelqu'un ».
> **Entretenir quelque chose** : « maintenir en bon état ».

- **quelque chose avec quelqu'un** : *J'entretiens de bons rapports avec mes collègues.*
- **quelqu'un de quelque chose** : *Je les ai longuement entretenus de cette affaire délicate.*

ENTRETENIR (S')
- **avec quelqu'un** : *Damien s'est entretenu avec son associé.*
- **de / sur quelque chose** : *Il se sont entretenus de (sur) l'avenir de leur société.*

ÉNUMÉRER
- **quelque chose à quelqu'un** : *Pouvez-vous m'énumérer les avantages de votre proposition ?*

ENVELOPPER
- **quelque chose / quelqu'un dans quelque chose** : *Elle a enveloppé son enfant dans une couverture.*
- **quelque chose / quelqu'un de quelque chose** : *Karl enveloppe Marie de compliments.*

ENVIER
- **quelque chose à quelqu'un** [8] : *Xavier ne s'énerve jamais, je lui envie son calme.*
- **quelqu'un de + infinitif** : *Ronaldo envie Fabio de parler si bien français.*

ENVISAGER
- **quelque chose** : *Nicolas envisage l'avenir avec sérénité.*
- **de + infinitif** : *Il envisage de devenir adjoint du directeur.*
- **que + conditionnel** : *Nicolas envisage que ce poste pourrait se libérer bientôt et qu'il pourrait avoir la place.*

> Le subjonctif est aussi possible : *Nous avions envisagé qu'il vienne.*

ENVOYER
- **quelqu'un / quelque chose quelque part (à, dans, chez,...)** : *J'envoie mon fils aux États-Unis.*

- **quelqu'un / quelque chose à quelqu'un** : *J'ai envoyé une lettre à un ami.*
- **quelqu'un + infinitif** : *J'ai envoyé mon fils aux États-Unis apprendre l'anglais.*
- **+ infinitif** : *J'ai envoyé chercher un interprète.*

Attention ! Le pronom complément d'objet direct peut être celui du verbe **envoyer** ou de l'infinitif : *J'ai envoyé **mon fils** étudier (je **l'**ai envoyé étudier), j'ai envoyé chercher **le médecin** (je **l'**ai envoyé chercher).*

ÉPANCHER (S')

- **auprès de quelqu'un** : *Gérard a des problèmes. Il est venu s'épancher auprès de Lise.*

ÉPARGNER

- **quelque chose à quelqu'un** : *Si tu m'avais prévenu, tu m'aurais épargné des ennuis.*
- **à quelqu'un de + infinitif** : *Cela m'aurait épargné de dire des bêtises.*

ÉPIER

- **quelqu'un / quelque chose** : *Le voyeur épie sa voisine par la fenêtre.*
- **quelqu'un + infinitif** : *Il l'épie se déshabiller.*

ÉPILER

- **quelque chose à quelqu'un** [8] : *L'esthéticienne lui a épilé les sourcils.*
- **quelque chose à quelque chose** : *Elle lui épile les jambes à la cire.*

ÉPILOGUER

- **sur quelque chose** : *Arrêtons la conversation. Il est inutile d'épiloguer sur ce sujet.*

ÉPLUCHER

- **quelque chose à quelqu'un** : *Tu veux que je t'épluche une orange ?*

ÉPONGER

- **quelque chose à quelqu'un** [8] : *L'enfant a de la fièvre. Sa mère lui éponge le front.*

ÉPOUMONER (S')

- **à + infinitif** : *La mère s'époumone à faire taire ses enfants.*

ÉPOUVANTER

- **quelqu'un avec quelque chose** : *Tu épouvantes les enfants avec tes histoires de monstres.*
- **quelqu'un de + infinitif** : *Cela les épouvante d'entendre tes histoires.*

ÉPRENDRE (S')

- **de quelqu'un / de quelque chose** : *Antoine s'est épris d'une de ses camarades de classe.*

ÉPROUVER

- **quelque chose pour quelqu'un** : *J'éprouve beaucoup d'affection pour ma petite sœur.*

ÉPUISER (S')

- **à + infinitif** : *Camille s'épuise à préparer son examen.*

ÉQUIPER

- **quelqu'un / quelque chose de quelque chose** : *J'ai équipé ma voiture d'un autoradio.*

ÉQUIPER (S')

- **de quelque chose** : *Pour la randonnée en montagne, équipez-vous de bonnes chaussures.*
- **en quelque chose** : *Nous nous sommes équipés en matériel* de randonnée.

ÉQUIVALOIR

- **à quelque chose** : *À ses débuts, un euro équivalait à un dollar.*

ÉRAFLER

- **quelque chose à quelqu'un** [8] : *On a tiré sur lui. La balle lui a éraflé l'oreille.*

ÉREINTER (S')

- **à quelque chose** : *Thierry s'éreinte au travail.*
- **à + infinitif** : *Il s'éreinte à vouloir repeindre seul son appartement.*

ÉRIGER

- **quelque chose à quelqu'un** : *La ville a érigé un monument aux victimes des attentats.*
- **quelqu'un en quelque chose** : *Les média ont érigé le jeune lycéen en porte-parole de la jeunesse.*

ÉRIGER (S')

- **en quelque chose** : *Il s'est érigé en chef de file du parti.*

ESCAMOTER

- **quelque chose à quelqu'un** : *À son retour, il s'est aperçu qu'on lui avait escamoté sa montre.*

ESCOMPTER

- **quelque chose** : *Nous escomptons ta visite.*
- **+ infinitif** [2] : *Nous escomptons avoir bientôt le plaisir de te voir.*
- **que + indicatif** : *Nous escomptons que tu nous rendras bientôt visite.*

ESCRIMER (S')

- **sur quelque chose** : *Je m'escrime depuis trois heures sur ce problème.*
- **à + infinitif** : *Je m'escrime à chercher la solution de ce problème.*

ESCROQUER

- **quelque chose à quelqu'un** : *On avait escroqué à la vieille dame sa signature.*
- **quelqu'un d'une somme** : *On l'a escroqué de dix mille euros.*

ESPÉRER

- **quelque chose** : *J'espère votre venue.*
- **+ infinitif** [2] : *J'espère vous voir bientôt.*
- **que + indicatif** : *J'espère que vous passerez me voir.*

Aux formes interrogative et négative et après l'impératif, le subjonctif est possible : *Espères-tu encore **qu'il vienne** ? Je n'espérais plus **qu'il vienne**. Espérons **qu'il vienne**.*

ESQUINTER (familier)

- **quelque chose à quelqu'un** [8] : *Karl travaille trop à l'ordinateur, ça **lui** esquinte **les yeux**.*

ESQUINTER (S') (familier)

- **à + infinitif** : *Karl s'esquinte **à travailler** pendant des heures sur un ordinateur.*

ESQUISSER

- **quelque chose à quelqu'un** : *Raoul a esquissé **à ses collègues les grandes lignes** de son projet.*

ESSAYER

- **quelque chose** : *J'ai essayé **des chaussures** dans ce magasin.*
- **de + infinitif** : *J'ai essayé **d'obtenir** une réduction.*

ESSAYER (S')

- **à quelque chose** : *Nadia s'essaie **au tricot**.*
- **à + infinitif** : *Elle s'essaie **à tricoter** une écharpe de laine.*

ESSOUFFLER (S')

- **à + infinitif** : *Ne vous essouffler pas **à essayer** de le rattraper. Il est trop rapide pour vous.*

ESSUYER

- **quelque chose à quelqu'un** [8] : *L'enfant transpire. Sa mère **lui** essuie **le front**.*

ESTIMER

- **quelqu'un / quelque chose** : *J'estime beaucoup **mon** nouveau **collègue**.*
- **+ infinitif** [2] : *J'estime **avoir raison**.*
- **que + indicatif** : *Vous estimez **que j'ai** tort ?*

On peut aussi **estimer quelqu'un ou quelque chose à :** *estimer quelqu'un **à sa juste valeur**, estimer un mobilier **à mille euros**.*

ÉTABLIR

- **quelque chose à quelqu'un** : *Vous pouvez **nous** établir **un bilan** ?*
- **que + indicatif** : *Les statistiques ont établi **que** nos ventes **progressent**.*
- **quelque chose sur quelque chose** : *Nous avons établi **cette conclusion sur des faits** prouvés.*

ÉTENDRE

- **quelqu'un / quelque chose sur quelque chose** : *Étendez **le blessé sur le lit**.*

ÉTENDRE (S')

- **sur quelque chose** : *Je ne voudrais pas m'étendre davantage **sur ce sujet**.*

ÉTERNISER (S')

▸ **sur quelque chose** : *Pierre et Paul s'éternisent régulièrement* ***sur le même sujet.***

▸ **à + infinitif** : *Ils s'éternisent* ***à discuter*** *toujours de la même chose.*

ÉTINCELER

▸ **de quelque chose** : *Le diamant étincelait* ***de tous ses feux.***

ÉTONNER

▸ **quelqu'un** : *L'attitude du directeur a étonné* ***ses collaborateurs.***

▸ **quelqu'un de + infinitif** [7] : *Cela* ***les*** *a étonnés* ***de*** *le* ***voir*** *si nerveux.*

▸ **que + subjonctif** : *Cela les étonne* ***qu'il ne réponde*** *pas au téléphone.*

ÉTONNER (S')

▸ **de quelque chose** : *Les employés s'étonnent* ***de l'attitude*** *de leur directeur.*

▸ **de + infinitif** : *Ils s'étonnent* ***de l'entendre*** *annuler tous ses rendez-vous.*

▸ **que + subjonctif** : *Ils s'étonnent* ***qu'il refuse*** *tout contact.*

ÉTOURDIR

▸ **quelqu'un de / par quelque chose** : *Les enfants étourdissaient* ***les adultes de (par) leurs cris.***

ÉTRANGLER (S')

▸ **de quelque chose** : *Alex était furieux, il s'étranglait presque* ***de rage.***

ÊTRE

▸ **quelqu'un / quelque chose (adjectif ou nom)** : *C'est une photo d'Ulrike. C'est* ***une Allemande****, elle est* ***romancière****, elle est* ***célèbre.***

> Lorsque le sujet est un pronom personnel, il n'y a pas d'article devant le nom : *Il est étudiant.*

▸ **quelque part (à, dans, sur, en,…)** : *Ulrike est* ***à la plage, sur la côte d'Azur.***

▸ **un moment** : *C'était le 6 juin, il était onze heures du matin.*

▸ **en quelque chose** : *Ma chemise est* ***en coton****, la sienne est* ***en nylon.***

▸ **de quelque chose part** : *Ulrike est* ***de Düsseldorf.***

▸ **à quelqu'un** : *Ce livre n'est pas* ***à moi****, il est* ***à Ulrike.***

▸ **de quelque chose / de quelqu'un / de quelque part** : *Ulrike est* ***de Düsseldorf.***

> Ce livre est **à Ulrike** : il lui appartient. Ce livre est **d'Ulrike** : elle l'a écrit.

▸ **pour quelque chose** : *Son style original est* ***pour beaucoup*** *dans le succès de ses* livres.

▸ **+ infinitif** : *Une chose qu'elle sait bien faire, c'est* ***écrire*** *des livres.*

> Cette construction se retrouve lorsque le verbe **être** au passé signifie « aller » (français familier) : *Elle a été se promener.*

▸ **à + infinitif** : *Les livres d'Ulrike sont* ***à lire.***

▸ **que + indicatif** : *Est-ce* ***que vous les avez lus*** *? C'est* ***qu'il ne sont pas*** *encore* ***traduits.***

ÉTREINDRE
- **quelque chose à quelqu'un** [8] : *Quand Joël m'a rencontré, il m'a étreint le bras.*

ÉVADER (S')
- **de quelque chose** : *Le prisonnier s'est évadé de prison.*

ÉVALUER
- **quelque chose à quelque chose** : *La police a évalué le nombre des manifestants à deux mille.*

ÉVANOUIR (S')
- **de quelque chose** : *Après son accident, Daniel s'est évanoui de douleur.*

ÉVEILLER
- **quelqu'un à quelque chose** : *La monitrice a éveillé les enfants aux joies de la découverte.*
- **quelque chose à quelqu'un** [8] : *Elle leur a éveillé l'esprit.*

ÉVEILLER (S')
- **à quelque chose** : *L'adolescente s'éveillait à la littérature.*

ÉVERTUER (S')
- **à + infinitif** : *Toute la soirée, il s'est évertué à essayer de convaincre son auditoire.*

ÉVITER
- **quelqu'un / quelque chose** : *Luc n'a pas pu éviter une grosse perte d'argent.*
- **quelque chose à quelqu'un** : *J'aurais voulu lui éviter cette peine.*
- **à quelqu'un de + infinitif** : *Cela m'évite d'avoir à lui refuser mon aide.*
- **de + infinitif** [3] : *J'évite de téléphoner à Luc.*
- **que + subjonctif** : *J'essaie d'éviter qu'il me parle de ses problèmes.*

ÉVOQUER
- **quelque chose à quelqu'un** : *Dominique évoque à ses amis ses souvenirs d'enfance.*

EXAMINER
- **quelque chose à quelqu'un** [8] : *Marc est tombé. Le docteur lui a examiné le genou.*

EXASPÉRER
- **quelqu'un de + infinitif** [7] : *Cela m'exaspère d'avoir à refaire mes calculs.*
- **que + subjonctif** : *Cela m'exaspère que mes calculs soient toujours faux.*

EXCÉDER
- **quelqu'un avec quelque chose** : *Tu m'excèdes avec tes questions.*
- **+ nombre** : *Le prix de cet article n'excède pas cent euros.*
- **de + infinitif** [7] : *Cela m'excède de répéter toujours la même chose.*
- **que + subjonctif** : *Cela m'excède que tu ne comprennes jamais rien.*

EXCELLER
- **en quelque chose** : *Julie excelle en musique.*
- **à quelque chose** : *Elle excelle à la flûte.*

Les verbes

- **à + infinitif** : *Elle excelle à déchiffrer des partitions difficiles.*

> **Exceller en + matière** : *exceller en musique, en sport, en poésie.* **Exceller à + jeu / instrument** : *exceller aux échecs, au tennis, au piano.*

EXCITER

- **quelqu'un / quelque chose** : *La chasse me m'excite pas, elle n'excite pas ma curiosité.*
- **quelqu'un à quelque chose** : *Les chasseurs excitent les chiens à la recherche du gibier.*
- **à + infinitif** : *Ils les excitent à chercher le gibier.*
- **quelqu'un de + infinitif** [7] : *Cela excite les chasseurs de déjouer les ruses du gibier.*
- **quelqu'un que + subjonctif** : *Cela t'exciterait que je t'emmène à la chasse ?*

EXCITER (S')

- **sur quelque chose** : *Ne t'excite pas trop sur ce projet.*

EXCLAMER (S')

- **sur quelque chose** : *Les touristes se sont exclamés sur la beauté du site.*
- **que + indicatif** : *Ils se sont exclamés que le site était exceptionnel.*

EXCLURE

- **quelqu'un / quelque chose de quelque chose** : *L'entraîneur a exclu Fabien de l'équipe.*
- **que + subjonctif** : *Il n'est pas exclu que l'entraîneur le réintègre le mois prochain.*

EXCUSER

- **quelqu'un / quelque chose** : *Excusez-moi. Veuillez excuser mon retard.*
- **quelqu'un de / pour quelque chose** : *Vous m'excuserez de (pour) mon retard.*
- **de + infinitif** : *Veuillez m'excuser d'être en retard.*

EXCUSER (S')

- **de / pour quelque chose** : *Je m'excuse de (pour) mon retard.*
- **auprès de quelqu'un** : *Je suis venu m'excuser auprès de vous.*
- **de + infinitif** : *Je m'excuse d'être en retard.*

EXEMPTER

- **quelqu'un de quelque chose** : *Émile gagne très peu d'argent. On l'a exempté d'impôts.*

EXERCER

- **quelque chose** : *Mon frère exerce la médecine. Il exerce ses talents à l'école de médecine.*
- **quelqu'un à quelque chose** : *Il exerce les étudiants au maniement de nouveaux appareils.*
- **quelqu'un à + infinitif** : *Il les exerce à utiliser les nouveaux appareils.*

Exercer (s')
- **à quelque chose** : *Les soldats s'exercent au maniement des armes.*
- **à + infinitif** : *Ils s'exercent à viser juste.*

Exhiber
- **quelque chose à / devant quelqu'un** : *Il a exhibé sa nouvelle voiture à (devant) tous ses amis.*

Exhorter
- **quelqu'un à quelque chose** : *Je vous exhorte à la patience.*
- **quelqu'un à + infinitif** : *Le professeur a exhorté les élèves à faire attention.*

Exiger
- **quelque chose de quelqu'un** : *Le client exige du vendeur un remboursement immédiat.*
- **de + infinitif** [3] : *Le client exige d'être remboursé.*
- **que + subjonctif** : *Il exige que le remboursement soit immédiat.*

Expédier
- **quelque chose à quelqu'un** : *Jules a expédié un colis à sa cousine.*

Expérimenter
- **quelque chose** : *Les médecins expérimentent un nouveau vaccin.*
- **quelque chose sur quelqu'un** : *Ils expérimentent ce vaccin sur un malade volontaire.*
- **que + indicatif** : *Les médecins ont expérimenté que le vaccin était efficace.*

Expliquer
- **quelque chose à quelqu'un** : *Albert explique à Karl la théorie de la relativité.*
- **ce que + indicatif** : *Vous pouvez m'expliquer ce que ça veut dire ?*
- **comment / quand / où ,... + indicatif** : *Expliquez-moi comment ça fonctionne.*
- **comment + infinitif** : *Je vais vous expliquer comment faire.*
- **que + indicatif** : *Je vous ai déjà expliqué que c'était très compliqué.*
- **que + subjonctif** : *Cela explique que vous ayez des problèmes à comprendre.*

Expliquer que + indicatif : « faire comprendre ». **Expliquer que + subjonctif** : « justifier ».

Expliquer (s')
- **sur quelque chose** : *Il s'est expliqué sur son retard.*
- **que + subjonctif** : *Je m'explique maintenant qu'il soit en retard.*

Exploser
- **de quelque chose** : *Quand elle l'a su, elle a explosé de colère.*

Exposer
- **quelque chose à quelqu'un** : *Alain a exposé les raisons de son refus à ses amis.*
- **quelqu'un à quelque chose** : *Son refus a exposé Alain à la colère de ses amis*

Exposer (s')
- **à quelque chose** : *En faisant cela, il s'est exposé à un grave danger.*

EXPRIMER

▸ **quelque chose à quelqu'un** : *Olga a beaucoup aidé Marc, il lui a exprimé sa reconnaissance.*

EXPRIMER (S')

▸ **sur quelque chose** : *Je ne désire pas m'exprimer sur ce sujet.*

EXPULSER

▸ **quelque chose / quelqu'un de quelque chose** : *Le propriétaire a expulsé le locataire de son appartement.*

EXTASIER (S')

▸ **devant quelque chose / quelque chose** : *Raphaël s'extasie devant Charlotte.*

EXTÉNUER (S')

▸ **à + infinitif** : *Je ne vais pas m'exténuer plus longtemps à vous répéter toujours la même chose.*

EXTIRPER

▸ **quelqu'un / quelque chose de quelque chose** : *Extirpez ces idées dangereuses de votre esprit.*

EXTORQUER

▸ **quelque chose à quelqu'un** : *L'escroc avait extorqué mille euros à la vieille dame.*

EXTRAIRE

▸ **quelqu'un / quelque chose de quelque chose** : *Les mineurs extraient le charbon de la mine.*

EXTRAIRE (S')

▸ **de quelque chose** : *Il est déjà dix heures. Tu pourrais t'extraire de ton lit.*

EXULTER

▸ **de + infinitif** : *Les enfants exultent d'être en vacances.*

FÂCHER

▸ **quelqu'un** : *Attention, tu vas me fâcher.*
▸ **quelqu'un de + infinitif** [7] : *Ça m'a fâché de ne pas avoir eu de tes nouvelles.*
▸ **quelqu'un que + subjonctif** : *Cela m'a fâché que tu ne m'aies pas téléphoné.*

FÂCHER (SE)

▸ **avec quelqu'un** : *Je ne lui parle plus, je me suis fâché avec lui.*
▸ **contre quelqu'un** : *Viviane s'est fâchée contre sa petite sœur.*

> **Se fâcher avec** : « se brouiller ». **Se fâcher contre** : « se mettre en colère ».

FACILITER

▸ **quelque chose à quelqu'un** : *Le manuel facilite la tâche aux étudiants.*

FACTURER

- **quelque chose à quelqu'un** : *Le peintre m'a facturé deux journées de travail.*

FAILLIR

- **à quelque chose** : *Thierry avait promis de téléphoner. Il a failli à sa parole.*
- **+ infinitif** : *J'ai failli rater le train.*

FAIRE

- **quelque chose (nom, adjectif ou adverbe)** : *Cela fait longtemps qu'Alex ne fait plus de sport.*

> Dans certains cas, on peut aussi **faire quelqu'un** : *Faire un enfant, faire le clown*, etc.

- **quelque chose à quelqu'un** : *Elle a fait un cadeau à son ami.*

> **Faire (quelque chose) à quelque chose** est aussi possible, souvent avec des pronoms, dans des expressions comme : *Nous ne pouvons rien y faire, il ne sait pas y faire,* etc.

- **quelqu'un / quelque chose de quelqu'un / quelque chose** : *La presse a fait tout un drame de cette histoire. Les médias ont fait un monstre de ce jeune homme.*
- **à + infinitif** : *As-tu fait à manger aux enfants ?*
- **+ infinitif** : *J'ai fait manger les enfants.*

> Dans le cas d'un pronom complément, ce pronom peut être sujet de l'infinitif (*J'ai fait manger les enfants / je les ai fait manger)* ou complément d'objet direct de l'infinitif (*J'ai fait prévenir les enfants / je les ai fait prévenir*). Dans tous les cas, le participe passé reste invariable.

- **+ infinitif** (avec **ne que**) : *Toute la journée, Nicolas ne fait que jouer.*

> Cette construction exprime la continuité. En français plus recherché, **ne faire que de + infinitif** exprime l'idée de passé proche : *Je ne fais que d'arriver / Je viens d'arriver.*

- **bien / mieux de + infinitif** : *Tu ferais bien de faire attention.*
- **que + indicatif** : *La grève de transport a fait que nous sommes en retard.*
- **quelque chose (moment) que + indicatif** : *Cela fait deux heures que j'attends le bus.*
- **que + subjonctif** : *Faites que tout soit prêt d'ici une heure.*

> **Faire que + indicatif** exprime un résultat, une conséquence ; **faire que + subjonctif** exprime un ordre, un souhait.

FAIRE (SE)

- **quelqu'un / quelque chose de quelqu'un / quelque chose** : *Il s'est fait un ami de son collègue.*

> **Ne t'en fais pas** (français familier) : « Ne te tourmente pas ».

- **à quelque chose** : *Laurent s'est très bien fait à son nouveau travail.*
- **+ infinitif** : *Marc se fait souvent couper les cheveux.*
- **que + subjonctif** : *Comment se fait-il qu'il ne sache pas conduire ?*

Falloir
- **quelque chose à quelqu'un** : *Il me faudrait un bon dictionnaire.*
- **quelque chose pour + infinitif** : *Il faut encore deux mois à Lucie pour finir sa thèse.*
- **+ infinitif** : *Il faut faire attention.*
- **à quelqu'un + infinitif** (recherché) : *Il vous faut faire attention.*
- **que + subjonctif** : *Il faut que vous fassiez attention.*

> Dans la construction **il faut + infinitif**, le sujet de l'infinitif est sous-entendu : *il faut faire attention (il nous / vous faut faire attention, il faut qu'on fasse / que vous fassiez attention).*

Falloir (s'en)
- **de quelque chose** : *Il a été reçu à l'examen mais il s'en est fallu d'un point.*
- **de quelque chose que + subjonctif** : *Il s'en est fallu d'un point qu'il ait échoué.*

Familiariser (se)
- **avec quelque chose** : *Je ne me suis pas encore familiarisé avec les nouvelles technologies.*

Fantasmer
- **sur quelqu'un / quelque chose** : *La jeune femme fantasmait sur cet acteur.*

Fasciner
- **quelqu'un** : *Les films d'amour fascinent la jeune fille.*
- **de + infinitif** [7] : *Cela la fascine de voir les acteurs s'embrasser.*
- **que + subjonctif** : *Cela la fascine que les histoires d'amour finissent toujours bien.*

Fatiguer
- **quelqu'un de avec quelque chose** : *Tu nous fatigues avec tes histoires.*
- **quelqu'un de + infinitif** [7] : *Ça me fatigue de t'écouter.*
- **quelqu'un à + infinitif** : *Tu me fatigues à raconter toujours la même chose.*
- **quelqu'un que + subjonctif.** *Ça me fatigue que tu ne comprennes rien.*

> Si le sujet est un « ça » ou « cela » : **fatiguer de + infinitif**. Sinon : **fatiguer à + infinitif**.

Fatiguer (se)
- **de quelque chose** : *Je ne me fatigue pas de cet auteur.*
- **de + infinitif** : *Je ne me fatigue pas de le lire.*
- **à + infinitif** : *Je ne vais pas me fatiguer à te faire la lecture.*

> **Se fatiguer de** : « se lasser de ». **Se fatiguer à** : « s'épuiser à ».

Faucher
- **quelque chose** : *Autrefois, on fauchait les blés sans machine.*

▸ **quelque chose à quelqu'un** (familier) : *Quelqu'un a fauché à mon fils son téléphone portable.*

On peut aussi **faucher quelqu'un** (sens figuré) : *La voiture a fauché un piéton.*

FAUSSER

▸ **quelque chose à quelqu'un** [8] : *Ses lectures lui ont faussé le jugement.*

Il n'y a pas d'article devant le complément d'objet direct dans certaines expressions comme : **fausser compagnie, fausser politesse à quelqu'un** (quitter sans prévenir).

FAVORISER

▸ **quelqu'un / quelque chose au détriment de quelqu'un / quelque chose** : *La commission a favorisé les candidats bilingues au détriment des autres.*

FEINDRE

▸ **quelque chose** : *Tu le savais déjà. Pourquoi feins-tu l'étonnement ?*
▸ **de + infinitif** : *Il a feint de ne rien savoir.*

FÉLICITER

▸ **quelqu'un de / pour quelque chose** : *J'ai félicité mon frère de (pour) son succès.*
▸ **quelqu'un de + infinitif** [5] : *Je l'ai félicité d'avoir réussi.*

FÉLICITER (SE)

▸ **de quelque chose** : *Je me félicite de la réussite de cette soirée.*
▸ **de + infinitif** : *Je me félicite d'avoir organisé cette soirée.*
▸ **que + subjonctif** : *Je me félicite que la soirée ait été un succès.*

FENDRE

▸ **quelque chose à quelqu'un** [8] : *Une branche lui a fendu la lèvre.*
▸ **quelque chose de + infinitif** [7] : *Ça me fend le cœur de le voir si malade.*
▸ **quelque chose que + subjonctif** : *Cela me fend l'âme qu'il soit si malheureux.*

FENDRE (SE)

▸ **quelque chose** : *Il s'est fendu la lèvre.*
▸ **de quelque chose** (familier) : *Pour l'anniversaire de sa femme, il s'est fendu d'un bijou.*

FERMER

▸ **quelque chose à quelqu'un / quelque chose** : *La mairie a fermé cette rue aux vendeurs ambulants et à la circulation.*

FERMER (SE)

▸ **à quelque chose** : *Le pays s'est fermé à l'immigration.*

FIANCER (SE)

▸ **à / avec quelqu'un** : *Jean-Luc s'est fiancé à (avec) Michèle.*

Les verbes

FICHER
- **quelque chose à quelqu'un** (familier) : *Pierre ne fiche jamais la paix à ses voisins.*

FICHER (SE) (familier)
- **de quelqu'un / de quelque chose** : *Son travail ne l'intéresse pas, il s'en fiche.*

FIER (SE)
- **à quelqu'un / à quelque chose** : *Je me fie à sa parole.*

> Attention à la construction avec le pronom complément : *Je me fie à sa parole* ***(je m'y fie)****, je me fie à mes amis* ***(je me fie à eux)****.*

FIGURER (SE)
- **+ infinitif** [2] : *Claude se figure être le meilleur.*
- **que + indicatif** : *Il se figure qu'il est le meilleur.*

FILER
- **quelqu'un** : *Le détective filait un suspect.*
- **quelque chose** : *Cette machine file la laine.*
- **quelque chose à quelqu'un** (familier) : *Didier a filé deux euros à son petit frère.*
- **quelque part (à, en, dans,...)** : *File dans ta chambre !*

> **Filer quelqu'un** : « suivre ». **Filer quelque chose** : « transformer en fil ». **Filer quelque chose à quelqu'un** : « donner ». **Filer quelque part** : « s'en aller, partir ».

FILTRER
- **quelque chose / quelqu'un** : *À l'entrée de la discothèque, un employé filtre les entrées.*
- **à travers quelque chose** : *La lumière filtre à travers les rideaux.*

FINANCER
- **quelque chose à quelqu'un** [8] : *Ses parents lui ont financé ses études.*

FINIR
- **quelque chose / d'une façon (adverbe)** : *J'ai fini mon livre, il finit mal.*
- **avec / par quelque chose** : *On a fini le repas par un gâteau.*
- **de + infinitif** : *J'ai fini de lire cette grammaire russe.*
- **par + infinitif** : *J'ai fini par comprendre les règles de grammaire du russe.*

> **Finir de** : « terminer » ; **finir par** : « arriver à un résultat ».

FINIR (EN)
- **avec quelqu'un / quelque chose** : *Nous n'en avons pas encore fini avec la pluie.*
- **de + infinitif** : *Il n'en finit plus de pleuvoir.*

FIXER
- **quelque chose à quelqu'un** : *Le dentiste a fixé un rendez-vous à Caroline.*

- **quelque chose sur quelque chose / quelqu'un** : *Elle a fixé son regard sur lui.*

Il est aussi possible **de fixer quelqu'un (du regard)** : « regarder fixement ».

Flanquer
- **quelque chose / quelqu'un de quelque chose / quelqu'un** : *L'artiste a flanqué sa sculpture de deux animaux bizarres.*
- **quelque chose à quelqu'un** (familier) : *Le père a flanqué une claque à son fils.*

Flatter
- **quelqu'un / quelque chose** : *Frédéric flatte son chef, il flatte sa vanité.*
- **de + infinitif** [7] : *Ça le flatte de faire partie de la direction.*
- **que + subjonctif** : *Cela le flatte qu'on l'invite dans la haute société.*

Flatter (se)
- **de quelque chose** : *Cet entrepreneur se flatte de sa réussite.*
- **de + infinitif** : *Il se flatte d'avoir réussi.*
- **que + subjonctif** : *Il se flatte que tout se soit bien passé.*

Fleurir
- **quelque chose de quelque chose** : *Elle a fleuri sa chambre d'un bouquet de roses.*

Foisonner
- **de quelque chose** : *La forêt foisonne de gibier.*

Foncer
- **quelque part (dans, sur,...)** : *La voiture a foncé dans le brouillard.*
- **sur quelqu'un** : *Les adolescentes ont foncé sur le chanteur.*

Fonctionner
- **à quelque chose** : *Le radiateur fonctionne à l'électricité.*

Fonder
- **quelque chose** : *Richelieu a fondé l'Académie française en 1635.*
- **quelque chose sur quelqu'un / quelque chose** : *Il a fondé sa démonstration sur des faits réels.*

Fonder (se)
- **sur quelque chose** : *Le chercheur s'est fondé, dans sa démonstration, sur des exemples précis.*

Fondre
- **quelque chose** : *Pour avoir du caramel, faites fondre du sucre.*
- **sur quelqu'un / quelque chose** : *L'aigle a fondu sur l'agneau.*
- **en quelque chose** : *En apprenant la nouvelle, Rachel a fondu en larmes.*

Fondre sur : « se jeter sur ». **Fondre en larmes / en pleurs** : « se mettre à pleurer ».

FORCER

- **quelqu'un / quelque chose** : *Soyez naturel, ne forcez pas votre nature.*
- **quelque chose à quelqu'un** [8] : *Paul a dû changer d'horaire, son patron lui a forcé la main.*
- **quelqu'un à quelque chose** : *La situation économique a forcé l'entreprise à une restructuration.*
- **sur quelque chose** (familier) : *Le cuisinier de ce restaurant antillais force sur les piments.*
- **quelqu'un à + infinitif** : *La mère a forcé son enfant à ranger sa chambre.*

FORCER (SE)

- **à + infinitif** : *Si tu n'aimes pas ce plat, ne te force pas à le finir.*

FORMALISER (SE)

- **de quelque chose** : *Ne vous formalisez pas de son attitude.*

FORTIFIER

- **quelqu'un / quelque chose** : *Le sport fortifie le corps.*
- **quelqu'un dans quelque chose** : *Les encouragements l'ont fortifié dans sa détermination.*

FOUDROYER

- **quelqu'un / quelque chose** : *L'oiseau s'est posé sur une clôture électrique, ça l'a foudroyé.*
- **quelqu'un de quelque chose** : *Jacques a foudroyé Nicolas du regard.*

FOUILLER

- **quelqu'un / quelque chose** : *À la frontière, les douaniers ont fouillé la voiture.*
- **dans quelque chose** : *C'est toi qui as fouillé dans mes affaires ?*

FOURGUER (familier)

- **quelque chose à quelqu'un** : *Elle a essayé de fourguer à sa copine son vieil ordinateur.*

FOURMILLER

- **de quelque chose** : *Votre devoir fourmille d'erreurs.*

FOURNIR

- **quelque chose à quelqu'un** : *Le concierge de l'hôtel fournit des renseignements aux clients.*
- **quelqu'un / quelque chose en quelque chose** : *Un pêcheur fournit le restaurant en poissons.*

FOURRER

- **quelque chose quelque part (dans, sous)** : *Gabriel a fourré ses livres dans l'armoire.*
- **quelque chose avec / de quelque chose** : *J'ai fourré le gâteau avec de la (de) confiture.*

FOUTRE (familier)

- **quelque chose quelque part (dans, à,...)** : *Luc a foutu ses vieux vêtements à la poubelle.*
- **à quelqu'un** : *Qu'est-ce que ça peut lui foutre ?*
- **de quelque chose** : *Qu'est-ce qu'il va foutre de tous ses vieux vêtements ?*
- **que + subjonctif** : *Qu'est-ce que ça peut foutre qu'il ait jeté ses vêtements ?*

FOUTRE (SE) (familier)

- **de quelqu'un / quelque chose** : *Je me fous complètement de l'opinion du directeur. Je m'en fous. De toutes façons, il se fout de moi et de mes suggestions.*
- **à + infinitif** : *Je ne vais pas me foutre à pleurer pour ça.*
- **de + infinitif** [3] : *Je me fous complètement d'être en désaccord avec toi.*
- **que + subjonctif** : *Je me fous complètement que tu ne sois pas d'accord.*

Se foutre à : « se mettre à ». **Se foutre de** : « se moquer, être indifférent ».

FRACASSER

- **quelque chose à quelqu'un** [8] : *L'adversaire du boxeur lui a fracassé la mâchoire.*

FRACTURER

- **quelque chose à quelqu'un** : *Le coup de poing lui a fracturé une côte.*

FRAGMENTER

- **quelque chose en quelque chose** : *Le propriétaire a fragmenté la maison en appartements.*

FRANCISER

- **quelque chose en quelque chose** : *Andreas a francisé son nom en André.*

FRAPPER

- **quelqu'un / quelque chose** : *Mon neveu frappe sa sœur.*
- **quelqu'un à quelque chose** : *Il l'a frappée au visage.*
- **quelque part (à, sur, contre,...)** : *Tu fais trop de bruit, les voisins frappent contre le mur.*
- **quelqu'un de quelque chose** : *La nouvelle de sa mort m'a frappé de stupeur.*
- **de + infinitif** : *Ça m'a frappé de constater l'immense popularité de cet acteur à l'étranger.*

FRATERNISER

- **avec quelqu'un** : *Il a été condamné pour avoir fraternisé avec l'ennemi.*

FRAUDER

- **quelque chose** : *Ce commerçant fraude le fisc.*
- **sur quelque chose** : *Il fraude aussi sur les prix.*

FREDONNER

- **quelque chose à quelqu'un** : *La mère fredonne une chanson à son enfant pour l'endormir.*

Les verbes

Frémir
- **de quelque chose** : *Ton histoire fait frémir d'horreur.*

Frétiller
- **de quelque chose** : *Le petit Marc sait qu'il va avoir un cadeau, il frétille de joie.*

Frictionner
- **quelque chose à quelqu'un** [8] : *L'élève est tombé, une infirmière lui frictionne le genou.*
- **quelque chose de quelque chose** : *Elle lui frictionne le genou de pommade.*

Friser
- **quelque chose à quelqu'un** [8] : *Le coiffeur lui a frisé les cheveux.*

Frissonner
- **de quelque chose** : *Il est temps de rentrer, je commence à frissonner de froid.*

Frôler
- **quelque chose à quelqu'un** [8] : *Paul a rencontré Sophie dans l'escalier, il lui a frôlé la main.*

Frotter
- **quelque chose à quelqu'un** [8] : *Elle lui frotte les mains avec du savon.*
- **quelque chose de quelque chose** : *Le cuisinier frotte le pain d'ail.*
- **contre quelque chose** : *La roue de la voiture frotte contre le trottoir.*

Frotter (se)
- **quelque chose** : *Tu as une poussière dans l'œil, frotte-toi les yeux.*
- **à quelqu'un / quelque chose** : *Les manifestants se sont frottés aux policiers.*

> **Se frotter à quelqu'un / quelque chose** : « affronter ».

Frustrer
- **quelqu'un de quelque chose** : *On a frustré Henri de sa part d'héritage.*
- **quelqu'un dans quelque chose** : *On l'a frustré dans ses aspirations.*

Fuir
- **quelqu'un / quelque chose** : *Patrick fuit les complications.*
- **devant quelqu'un / quelque chose** : *Il fuit devant le danger.*
- **de quelque chose** : *L'eau fuit du réservoir.*

> **Fuir de quelque chose** : « s'échapper, s'écouler ». **Fuir quelque chose / quelqu'un** : « chercher à éviter ». **Fuir devant quelque chose / quelqu'un** : « se sauver, s'enfuir ».

Fusiller
- **quelqu'un** : *Dans ce pays, on fusille les condamnés à mort.*
- **quelqu'un de quelque chose** : *Elle était furieuse, elle a fusillé son mari du regard.*

FUSIONNER

▸ **avec quelque chose** : *Cette banque allemande veut fusionner avec une banque autrichienne.*

GÂCHER

▸ **quelque chose à quelqu'un** : *Tu nous as gâché la soirée.*

GAGNER

▸ **quelque chose** : *C'est un artiste polonais qui a gagné le premier prix.*
▸ **quelqu'un à quelque chose** : *Il a gagné le jury à sa cause.*
▸ **en quelque chose** : *Son art a gagné en originalité.*
▸ **à + infinitif** : *Ses tableaux gagnent à être connus.*

> **À + infinitif** est parfois transformé en **y** : *Vous n'avez rien à y gagner (vous n'avez rien à gagner à faire cela).* Il est aussi possible, avec cette construction, de trouver **de + infinitif** : *Vous y gagnerez d'avoir une promotion.*

GARANTIR

▸ **quelque chose à quelqu'un** : *Le vendeur a garanti au client une livraison rapide.*
▸ **quelqu'un de / contre quelque chose** : *Ce manteau vous garantira du (contre) le froid.*
▸ **que + indicatif** : *Le vendeur a garanti que c'était de la vraie fourrure.*
▸ **à quelqu'un de + infinitif** : *Le vendeur ne garantit pas aux clients de pouvoir livrer le manteau dans la semaine.*

> L'emploi de l'infinitif est rare et la préposition **de** est parfois omise : *Il a garanti (de) pouvoir livrer le manteau dans la semaine.*

GARDER

▸ **quelqu'un / quelque chose** : *Danièle n'est pas venue garder mes enfants.*
▸ **quelque chose à quelqu'un** : *Je ne lui garde pas rancune.*
▸ **quelque chose de quelqu'un / quelque chose** : *La seule chose que j'ai gardée de mon ancien appartement, c'est ce fauteuil.*
▸ **à + infinitif** : *Nous avons gardé Danièle à dîner.*

GARDER (SE)

▸ **de quelqu'un / quelque chose** : *Garde-toi de ces personnes, elles ne sont pas fiables !*
▸ **de + infinitif** : *Elle s'est bien gardée de téléphoner.*

GARGARISER (SE)

▸ **de / avec quelque chose** : *Arthur aime se gargariser avec des (de mots) qu'il croit anglais.*

GARNIR

▸ **quelque chose avec / de quelque chose** : *Elle a garni sa robe de (avec des) dentelles.*

GÂTER
- **quelqu'un / quelque chose** : *Arrêtez de gâter cet enfant !*
- **quelque chose à quelqu'un** : *La pluie nous a gâté l'excursion.*

GAVER
- **quelqu'un de quelque chose** : *Ne gavez pas cet enfant de sucreries.*
- **quelqu'un avec quelque chose** (familier) : *Tu nous gaves avec tes problèmes.*

GAVER (SE)
- **de quelque chose** : *Le petit garçon n'avait plus faim, il s'était gavé de bonbons toute la matinée.*

GEINDRE
- **de quelque chose** : *Le malade geignait de douleur.*

GÉMIR
- **sur quelque chose** : *Le pauvre homme gémit sur ses malheurs.*

> **Gémir de quelque chose** (plus rare) : *Gémir de douleur.*

GENDARMER (SE)
- **contre quelqu'un** : *L'institutrice s'est gendarmée contre ses élèves.*

GÊNER
- **quelqu'un / quelque chose** : *Les bruits de la rue ont gêné les musiciens.*
- **de + infinitif** [7] : *Cela me gêne de prendre votre voiture pendant tout le week-end.*
- **que + subjonctif** : *Cela me gêne que vous n'ayez pas de place.*

GÊNER (SE)
- **pour quelqu'un** : *Ne vous gênez pas pour moi.*
- **pour + infinitif** : *Je ne me suis pas gêné pour lui dire ce que je pensais de lui.*

> **Ne vous gênez pas !** utilisé sans complément se dit à quelqu'un qui abuse d'une situation. Alors que **Ne vous gênez pas pour moi** signifie « faites comme si je n'étais pas là ».

GÉNÉRALISER
- **quelque chose à quelque chose** : *L'entreprise a généralisé les augmentations de salaires à tout le personnel.*

GERMER
- **dans quelque chose** : *Les graines de blé germent dans la terre.*

> Une idée peut également **germer dans l'esprit**, c'est à dire « naître ».

GÉSIR
- **quelque part (sur, dans, au milieu de,...)** : *La victime gisait au milieu du salon.*

> **Gésir** n'existe que sous la forme du présent et de l'imparfait de l'indicatif, et du participe présent. On le trouve dans l'expression **Ci-gît**... signifiant « ici est enterré... »

Gicler

- **de quelque chose** : *Le sang a giclé du bras du blessé.*
- **sur quelque chose** : *Le sang a giclé sur le mur.*

Glacer

- **quelque chose à quelqu'un** : *Cette histoire terrifiante m'a glacé le sang.*

Glisser

- **quelque chose quelque part (dans, sous,...)** : *Quelqu'un a glissé un mot sous ma porte.*
- **sur quelque chose** : *L'enfant a glissé sur la neige.*
- **vers quelque chose** : *La discussion a glissé vers la querelle.*
- **de quelque chose** : *Le vase lui a glissé des mains.*

> Dans la construction **glisser de quelque chose**, on emploie le pronom complément d'objet indirect : *Le vase a glissé des mains* ***de Paul****; Le vase* ***lui*** *a glissé des mains.*

- **de + infinitif** [5] : *Christian m'a glissé de ne rien dire.*
- **que + indicatif** : *Mon collègue m'a glissé qu'il n'aimait pas la directrice.*

Glisser (se)

- **quelque part (dans, sous,...)** : *Le cambrioleur s'est glissé dans l'appartement.* *Une faute s'est glissée dans ma lettre.*
- **à quelque chose** : *L'équipe néo-zélandaise s'est glissée à la première place du championnat.*

Glorifier (se)

- **de quelque chose** : *Ne vous glorifiez pas trop vite de ce bon résultat.*
- **de + infinitif** [3] : *François s'est glorifié d'avoir obtenu la première place au concours.*
- **que + subjonctif** : *L'entraîneur s'est glorifié que son équipe ait gagné.*

Goberger (se) (familier)

- **de quelque chose** : *Ils se sont gobergés de pâtisseries tout l'après-midi.*

Goinfrer (se)

- **de quelque chose** : *Cet enfant se goinfre de bonbons.*

Gommer

- **quelque chose / quelqu'un de quelque chose** : *Il a gommé tous ses mauvais souvenirs de sa mémoire.*

Gonfler (se)

- **de quelque chose** : *Marie-Claire se gonfle d'orgueil car son mari vient d'être élu maire.*

Gorger

- **quelqu'un de quelque chose** : *Ma grand-mère nous gorgeait toujours de pâtisseries.*

GORGER (SE)
- **de quelque chose** : *Balzac se gorgeait de café pour rester éveillé et écrire.*

GOURER (SE) (familier)
- **de quelque chose** : *Je me suis gouré d'adresse et je n'ai pas retrouvé ta maison.*

GOÛTER
- **quelque chose** : *Goûtez ce fromage.*
- **à quelque chose** : *Goûter à ce fromage.*
- **de quelque chose** : *Goûtez de ce fromage.*

> Les trois constructions ont aujourd'hui le même sens. Mais on peut noter une légère nuance : **goûter à quelque chose** « manger un petit morceau pour apprécier la saveur » et **goûter de quelque chose** « manger pour la première fois ».

GOUTTER
- **de quelque chose** : *L'eau goutte du robinet.*

GRAISSER
- **quelque chose** : *Me mécanicien graisse certaines pièces du moteur.*
- **quelque chose à quelqu'un** : *Il a graissé la patte à plusieurs personnes pour obtenir l'affaire.*

GRANDIR
- **de quelque chose** : *Mon fils a grandi de cinq centimètres en un an.*
- **quelqu'un** : *Cette robe te grandit.*
- **de + infinitif** [7] : *Cela ne l'a pas grandi d'avoir refusé son aide à ses voisins.*

GRATIFIER
- **quelqu'un de quelque chose** : *On l'a gratifié d'une promotion.*

GRATTER
- **quelque chose à quelqu'un** : *Peux-tu me gratter le dos ?*

GRAVER
- **quelque chose quelque part (dans, sur,…)** : *Le bijoutier a gravé la date de notre mariage sur nos alliances.*

GRAVER (SE)
- **dans quelque chose** : *Ce souvenir s'est gravé dans ma mémoire.*

GRAVITER
- **autour de quelque chose** : *La Lune gravite autour de la Terre.*

> Au sens figuré, **graviter autour de quelque chose / quelqu'un** signifie « être dans l'entourage de » : *Des dizaines de personnes gravitent autour de lui.*

GREFFER

- **quelque chose sur quelque chose** : *Le jardinier a greffé une branche de pêcher sur un prunier.*
- **quelque chose à quelqu'un** : *Le chirurgien vient de greffer un cœur à un malade.*

GREFFER (SE)

- **sur quelque chose** : *Il a pris un nouveau crédit qui s'est greffé sur le précédent.*

GRELOTTER

- **de quelque chose** : *Il fait –20°, je grelotte de froid.*

GRIFFER

- **quelque chose à quelqu'un** [8] : *Le chat lui a griffé le bras.*

GRILLER

- **quelque chose** : *Le soleil a grillé la plante que j'avais mise sur le balcon.*
- **de + infinitif** [3] : *Elle grillait de dire la vérité à tout le monde.*

GRIMACER

- **de quelque chose** : *Elle grimace de douleur.*

GRIMER

- **quelqu'un en quelqu'un / quelque chose** : *Les parents ont grimé les enfants en monstres pour Halloween.*

GRIMPER

- **quelque chose** : *J'ai grimpé les escaliers quatre à quatre.*
- **quelque part (à, dans, sur,...)** : *L'alpiniste grimpe au sommet de la montagne.*

GRINCER

- **de quelque chose** : *Quand Pierre dort, il grince des dents.*

GRISER

- **quelqu'un de quelque chose** : *Il a grisé tout le monde de ses belles paroles.*

GRISER (SE)

- **à / avec quelque chose** : *Les invités se sont grisés au punch.*
- **de quelque chose** : *Joël aime se griser de vitesse sur son catamaran.*

GROGNER

- **contre quelqu'un** : *Son père a grogné contre lui en voyant ses mauvaises notes.*
- **que + indicatif** (familier) : *Il a grogné qu'il n'aimait pas la soupe aux choux.*

GROSSIR

- **quelque chose** : *La loupe grossit les caractères du journal.*
- **quelqu'un** : *Je n'aime pas ce pantalon, il me grossit.*
- **de quelque chose** : *Après mon voyage en Italie, j'ai grossi de deux kilos.*

GROUILLER

- **de quelque chose** : *Le samedi, le centre de Paris grouille de touristes.*

GROUILLER (SE) (familier)
- **de + infinitif** : *Grouillez-vous de rentrer, il va pleuvoir.*

GUÉRIR
- **quelqu'un de quelque chose** : *Le Docteur Rey m'a guéri de mes migraines.*

GUÉRIR (SE)
- **de quelque chose** : *Elle s'est guérie de sa timidité.*

GUERROYER
- **contre quelqu'un / quelque chose** : *Les Français ont longtemps guerroyé contre les Anglais.*

GUEULER (familier)
- **quelque chose** : *Il a gueulé un gros mot.*
- **contre quelqu'un / quelque chose** : *Arrête de gueuler contre tout !*
- **de + infinitif** [5] : *Il lui a gueulé de partir.*
- **que + indicatif** : *Il a gueulé que les chambres n'étaient pas rangées.*
- **que + subjonctif** : *Il a gueulé qu'on fasse le ménage dans nos chambres.*

> **Gueuler que + indicatif** exprime une affirmation et **gueuler que + subjonctif** exprime un ordre.

HABILLER
- **quelqu'un** : *Les grands couturiers habillent les célébrités.*
- **quelqu'un en quelqu'un** : *Elle a habillé sa fille en princesse.*

HABILLER (S')
- **en quelqu'un / quelque chose** : *La petite fille aime s'habiller en princesse.*

HABITER
- **quelque chose** : *Ils habitent un bel appartement.*
- **quelqu'un** : *Un sentiment de révolte l'habite depuis longtemps.*

> **Habiter quelque chose** signifie « avoir pour domicile » ; **habiter quelqu'un**, « avoir une émotion, un sentiment en soi ».

- **quelque part (à, en,...)** : *Ils habitent (à) Paris, Éric habite en banlieue et Marie en ville.*

HABITUER
- **quelqu'un à quelque chose** : *Ses parents l'on habitué aux voyages en avion.*
- **quelqu'un à + infinitif** : *Elle a habitué sa fille à participer aux travaux ménagers.*

HABITUER (S')
- **à quelque chose** : *Martine s'est bien habituée à la vie en ville.*
- **à + infinitif** : *T'es-tu habitué à te lever à six heures tous les matins ?*
- **à ce que + subjonctif** : *Je me suis habitué à ce que tu sois toujours en retard.*

On utilise **s'habituer à + infinitif** si le sujet est le même. Si les sujets sont différents, on emploie **s'habituer à ce que + subjonctif.**

HAÏR

- **quelqu'un pour quelque chose** : *Elle le hait pour son infidélité.*
- **quelqu'un de + infinitif** [5] : *Il hait ses parents de lui avoir interdit de sortir.*
- **que + subjonctif** : *Nous haïssons que les enfants mentent.*

Au présent, **haïr** perd son tréma (ï) aux trois premières personnes du singulier.

HARCELER

- **quelqu'un de quelque chose** : *Les avocats l'ont harcelé de questions.*

HARMONISER

- **quelque chose avec quelque chose** : *Elle a harmonisé les couleurs des rideaux avec les meubles de la pièce.*

HASARDER (SE)

- **quelque part (dans, en, sur,...)** : *Les touristes se sont hasardés dans les rues sombres de la ville.*
- **à + infinitif** : *Je me suis hasardé à lui demander s'il avait résolu ses problèmes financiers.*

HÂTER (SE)

- **de + infinitif** [3] : *Nous nous sommes hâtés de partir avant l'orage.*

HAUSSER

- **quelque chose de quelque chose** : *Pouvez-vous hausser la table de quelques centimètres ?*

HÉRISSER (SE)

- **de quelque chose** : *Le chat se hérisse de peur.*
- **de + infinitif** [7] : *Cela me hérisse de l'entendre se vanter ainsi.*
- **que + subjonctif** : *Cela me hérisse qu'il ne soit jamais présent aux réunions.*

Hérisser au sens propre désigne des poils ou des cheveux qui se dressent. Au sens figuré, **cela me hérisse** signifie « cela m'énerve ».

HÉRITER

- **quelque chose de quelqu'un** : *J'ai hérité une belle somme de ma tante.*
- **de quelque chose** : *Charles-Édouard a hérité d'un château.*
- **de quelqu'un** : *Les enfants ont hérité de leurs parents.*

HÉSITER

- **sur / dans quelque chose** : *J'hésite sur le choix de la couleur de la moquette. Ils hésitent dans leurs arguments.*

- **entre quelqu'un / quelque chose et quelqu'un / quelque chose** : *Elle hésite entre un appartement en ville et un pavillon en banlieue.*
- **à + infinitif** : *Tu hésites à lui dire la vérité ?*

HEURTER (SE)

- **à quelque chose** : *L'avocat s'est heurté au silence de l'accusé.*

HISSER (SE)

- **à / sur quelque chose** : *L'étudiant a réussi à se hisser au plus haut niveau. Elle s'est hissée sur la pointe des pieds pour voir la chanteuse.*

HONORER

- **quelqu'un / quelque chose** : *Ce champion a honoré son pays en gagnant la course.*
- **quelqu'un de quelque chose** : *Le président a honoré le champion de ses félicitations.*

HONORER (S')

- **de quelque chose** : *Je m'honore des bons résultats de notre société.*

HORRIFIER

- **quelqu'un** : *Les notes de Jules ont horrifié sa mère.*
- **de + infinitif** [7] : *Cela m'horrifie de prendre l'avion.*
- **que + subjonctif** : *Cela m'a horrifié que cette famille soit expulsée.*

HORRIPILER (familier)

- **quelqu'un** : *Mes fautes d'orthographe horripilent mon professeur.*
- **de + infinitif** [7] : *Cela m'horripile de l'entendre répéter les mêmes arguments.*
- **que + subjonctif** : *Cela m'horripile qu'il répète les mêmes arguments.*

HUMECTER

- **quelque chose** : *Il faut humecter le timbre avant de le coller.*
- **de quelque chose à quelqu'un** [8] : *Elle lui a humecté les lèvres d'eau.*

HUMECTER (S')

- **de quelque chose** : *Les yeux de l'enfant se sont humectés de larmes.*

HUMILIER

- **quelqu'un** : *On l'a humilié en lui retirant ses responsabilités.*
- **de + infinitif** [7] : *Cela m'humilie d'avoir eu la plus mauvaise note de la classe.*
- **que + subjonctif** : *Cela m'a humiliée qu'il m'ait insultée ainsi.*

HURLER

- **de quelque chose** : *Le blessé hurle de douleur.*
- **quelque chose à quelqu'un** : *Les joueurs ont hurlé des insultes à leurs adversaires.*
- **à quelqu'un de + infinitif** [6] : *Il leur a hurlé de venir l'aider.*
- **que + indicatif** : *Le jeune homme a hurlé qu'on l'avait attaqué.*
- **que + subjonctif** : *Il a hurlé qu'on vienne à son secours.*

On emploie **hurler que + subjonctif** quand le verbe indique un ordre, sinon on emploie **hurler + indicatif** : *Il a hurlé **que** le bâtiment **était** en feu.*

IDENTIFIER (S')

- **à / avec quelqu'un** : *Romain s'identifie à son père.*

IGNORER

- **quelque chose** : *J'ignore le nom de mon nouveau voisin.*
- **quelqu'un** : *Alexandre est passé devant moi et il m'a ignoré.*

Ignorer quelque chose : « ne pas savoir quelque chose ». **Ignorer quelqu'un** : « faire comme si on n'avait pas vu quelqu'un ».

- **+ infinitif** [2] : *J'ignorais être le gagnant du concours avant que tu me l'apprennes.*
- **si + indicatif** : *J'ignore si Henri viendra à ma fête d'anniversaire.*
- **que + indicatif** : *J'ignorais que Sandra était suédoise, je croyais qu'elle était danoise.*

Ignorer si s'emploie lorsqu'on ne sait pas si une action se fera ou non. **Ignorer que** s'emploie lorsqu'on n'a pas connaissance d'une action ou un état.

ILLUSTRER

- **quelque chose de / avec quelque chose** : *Le dessinateur a illustré l'histoire de (avec des) dessins originaux.*

ILLUSTRER (S')

- **dans quelque chose** : *Cet acteur s'est illustré dans les comédies dramatiques.*

IMAGINER

- **quelqu'un / quelque chose** : *Imaginez une plage de sable fin et un ciel bleu azur.*
- **quelqu'un / quelque chose + adjectif** : *J'imagine mon futur mari grand et blond.*
- **quelqu'un + infinitif** : *J'imagine bien Joël danser toute la nuit.*
- **+ infinitif** [2] : *Imaginez avoir de nouveau vingt ans.*
- **que + indicatif** : *J'imagine que vous êtes satisfait de cette décision.*

Avec l'impératif, la négation ou l'interrogation, la construction **imaginer que + subjonctif** est possible : *Je n'imagine pas **qu'il puisse** danser toute la nuit.*

IMAGINER (S')

- **quelque chose** : *Imaginez-vous une plage de sable blanc.*
- **+ adjectif** : *Tu t'imagines plus efficace que lui ?*
- **+ infinitif** [2] : *Marc s'imagine être le meilleur.*
- **que + indicatif** : *Vous vous imaginez que je vais faire votre travail ?*

Avec l'impératif, la négation ou l'interrogation, la construction **s'imaginer que + subjonctif** est possible : *Imaginez **que nous soyons** en 2100.*

IMBIBER (S')
- **de quelque chose** : *Après les fortes pluies, le sol s'est imbibé d'eau en quelques secondes.*

IMBRIQUER (S')
- **dans quelque chose** : *La télévision s'imbrique parfaitement dans le meuble.*

IMMISCER (S')
- **dans quelque chose** : *Je n'aime pas les gens qui s'immiscent dans les conversations.*

IMMOLER
- **quelqu'un à quelque chose** : *Ce dictateur a immolé **des milliers de gens** à son ambition.*

IMMOLER (S')
- **par quelque chose** : *Certains s'immolent par le feu en signe de protestation.*

IMMUNISER
- **quelqu'un contre quelque chose** : *Ce vaccin immunisera **les patients** contre la grippe.*

IMPATIENTER
- **quelqu'un** : *Ses questions sont hors sujet et impatientent **tout le monde**.*
- **de + infinitif** [7] : *Cela m'impatiente de devoir l'attendre.*
- **que + subjonctif** : *Cela m'impatiente qu'il ne soit pas encore là.*

IMPATIENTER (S')
- **de quelque chose** : *Nous nous impatientons de son arrivée.*

IMPLANTER
- **quelque chose dans quelque chose** : *La société a implanté **une usine** dans la région.*

IMPLIQUER
- **quelque chose** : *Son choix de déménager implique **beaucoup de sacrifices**.*
- **quelqu'un dans quelque chose** : *Il a impliqué **sa femme** dans ses escroqueries.*
- **que + subjonctif** : *Votre erreur implique que l'on refasse tous les calculs.*

IMPLIQUER (S')
- **dans quelque chose** : *Je me suis beaucoup impliqué dans ce projet.*

IMPLORER
- **quelque chose** : *J'implore **votre compréhension**.*
- **quelqu'un de + infinitif** [6] : *Nicolas a imploré **ses parents** de le laisser partir en vacances avec ses copains.*
- **(pour) que + subjonctif** : *Nicolas a imploré ses parents (pour) qu'ils le laissent partir.*

IMPORTER
- **quelque chose** : *De nombreux pays importent **du pétrole**.*

- **de quelque part** : *On importe du pétrole du Moyen-Orient.*
- **à quelqu'un** : *Vos idées m'importent beaucoup.*
- **de + infinitif** : *Il importe d'être à l'heure.*
- **que + subjonctif** : *Il importe que vous soyez à l'heure.*

Importer a deux sens : « faire entrer une marchandise » et « avoir de l'importance » (dans ce cas, il est impersonnel dans les tournures « **il importe de / que**... » et « **n'importe quand / comment / quoi**... »).

IMPOSER

- **quelque chose à quelqu'un** : *Le professeur nous a imposé le silence.*
- **à quelqu'un de + infinitif** [6] : *Le professeur a imposé aux élèves de se taire.*
- **que + subjonctif** : *Le professeur a imposé que l'on se taise.*

Imposer peut aussi avoir le sens de « soumettre à l'impôt » : *L'État impose les contribuables.* On utilise **de + infinitif** si le complément est sujet de l'infinitif. Sinon, on emploie **que + subjonctif**.

IMPRÉGNER

- **quelque chose** : *Cette odeur de tabac a imprégné mes vêtements.*
- **quelque chose de quelque chose** : *Le docteur a imprégné le coton d'alcool.*

IMPRESSIONNER

- **quelqu'un par quelque chose** : *Le magicien nous a impressionnés par sa rapidité.*
- **de + infinitif** [7] : *Cela m'impressionne de parler en public.*
- **que + subjonctif** : *Cela m'impressionne qu'il ait réussi.*

IMPRIMER

- **quelque chose sur quelque chose** : *Le club de foot a imprimé son logo sur les maillots des joueurs.*
- **que + indicatif** : *Le journal a imprimé que la grève était terminée.*

IMPUTER

- **quelque chose à quelqu'un** : *La police a imputé le vol à des voyous du quartier.*
- **à quelqu'un de + infinitif** : *On lui a imputé d'avoir dérobé l'argent de la caisse.*

INCITER

- **quelqu'un à quelque chose** : *Ses amis l'incitent à la paresse.*
- **quelqu'un à + infinitif** : *On l'a incité à poursuivre ses études.*

INCLINER

- **quelque chose** : *Dans l'avion, on peut incliner le dossier de son siège.*
- **quelqu'un à quelque chose** : *Ses fréquentations nous inclinent à la prudence.*
- **quelqu'un à + infinitif** : *Son attitude nous incline à penser qu'il n'a pas compris.*

Incliner quelque chose : « pencher ». **Incliner quelqu'un à** : « inciter ».

Les verbes

INCLINER (S')

- **devant quelqu'un / quelque chose** : *Le judoka français s'est incliné devant son adversaire.*

INCLURE

- **quelque chose / quelqu'un dans quelque chose** : *J'ai inclus ton nom dans la liste.*

INCOMBER

- **à quelqu'un** : *Ce travail vous incombe, il n'est pas pour moi.*
- **à quelqu'un de + infinitif** [7] : *Il vous incombe d'en informer les salariés.*

INCORPORER

- **quelque chose à quelque chose** : *Incorporez le sucre au beurre fondu.*
- **quelque chose dans quelque chose** : *Vous devriez incorporez cette phrase dans votre texte.*
- **quelqu'un** : *L'armée a incorporé une nouvelle recrue.*

> **Incorporer quelque chose à quelque chose** : « mélanger deux choses pour en obtenir une substance homogène ». **Incorporer quelque chose dans quelque chose** : « faire entrer une chose dans un ensemble ».

INCRIMINER

- **quelqu'un pour quelque chose** : *On a incriminé l'accusé pour vol.*
- **quelqu'un pour + infinitif passé** : *On a incriminé l'accusé pour avoir volé des dizaines de personnes.*

INCRUSTER

- **quelque chose dans quelque chose** : *Le bijoutier a incrusté un diamant dans ma bague.*

> La tournure passive est fréquente : *Ma bague est incrustée de diamants.*

INCRUSTER (S')

- **dans/sous ... quelque chose** : *De la terre s'est incrustée sous ses ongles.*
- **quelque part (chez, dans,...)** : *Le voisin s'est encore incrusté chez nous.*

> **S'incruster dans quelque chose** : « s'insérer avec force dans quelque chose ». **S'incruster quelque part** : pour une personne, « imposer sa présence quelque part ».

INCULPER

- **quelqu'un de quelque chose** : *Le juge l'a inculpé de meurtre.*
- **pour + infinitif (passé)** : *Le juge l'a inculpé pour avoir blanchi de l'argent.*

> La tournure passive est très fréquente : ***Il a été inculpé** pour meurtre.*

INCULQUER

- **quelque chose à quelqu'un** : *Ses parents lui ont inculqué la tolérance.*
- **à quelqu'un que + indicatif** : *Ses parents lui ont inculqué qu'on doit respecter les autres.*

INDEMNISER

- **quelqu'un pour/de quelque chose** : *Son assurance l'a indemnisé pour l'incendie de sa maison.*

INDIGNER (S')

- **contre / de / devant quelque chose** : *Je m'indigne contre votre égoïsme.*
- **contre / devant quelqu'un** : *La population s'indigne devant l'inefficacité de son gouvernement.*
- **de + infinitif** [3] : *Nous nous indignons de ne pas avoir été prévenus.*
- **que + subjonctif** : *Line s'est indignée que son fils ait oublié la fête des mères.*

INDIQUER

- **quelque chose à quelqu'un** : *Mon frère nous a indiqué la réponse.*
- **comment + infinitif** : *Je vous indiquerai comment venir chez moi.*
- **que + indicatif** : *Son changement d'attitude indique qu'il a compris son erreur.*

> Avec la négation, on peut employer la construction **indiquer que + subjonctif** : *Son expression **n'indique pas qu'il soit** mécontent.*

INDISPOSER

- **quelqu'un avec quelque chose** : *Mon voisin de table m'indispose avec sa cigarette.*
- **de + infinitif** [7] : *Cela ne m'indispose pas de rester à côté de quelqu'un qui fume.*
- **que + subjonctif** : *Cela ne m'indispose pas qu'il fume.*

INDUIRE

- **quelque chose (à partir) de quelque chose** : *Pouvez-vous induire la règle (à partir) de ces exemples ?*
- **de quelque chose que + indicatif** : *J'en induis que vous n'avez pas compris.*
- **quelqu'un à + infinitif** : *Son conseiller l'a induit à vendre ses actions.*
- **quelqu'un en quelque chose** : *Le commerçant m'a induit en erreur.*

INFILTRER (S')

- **dans quelque chose** : *L'eau s'est infiltrée dans les murs.*

> Au sens figuré, lorsque le sujet est une personne, **s'infiltrer dans** signifie « parvenir à s'introduire » : *Un policier **s'est infiltré dans** un réseau de trafiquants.*

INFLIGER

- **quelque chose à quelqu'un** : *Le juge a infligé au voleur deux mois de prison.*

INFLUER

- **sur quelque chose** : *La violence à la télévision influe sur le comportement des enfants.*

INFORMER

- **quelqu'un de / sur quelque chose** : *Je vous informe de la venue prochaine du Président. Nous vous informerons sur ces événements en temps nécessaire.*
- **que + indicatif** : *Les syndicats les ont informés que la grève était terminée.*
- **de ce que + indicatif** : *Nous allons vous informer de ce que nous avons décidé.*

INFORMER (S')

- **de quelque chose** : *Je viens m'informer des dernières nouvelles.*
- **si + indicatif** : *Georges s'est informé si nous étions prêts à le suivre.*
- **de ce que + indicatif** : *Nous voudrions nous informer de ce que vous voulez faire.*

INGÉNIER (S')

- **à + infinitif** : *Thierry s'ingénie à contredire ses collègues.*
- **à ce que + subjonctif** : *Le patron s'est ingénié à ce que tout le monde soit présent.*

> La construction **s'ingénier à ce que + subjonctif** ne s'emploie que si les deux sujets sont différents. Sinon, il faut la construction **s'ingénier à + infinitif**.

INGÉRER (S')

- **dans quelque chose** : *Je n'apprécie pas que tu t'ingères dans ma vie privée.*

INITIER

- **quelque chose** : *Ce gouvernement a initié la semaine de 35 heures de travail.*
- **quelqu'un à quelque chose** : *Mon frère m'a initié au parachutisme.*

INITIER (S')

- **à quelque chose** : *Pendant les vacances, je me suis initié à la planche à voile.*

INJECTER

- **quelque chose à quelqu'un** : *L'infirmière a injecté un calmant au malade.*
- **quelque chose dans quelque chose** : *On a injecté de l'argent dans l'entreprise.*

INJECTER (S')

- **de quelque chose** : *Les yeux du meurtrier se sont injectés de sang au moment du crime.*
- **quelque chose dans quelque chose** : *Le malade s'est injecté un sérum dans le sang.*

INNOCENTER

- **quelqu'un** : *La justice a innocenté l'accusé.*
- **quelqu'un de quelque chose** : *On l'a innocenté du délit pour lequel il avait été arrêté.*
- **de + infinitif** : *L'accusé a été innocenté d'avoir commis ce crime.*

INOCULER

- **quelque chose à quelqu'un** : *Un moustique l'a piqué et lui a inoculé un virus.*

> **Inoculer** peut avoir un sens plus abstrait de « transmettre» : *Il lui a inoculé sa passion pour la moto.*

INONDER

- **quelque chose** : *Les fortes pluies ont inondé **la ville**.*
- **quelque chose de quelque chose** : *Ils ont inondé **le marché de nouveaux jeux** électroniques.*

INQUIÉTER

- **quelqu'un** : *Les absences répétées de Paul inquiètent **la directrice** de l'école.*
- **quelqu'un avec quelque chose** : *Tu **m'**inquiètes **avec cette histoire**.*
- **quelqu'un de + infinitif** [7] : *Cela **m'**inquiète **de ne pas avoir reçu** de réponse.*
- **quelqu'un que + subjonctif** : *Cela **m'**inquiète **qu'il ne soit pas arrivé**.*

> Au passif, **être inquiété** signifie « avoir des problèmes avec une autorité » : *Il a été inquiété parce qu'il n'a pas paté ses impôts.*

INQUIÉTER (S')

- **pour quelqu'un** : *Je m'inquiète **pour Stéphane** qui est absent depuis une semaine.*
- **de quelque chose** : *Lucie s'inquiète **des prochains licenciements** dans son entreprise.*
- **de + infinitif** [3] : *Quentin s'inquiétait **de ne pas avoir** de nouvelles de ses amis.*
- **que + subjonctif** : *Je m'inquiète **que tu n'aies pas** encore **reçu** tes résultats.*

INSCRIRE

- **quelqu'un à / dans,... quelque chose** : *Pierre a inscrit **son fils à l'université**.*

INSCRIRE (S')

- **à / dans,... quelque chose** : *Yuriko s'est inscrite **à un club** de karaté.*

INSÉRER

- **quelque chose dans quelque chose** : *J'ai inséré **ma carte dans le distributeur** automatique pour retirer de l'argent.*

INSINUER

- **quelque chose** : *Je n'ai jamais insinué **cela**.*
- **+ infinitif** [2] : *Vous insinuez **avoir reçu** des menaces ?*
- **que + indicatif** : *Est-ce que tu insinues **que je n'ai rien fait** ?*

INSINUER (S')

- **dans quelque chose** : *Ma collègue s'est insinuée **dans ma vie privée**.*

> **S'insinuer dans quelque chose** a le sens de « s'introduire dans quelque chose ».

INSISTER

- **sur quelque chose** : *J'aimerais insister **sur cette question**.*
- **pour + infinitif** : *Mon mari a insisté **pour préparer** le dîner.*
- **pour que + subjonctif** : *Nos amis ont insisté **pour que nous restions** chez eux .*

INSPIRER

- **quelque chose** : *Inspirez **un peu d'air**.*
- **quelqu'un** : *Tes idées **m'**ont bien inspiré.*

▸ **quelque chose à quelqu'un** : *Ce poème a inspiré de la tristesse aux enfants.*

> **« Ne pas inspirer confiance ».** *Cet homme ne m'inspire pas confiance (Je me méfie de lui).* Dans cette construction « confiance » s'emploie sans article.

INSPIRER (S')

▸ **de quelqu'un / quelque chose** : *Dans son roman, l'écrivain s'est inspiré d'un fait réel.*

INSTALLER

▸ **quelque chose** : *Un technicien viendra installer votre ligne téléphonique dans la journée.*

▸ **quelqu'un quelque part (à, en, dans, sur,...)** : *Ils ont installé leur fille dans un joli studio.*

INSTALLER (S')

▸ **quelque part (à, en, chez,...)** : *Julien vient de s'installer chez sa copine.*

INSTRUIRE

▸ **quelque chose** : *Le magistrat qui a instruit ce procès est très célèbre.*

▸ **quelqu'un** : *L'école instruit les enfants.*

▸ **quelqu'un de quelque chose** : *Le directeur les a instruits du nouveau règlement.*

▸ **contre quelqu'un** : *L'avocat a instruit contre l'homme d'affaires.*

> **Instruire quelque chose** et **instruire contre quelqu'un** s'utilisent dans la langue juridique.

INSTRUIRE (S')

▸ **sur, en, dans,... + sujet ou domaine** : *Guy doit s'instruire en culture générale.*

INSUFFLER

▸ **quelque chose à quelqu'un** : *Elle a insufflé son idéologie à ses enfants.*

▸ **quelque chose dans quelque chose** : *Le secouriste a insufflé de l'air dans les poumons du blessé.*

INSULTER

▸ **quelqu'un** : *Serge a perdu son travail car il avait insulté son supérieur.*

▸ **à quelque chose** : *Vos propos insultent à l'honneur de votre famille.*

INSURGER (S')

▸ **contre quelqu'un / quelque chose** : *Les militaires se sont insurgés contre leur supérieur.*

▸ **de + infinitif** [3] : *Le maire s'est insurgé de ne pas avoir été écouté.*

▸ **que + subjonctif** : *Le maire s'est insurgé qu'on ne l'ait pas écouté.*

> Dans la construction **s'insurger que + subjonctif**, « que » a le sens de « parce que » : *Il s'est insurgé parce qu'on ne l'avait pas écouté.*

INTÉGRER
- **quelque chose dans quelque chose** : *Ils ont intégré* ***un nouveau musicien dans le groupe****.*
- **quelque chose** : *Il vient d'intégrer* ***l'E.N.A.*** *(École Nationale d'Administration).*

INTÉGRER (S')
- **quelque part (dans, en,...)** : *Clémentine s'est bien intégrée* ***dans son nouveau lycée****.*

INTENTER
- **quelque chose à quelqu'un** : *Nous avons intenté* ***un procès à cet artisan malhonnête****.*

INTERCALER
- **quelque chose entre / dans quelque chose** : *Le docteur a intercalé* ***mon rendez-vous entre ceux*** *de deux autres patients.*

INTERCÉDER
- **pour / en faveur de quelqu'un** : *Le témoin a intercédé* ***en faveur de l'accusé****.*
- **auprès de quelqu'un pour / en faveur de quelqu'un** : *Les employés ont intercédé* ***auprès du directeur pour leur collègue****.*

INTERDIRE
- **quelque chose à quelqu'un** : *Le règlement interdit* ***l'usage*** *des calculettes* ***aux candidats*** *pendant les examens.*
- **à quelqu'un de + infinitif** [5] : *Le surveillant* ***nous*** *a interdit* ***d'entrer*** *dans cette salle.*
- **que + subjonctif** : *Son père interdit* ***qu'on fasse du bruit*** *pendant qu'il dort.*

INTERDIRE (S')
- **quelque chose** : *Depuis qu'elle est au régime, Denise s'interdit* ***tout dessert****.*
- **de + infinitif** : *Marc s'interdit* ***de regarder*** *la télévision plus d'une heure par jour.*

INTÉRESSER
- **quelqu'un** : *Ce tableau intéresse beaucoup* ***mon mari****, il aimerait l'acheter.*
- **quelqu'un à quelque chose** : *Il a réussi à* ***nous*** *intéresser* ***à sa passion****, les insectes.*
- **quelqu'un de + infinitif** [7] : *Est-ce que cela* ***t'****intéresse* ***de savoir*** *ce qui s'est passé ?*
- **quelqu'un que + subjonctif** : *Est-ce que cela* ***t'****intéresse* ***que je te dise*** *la vérité ?*

INTÉRESSER (S')
- **à quelqu'un / quelque chose** : *Je crois que Julien s'intéresse* ***à Chloé****.*
- **à ce que + indicatif** : *Je m'intéresse* ***à ce que vous dites****.*

> Lorsqu'on utilise un pronom complément :
> S'il s'agit d'une personne, on garde « à » suivi du pronom tonique : *Il s'intéresse à* ***elle*** (à Chloé). S'il s'agit de quelque chose, on emploie le pronom « y » : *Il s'****y*** *intéresse. (à la peinture).*

INTERFÉRER
- **avec quelque chose** : *Son discours a interféré* ***avec le mien****.*

INTERPOSER (S')
- **entre quelqu'un et quelqu'un** : *Je me suis interposé entre les deux personnes qui se battaient.*

INTERPRÉTER
- **quelque chose à quelqu'un** : *Le pianiste nous a interprété **un morceau** de Bach.*

INTERROGER
- **quelqu'un sur quelque chose** : *L'examinateur **m'a** interrogé sur un poème de Baudelaire.*

INTERROGER (S')
- **sur quelque chose** : *Nous nous interrogeons sur son honnêteté.*
- **sur ce que + indicatif** : *Gérard s'interroge sur ce que nous lui avons dit.*

INTERROMPRE
- **quelqu'un / quelque chose** : *Cet individu a interrompu **notre conversation**.*
- **quelqu'un dans quelque chose** : *Tu **m'**as interrompu dans mon travail.*

INTERROMPRE (S')
- **de + infinitif** : *Quand Olivier m'a vu, il s'est interrompu de chanter.*

INTERVENIR
- **dans quelque chose** : *Jean-Louis a peur d'intervenir dans les réunions.*
- **pour + infinitif** : *Je suis intervenu pour signaler une erreur.*
- **pour que + subjonctif** : *Mon cousin est intervenu pour que j'obtienne vite mon visa.*

INTIMER
- **à quelqu'un de + infinitif** : *Le policier **nous** a intimé de sortir de la voiture.*

> Pour renforcer la demande, on peut dire : *Le policier nous a **intimé** l'ordre de sortir.*

INTOXIQUER
- **quelqu'un avec quelque chose** : *Tu vas **nous** intoxiquer avec ton cigare !*

INTRIGUER
- **quelqu'un** : *Cette affaire intrigue **tout le monde**.*
- **de + infinitif** [7] : *Cela m'intrigue de ne pas avoir reçu de nouvelles.*
- **que + subjonctif** : *Cela m'intrigue qu'il n'ait pas encore téléphoné.*
- **pour + infinitif** : *L'espion a intrigué pour avoir des informations secrètes.*
- **pour que + subjonctif** : *Il a intrigué pour qu'on lui délivre des informations secrètes.*

> **Intriguer** a deux sens : *« éveiller la curiosité »* et *« faire des manœuvres secrètes »*.

INTRODUIRE
- **quelque chose dans quelque chose** : *Introduisez **un euro** dans la machine.*
- **quelqu'un quelque part** : *Mon cousin **m'**a introduit dans son cercle d'amis.*
- **quelqu'un auprès de quelqu'un** : *Je vais **vous** introduire auprès de madame Fauré.*

INTRODUIRE (S')

- **quelque part** : *Un cambrioleur s'est introduit chez les voisins.*

INVECTIVER

- **quelqu'un** : *Le clochard invectivait les gens qui ne lui donnaient pas d'argent.*
- **contre quelqu'un / quelque chose** : *Dans son discours, il a invectivé contre la hausse des prix.*

INVESTIR

- **quelque chose (argent) dans quelque chose** : *Régis a investi ses économies dans l'immobilier.*
- **quelque chose** : *Les pigeons ont investi mon jardin.*
- **quelqu'un de quelque chose** : *Ses supérieurs l'ont investi d'une mission dangereuse.*

INVESTIR (S')

- **dans quelque chose** : *Depuis son divorce, Aline s'investit complètement dans son travail.*

INVITER

- **quelqu'un quelque part** : *Mes parents nous ont invités chez eux.*
- **à + quelque chose** : *Cette chaleur invite à la paresse.*
- **quelqu'un à + infinitif** : *Jean-Pierre m'a invitée à boire un verre.*

> **Inviter quelqu'un à + infinitif** peut avoir le sens de « prier quelqu'un de » : *Je **vous** invite à ne **rien dire**.*

IRRITER

- **quelqu'un** : *Ses mots ont irrité la directrice.*
- **de + infinitif** [7] : *Cela m'irrite de devoir lui présenter des excuses.*
- **que + subjonctif** : *Cela m'irrite que tu sois si agressif.*

IRRITER (S')

- **de quelque chose** : *Tu sais, James s'est irrité de tes critiques.*
- **de + infinitif** [3] : *Lucie s'est irritée de ne pas avoir été invitée.*
- **que + subjonctif** : *Marielle* s'est irritée *que l'on n'ait pas gardé* son projet.

ISOLER

- **quelqu'un / quelque chose de quelqu'un / quelque chose** : *Il faut isoler l'animal malade des autres.*

ISOLER (S')

- **quelque part (à, dans,...)** : *L'adolescent s'est isolé dans sa chambre.*
- **pour + infinitif** : *Jacques s'est isolé un instant pour réfléchir.*
- **pour que + subjonctif** : *Fabienne s'est isolée pour que le bruit des enfants ne la gêne pas dans son travail.*

JALONNER

- **quelque chose de quelque chose** : *Pour la course, ils ont jalonné la route de buvettes.*

JAUGER

- **quelqu'un / quelque chose** : *Le directeur a jaugé le nouvel employé en lui posant plusieurs questions.*
- **que + indicatif** : *Il a jaugé que l'ambiance dans cette entreprise n'était pas très bonne.*

JETER

- **quelque chose quelque part (à, dans,...)** : *J'ai jeté mon vieux sac à la poubelle.*
- **quelqu'un dehors** : *Après une grosse dispute, il a jeté sa sœur dehors.*

SE JETER

- **quelque part (à, dans,...)** : *Les enfants se sont jetés dans la piscine.*
- **sur quelqu'un** : *Le voleur s'est jeté sur moi pour me prendre mon sac.*
- **sur quelque chose** : *Le chien s'est jeté sur le morceau de pain que je lui présentais.*

> **Se jeter dans**, « plonger », **se jeter sur** : « se précipiter », **se jeter à** « oser ».

JOINDRE

- **quelque chose à quelque chose** : *Veuillez joindre un chèque de 150 euros à votre dossier d'inscription.*
- **quelqu'un par quelque chose** : *Vous pouvez me joindre par téléphone.*

JOINDRE (SE)

- **à quelqu'un / quelque chose** : *Est-ce que je peux me joindre à vous pour le déjeuner ?*

JONGLER

- **avec quelque chose** : *André jongle avec des balles ou avec des quilles.*

> **Jongler avec les chiffres** : « manier habilement les chiffres ».

JOUER

- **avec quelqu'un / quelque chose** : *L'enfant joue avec un ballon.*
- **à quelque chose** : *On joue au scrabble ?*
- **de quelque chose** : *Max joue du violon et Pierre joue de la flûte. Ils jouent du Mozart.*
- **quelque chose** : *Les musiciens ont joué une sonate de Bach.*
- **quelque chose (argent) sur quelque chose** : *Luc a joué quinze euros sur cette course.*

> **Jouer à quelque chose** s'emploie avec les sports et les jeux. **Jouer de quelque chose** s'emploie avec les instruments de musique ou avec le nom d'un compositeur. **Jouer quelque chose** s'emploie avec les morceaux de musique, les pièces, les films.
> **Jouer avec le feu** : « prendre des risques ».
> **Jouer la comédie, jouer l'innocent,** ... : « prétendre quelque chose ».
> **Jouer le tout pour le tout** : « prendre de gros risques ».

JOUER (SE)

- **de quelque chose / de quelqu'un** : *Ce politicien se joue des critiques.*

> **Se jouer de** : « ne pas se préoccuper de ».
> La tournure passive **se jouer** est fréquente : *Cette pièce **se joue** depuis des années à Paris.*

JOUIR

- **de quelque chose** : *Cet homme d'affaires jouit d'une bonne réputation.*

JUGER

- **quelqu'un / quelque chose** : *Les jurés doivent juger le criminel.*
- **de + quelque chose** : *Le directeur jugera de l'utilité* de cette mesure.
- **+ infinitif** [2] : *L'automobiliste a jugé être dans son bon droit.*
- **que + indicatif** : *Bernard a jugé que nous pouvions rester.*
- **si + indicatif** : *Je vous laisse juger s'il doit rester ou non dans notre équipe.*

> **En juger par quelque chose** : *Si **j'en juge par** votre opinion, ce candidat ne fera pas l'affaire.*

JURER

- **sur quelque chose ou sur quelqu'un** : *Je jure sur l'honneur que c'est vrai.*
- **de + infinitif** [4] : *Tu avais juré de ne rien dire.*
- **que + indicatif** : *Yves a juré qu'il était chez lui ce soir-là.*

> **Ne jurer que par quelqu'un / quelque chose** : *Il ne jure **que par sa femme*** (il a une admiration exclusive pour sa femme).

JURER (SE)

- **de + infinitif** [4] : *Jean-Michel s'est juré de ne jamais recommencer à fumer.*
- **que + indicatif** : *Jean-Michel s'est juré qu'il allait arrêter de fumer.*

JUSTIFIER

- **quelqu'un / quelque chose** : *Cette mauvaise nouvelle justifie son inquiétude.*
- **de quelque chose** : *Ce document justifie de ma nationalité.*
- **ce que + indicatif** : *Vous devez justifier ce que vous avancez.*

JUSTIFIER (SE)

- **de quelque chose** : *Cet étudiant ne s'est pas justifié de ses absences.*
- **de + infinitif** : *M. Léon ne s'est pas justifié d'avoir quitté le pays pendant un an.*

LACÉRER

- **quelque chose avec quelque chose** : *Pris de folie, l'homme a lacéré les rideaux avec un couteau.*
- **quelque chose à quelqu'un** [8] : *Le voyou lui a lacéré le bras.*

LÂCHER

- **quelque chose** : *Lâchez ce couteau, vous allez vous blesser.*

▸ **quelqu'un** : *Depuis ses problèmes avec la justice, beaucoup de ses amis l'ont lâché.*
▸ **que + indicatif** (familier) : *L'employé a lâché qu'il allait quitter son poste.*

> **Lâcher la bride à quelqu'un** : « lui laisser plus de liberté ».
> **Ne pas lâcher quelqu'un d'une semelle** : « le suivre sans cesse ».
> **Lâche-moi les baskets** (familier) : « laisse-moi tranquille ».

LAISSER

▸ **quelqu'un / quelque chose quelque part** : *J'ai laissé mon fils à la garderie ce matin.*
▸ **quelqu'un / quelque chose + infinitif** : *Nous l'avons laissé dormir.*
▸ **quelqu'un / quelque chose + adjectif** : *Laissez-moi tranquille.*
▸ **quelqu'un / quelque chose à quelqu'un** : *Laissez ces jouets aux enfants.*
▸ **+ infinitif** : *Cette grande fenêtre laisse voir la mer.*
▸ **à + infinitif** : *Ton attitude pourrait laisser à penser que tu es fâché.*

> Le participe passé **laissé** suivi de l'infinitif :
> – est invariable si le complément d'objet direct ne fait pas l'action de l'infinitif : ***Les choses** que j'**ai laissé** faire par les enfants.*
> – s'accorde avec le complément d'objet direct si ce complément fait l'action de l'infinitif : *Où sont **les enfants** que j'ai **laissés sortir**.*

LAISSER (SE)

▸ **+ infinitif** : *Le professeur s'est laissé convaincre de rester un an de plus.*

> **Se laisser faire** : « accepter de faire quelque chose sans s'y opposer ».
> Le participe passé **laissé** suivi de l'infinitif s'accorde avec le sujet s'il est aussi celui de l'infinitif : *Elle s'est laissée tomber.* Sinon, il n'y a pas d'accord : *Elle s'est laissé insulter.*

LAMENTER (SE)

▸ **sur quelque chose** : *Arrête de te lamenter sur tes problèmes.*

LANCER

▸ **quelque chose** : *La police va lancer des recherches.*
▸ **quelque chose à quelqu'un** : *Lancez-moi le ballon.*
▸ **quelqu'un sur quelque chose** (familier) : *Il m'a lancé sur un sujet qui ne me plaisait pas.*
▸ **que + indicatif** (familier) : *Il a lancé qu'il s'ennuyait avec nous.*

> **Lancer quelqu'un** *« le faire connaître » : Des artistes connus **lancent** parfois **des jeunes**.*

LANCER (SE)

▸ **à la poursuite de quelqu'un / quelque chose** : *Le policier s'est lancé à la poursuite du voleur.*
▸ **dans quelque chose** : *Arnaud vient de se lancer dans la musique.*

LASSER

- **quelqu'un** : *Tu vas finir par lasser tout le monde avec cette histoire.*
- **de + infinitif** [7] : *Cela me lasse de devoir prendre le métro chaque jour.*
- **quelqu'un que + subjonctif** : *Cela me lasse qu'il ne fasse aucun effort en classe.*

LASSER (SE)

- **de quelqu'un / quelque chose** : *Je me suis lassée de ces conférences sur l'art.*
- **de + infinitif** : *Laurence ne se lasse jamais d'aller au théâtre.*
- **à + infinitif** : *Je me suis lassée à marcher toute la journée avec ces hauts talons.*

> **Se lasser à + infinitif** (« effort pénible ») : *Il s'est **lassé à porter** son gros sac à dos.*
> **Se lasser de + infinitif** (« renoncer à ») : *Je me suis **lassé de faire** des voyages.*

LAVER

- **quelqu'un / quelque chose** : *Peux-tu laver la vaisselle ?*
- **quelqu'un de quelque chose** : *La justice a lavé le suspect de tout soupçon.*

LAVER (SE)

- **quelque chose (partie du corps)** : *Les enfants se sont lavé les mains avant de dîner.*

> **Se laver les mains de quelque chose** : *Je m'en lave les mains.* (« ne pas se sentir responsable »)
> Accord du participe passé **lavé** :
> – s'il n'y a pas de complément d'objet direct, accord avec le sujet : ***Elle s'est lavée.***
> – si le complément d'objet direct est après le verbe, pas d'accord : ***Elle s'est lavé les mains.***
> – si le complément d'objet direct est avant le verbe, accord avec le complément d'objet direct : *Elle se **les** est **lavées** (les mains).*

LÉGUER

- **quelque chose à quelqu'un** : *Ma grand-mère m'a légué ses bijoux.*

LEVER (SE)

- **de quelque chose** : *Cyril s'est levé du canapé pour aller ouvrir la porte.*

LIBÉRER

- **quelqu'un / quelque chose** : *Les rebelles ont libéré le prisonnier.*
- **quelqu'un de quelqu'un / quelque chose** : *On a libéré l'otage de ses ravisseurs.*

LIBÉRER (SE)

- **de quelqu'un / quelque chose** : *Rita s'est enfin libérée de ce travail.*

LICENCIER

- **quelqu'un de quelque chose** : *On l'a licencié de son travail.*

> La construction passive est fréquente : *Il **a été licencié** de son travail.*

LIER

▸ **quelqu'un / quelque chose à quelqu'un / quelque chose** : *La guide a lié un ruban à son bras.*

▸ **quelqu'un avec quelque chose** : *Le bandit a lié la victime avec une corde.*

La construction passive est fréquente : *Nous **sommes liés** par les mêmes passions.*

LIER (SE)

▸ **avec quelqu'un** : *Martial s'est lié avec des Espagnols pendant son voyage à Madrid.*

Se lier d'amitié avec quelqu'un : « devenir amis ».

LIGATURER

▸ **quelque chose à quelqu'un** : *Le médecin lui a ligaturé une artère.*

LIGOTER

▸ **quelqu'un à / sur quelque chose** : *Les ravisseurs ont ligoté l'homme sur sa chaise.*

LIGUER (SE)

▸ **contre quelqu'un / quelque chose** : *Tous se sont ligués contre lui.*

LIMITER

▸ **quelque chose** : *Vous devez limiter votre consommation de sucre.*

▸ **quelqu'un à quelque chose** : *Le docteur m'a limité à un morceau de sucre par jour.*

▸ **quelque chose à quelque chose** : *Nous avons limité le nombre des participants à trois.*

LIMITER (SE)

▸ **à quelque chose** : *Limitez-vous à un verre de vin par jour.*

▸ **à + infinitif** : *Il s'est limité à me dire bonjour.*

LIMOGER

▸ **quelqu'un de quelque chose** : *Le conseil l'a limogé de son poste de directeur.*

LIRE

▸ **quelque chose à quelqu'un** : *La maman a lu une histoire à son fils.*

▸ **quelqu'un (auteur)** : *Elle lit Proust avant de s'endormir.*

▸ **quelque chose dans quelque chose** : *On pouvait lire la satisfaction dans son regard.*

▸ **que + indicatif** : *J'ai lu que le prix de l'essence allait encore augmenter.*

Lire quelque chose sur le visage de quelqu'un : *J'ai lu sur son visage qu'il était furieux.*

LIVRER

▸ **quelque chose à quelqu'un** : *Il faut livrer ces meubles à monsieur Berthier.*

▸ **quelqu'un à quelqu'un** : *Il a livré le bandit à la police.*

Livrer quelqu'un à quelqu'un : « dénoncer ».
Être livré à soi-même (construction passive) : *Ils ne s'occupent pas de leurs enfants qui sont livrés à eux-mêmes.*

LIVRER (SE)

- **quelque chose** : *Les deux boxeurs se sont livré une bataille féroce.*
- **à quelque chose** : *Certains SDF (sans domicile fixe) se livrent parfois à la mendicité.*

LOGER

- **quelque part (à, en, chez,...)** : *Nous logeons chez des amis.*
- **quelque chose quelque part** : *J'ai réussi à loger ma valise sous mon lit.*
- **quelqu'un** : *En ce moment, je loge ma sœur dans la chambre d'amis.*

LOUER

- **quelque chose à quelqu'un** : *L'hôtel peut vous louer une voiture.*
- **quelqu'un de / pour quelque chose** : *Je vous loue pour votre patience.*
- **quelqu'un de / pour + infinitif** : *Le guide nous a loués d'être si attentifs (pour avoir été si attentifs).*

Louer (un logement) est employé dans deux sens contradictoires :
Un propriétaire loue un appartement : Il reçoit l'argent (le loyer) de son locataire qui habite l'appartement.
Un locataire loue un appartement : Il habite un appartement dont il paie le loyer au propriétaire.

LOUER (SE)

- **de quelqu'un / quelque chose** : *Nous nous louons des résultats de notre fils.*
- **de + infinitif (rare)** : *Valentin se loue d'avoir accepté ce poste.*

LUTTER

- **contre quelqu'un / quelque chose** : *Il faut lutter contre la paresse.*
- **pour quelqu'un / quelque chose** : *Nous luttons pour l'égalité des salaires.*
- **pour + infinitif** : *Les salariés luttent pour garder leur emploi.*
- **pour que + subjonctif** : *Je lutte pour que mon fils fasse ses devoirs tous les soirs.*

MACÉRER

- **dans quelque chose** : *Le poisson macère dans du jus de citron.*

MÂCHER

- **quelque chose** : *On n'a pas le droit de mâcher du chewing-gum en classe.*
- **quelque chose à quelqu'un** : *Son assistante lui a mâché tout le travail.*

Ne pas mâcher ses mots : « dire franchement ce que l'on pense ».

MACULER

- **quelque chose de quelque chose** : *Le petit Éric a maculé ses vêtements d'encre.*

MAIGRIR

- **de quelque chose** (poids) : *Depuis qu'elle est au régime, Ève a maigri* ***de trois kilos.***

MAINTENIR

- **quelque chose** : *La police a été appelée pour maintenir* ***l'ordre.***
- **+ infinitif** [2] : *L'enfant maintient* ***avoir dit*** *la vérité.*
- **que + indicatif** : *Je maintiens* ***que vous vous trompez.***
- **ce que + indicatif** : *Je maintiens* ***ce que j'ai dit.***

MAJORER

- **quelque chose de quelque chose** : *Si vous payez en retard, on majore* ***le montant*** *de vos impôts* ***de 10 %.***

MANGER

- **quelque chose** : *Tous les matins, Elsa mange* ***un croissant.***
- **quelqu'un de quelque chose** : *Louis trouve Agathe très belle, il* ***la*** *mange* ***des yeux.***

MANIFESTER

- **quelque chose** : *Les ouvriers manifestent* ***leur mécontentement.***
- **pour / contre quelqu'un / quelque chose** : *On manifeste* ***contre une nouvelle loi.***

MANIFESTER (SE)

- **par quelque chose** : *Cette maladie se manifeste* ***par une forte fièvre.***

MANQUER

- **quelque chose** : *Dépêche-toi, on va manquer* ***le train.***

> **Manquer** peut être un verbe impersonnel et s'emploie quand quelque chose fait défaut : *Il manque une assiette / Une assiette manque.*

- **de quelque chose** : *Calme-toi, tu manques* ***de patience.***
- **à quelque chose** : *Elle n'a pas fait ce qu'elle avait promis, elle a manqué* ***à sa parole.***
- **à quelqu'un** : *Depuis que j'ai déménagé, ma famille et mes amis* ***me*** *manquent.*

> **Manquer à** peut avoir deux sens :
> – avec un pronom : *Ma sœur me manque / elle me manque,* « j'ai envie de la voir ».
> – *Il a gravement manqué à son chef,* « il ne l'a pas respecté ». Pas de pronom possible dans cette construction.

- **de + infinitif** : *La vieille dame a manqué* ***de tomber*** *en descendant de l'autobus.*

> **Ne pas manquer de + infinitif** : *Il n'a pas manqué de me dire que j'avais cinq minutes de retard.*

- **à + infinitif** : *Vincent a manqué* ***à présenter*** *ses excuses.*

> **Manquer à + infinitif** : « ne pas faire ce que l'on devait faire ».

MARCHER
- **quelque part (sur, dans,...)** : *Attention, tu vas marcher **dans une flaque** d'eau.*

> **Faire marcher quelqu'un** : « faire croire quelque chose de faux » : *Il m'a fait marcher en me faisant croire qu'il était fâché.*

MARIER
- **quelqu'un à / avec quelqu'un** : *Le maire a marié **son fils à une jeune Américaine**.*
- **quelque chose** : *Vous pouvez marier **ces deux couleurs**.*

MARIER (SE)
- **à / avec quelqu'un** : *Ma cousine Linda s'est mariée **avec (à) un journaliste**.*

MARINER
- **dans quelque chose** : *Le poisson marine **dans un mélange** appellé la marinade.*

> **Faire mariner quelqu'un** (familier) : « le faire attendre en provocant une certaine impatience ».

MARQUER
- **quelque chose** : *J'ai marqué **les vêtements** qui appartiennent à ma fille.*
- **quelque chose de quelque chose** : *J'ai marqué **cette page d'une croix**.*
- **quelque chose sur quelque chose** : *J'ai marqué **ton nom sur la feuille**.*
- **quelqu'un de quelque chose** : *Ce professeur **nous** a marqués **de sa passion** pour la littérature.*

MARTELER
- **quelque chose** : *Le forgeron martèle **du métal**.*
- **quelque chose de quelque chose** : *Il a martelé **son discours de « n'est-ce pas ? »**.*

MASQUER
- **quelque chose à quelqu'un** : *C'est dommage, les arbres **nous** masquent **la mer**.*

MASSER
- **quelque chose à quelqu'un** [8] : *Pouvez-vous **me** masser **le dos** ?*

MASSER (SE)
- **quelque chose (partie du corps)** : *Il se masse **le pied** car il a mal.*
- **quelque part (à, dans,...)** : *Les manifestants se sont rassemblés en masse, ils se sont massés **devant le ministère**.*

MATÉRIALISER
- **quelque chose par quelque chose** : *On a matérialisé **le chemin par une rangée** de pierres.*

MATÉRIALISER (SE)
- **en / par quelque chose** : *La satisfaction de son directeur s'est matérialisée **par une prime** conséquente.*

Médire
- **de / sur quelqu'un** : *Cette femme médit de (sur) tous ses voisins.*

Méditer
- **quelque chose** : *Le professeur médite un problème.*
- **sur quelque chose** : *Vous méditerez sur cette réflexion.*
- **de + infinitif** : *Mes parents méditent de s'installer en Espagne pour leur retraite.*

Méfier (se)
- **de quelqu'un / quelque chose** : *Méfiez-vous de cette femme, elle est malhonnête.*

Mélanger
- **quelque chose et / avec quelque chose** : *Mélangez les œufs et (avec) le sucre.*

> **Mélanger** peut signifier « se tromper entre plusieurs choses » : *j'ai mélangé vos noms.*

Mêler
- **quelque chose et quelque chose** : *Pour ce match, ils ont mêlé les filles et les garçons.*
- **à / dans quelque chose** : *Je ne veux pas que vous me mêliez à vos histoires.*

Mêler (se)
- **de quelque chose** : *Arthur s'est encore mêlé de notre vie privée.*
- **à quelque chose / quelqu'un** : *Des voyous se sont mêlés aux manifestants.*

Menacer
- **quelqu'un avec quelque chose** : *L'homme l'a menacée avec un couteau.*
- **quelqu'un de quelque chose** : *Ils les ont menacés de mort.*
- **de + infinitif** : *La vieille dame a menacé d'appeler la police.*

Mendier
- **quelque chose à quelqu'un** : *Le vieil homme mendie quelques pièces aux passants.*

Mener
- **quelqu'un quelque part (à, dans, sur,...)** : *Vous devez mener vos parents à la gare.*
- **à quelque chose** : *Votre colère ne vous mènera à rien.*
- **à bien / à mal quelque chose** : *Roger a mené à bien son dernier projet.*

> **Mener** est normalement employé quand il s'agit de personnes, mais peut aussi parfois l'être pour des choses : *mener sa voiture au garage.*

Mentionner
- **quelque chose à quelqu'un** : *Robert nous a mentionné l'adresse du restaurant.*
- **+ infinitif** [2] : *Vincent a mentionné être le seul à connaître la réponse.*
- **que + indicatif** : *Vincent a mentionné qu'il était le seul à connaître la réponse.*

Mentir
- **à quelqu'un / quelque chose** : *Jean-Luc a menti à tous tes amis.*

Méprendre (se)
- **sur quelque chose** : *Ne vous méprenez pas sur mes intentions.*

À s'y méprendre indique que l'on peut confondre : *Ce faux passeport ressemble à s'y méprendre à un vrai.*

Mériter
- **quelque chose** : *Ils ont bien mérité leurs vacances.*
- **de + infinitif** [3] : *L'équipe italienne mérite de gagner.*
- **que + subjonctif** : *Cette région mérite que vous la visitiez.*

Mesurer
- **quelqu'un / quelque chose** : *Je mesure ce meuble pour savoir s'il ira dans ma* cuisine.
- **quelque chose avec quelqu'un** : *J'ai mesuré ma force avec mon frère.*

+ unité de mesure : *Paul mesure 1 m 85.*

Mesurer (se)
- **à quelqu'un / quelque chose** : *Notre équipe va se mesurer à la vôtre.*

Métamorphoser
- **quelqu'un / quelque chose en quelqu'un / quelque chose** : *Elle a métamorphosé son salon en palais oriental.*

Métamorphoser (se)
- **en quelque chose** : *L'affreux crapaud s'est métamorphosé en prince charmant.*

Mettre
- **quelque chose** : *Aujourd'hui, je mets un imperméable car il pleut.*
- **quelque chose à quelqu'un** : *Sa mère lui a mis son manteau.*
- **quelqu'un / quelque chose quelque part (dans, en,...)** : *J'ai mis le vin sur la table.*
- **durée + à / pour + infinitif** : *J'ai mis trente minutes pour aller à l'école.*

Mettre (se)
- **quelque chose** : *La mariée s'est mis un chapeau bizarre.*
- **à quelque chose** : *Allez, mettons-nous au travail.*
- **quelque part** : *Je peux me mettre à côté de toi ?*
- **à + infinitif** : *Le bébé s'est mis à pleurer.*

Se mettre à + infinitif : « commencer à faire quelque chose ».

Meubler
- **quelque chose** : *Personne ne parlait, j'ai dû meubler la conversation.*
- **quelque chose de quelque chose** : *Nous avons meublé la cuisine d'une seule table et de deux chaises.*

MILITER

- **pour / contre quelque chose** : *Ces gens militent* ***contre le nucléaire.***
- **en faveur de quelqu'un / quelque chose** : *Il faut militer* ***en faveur de ceux*** *qui meurent de faim dans le monde.*
- **pour + infinitif** : *Nous militons* ***pour avoir*** *plus de libertés.*
- **pour que + subjonctif** : *Nous militons* ***pour que*** *ces actions* ***ne se reproduisent plus.***

MINER (SE)

- **pour quelque chose** : *Grégoire se mine* ***pour ses ennuis*** *financiers.*

MIRER (SE)

- **dans quelque chose** : *L'animal se mire* ***dans le lac.***

MIROITER

- **faire miroiter quelque chose à quelqu'un** : *Son chef* ***lui*** *a fait miroiter* ***une promotion.***
- **faire miroiter à quelqu'un que + indicatif** : *Il* ***lui*** *a fait miroiter* ***qu'il aurait*** *une promotion.*

MISER

- **quelque chose sur quelqu'un / quelque chose** : *Jean a misé* ***beaucoup d'argent sur ce cheval.***

MITRAILLER

- **quelqu'un / quelque chose** : *Les soldats ont mitraillé* ***la base*** *ennemie.*
- **quelqu'un de quelque chose** : *Ses parents l'ont mitraillé* ***de questions.***

MOBILISER (SE)

- **pour + infinitif** : *Les syndicats se sont mobilisés* ***pour protester*** *contre les licenciements.*
- **pour que + subjonctif** : *Nous nous sommes mobilisés* ***pour que*** *Paul* ***garde*** *son poste.*

MONTER

- **quelque chose** : *Montez* ***ce chemin*** *et vous trouverez la maison.*
- **quelque part (à, dans,...)** : *Charles, ne monte pas* ***sur le mur,*** *tu vas tomber.*

> **Monter en avion, dans une voiture, un train,...**
> **Monter à cheval** : *Nathalie monte très bien à cheval.*

- **quelque chose quelque part** : *Montez* ***votre valise dans la chambre.***

> Aux temps composés, lorsque **monter** est employé seul, on emploie l'auxiliaire **être** (le participe passé s'accorde avec le sujet) : *Elle est montée dans sa chambre.*
> Lorsqu'il y a un complément d'objet direct, on emploie l'auxiliaire **avoir** (le participe passé s'accorde avec le complément d'objet direct si celui-ci est placé devant le verbe) : *Elle a monté sa valise dans sa chambre ; elle l'a montée dans sa chambre (la valise).*

- **de quelque chose** : *La fumée monte* **du premier étage** *jusque en haut de l'immeuble.*
- **quelqu'un contre quelqu'un / quelque chose** : *Il a monté* **son frère contre ses parents***.*
- **+ infinitif** : *Je suis monté* **rendre visite** *à ma voisine du dessus.*

MONTER (SE)
- **contre quelqu'un** : *Je ne sais pas pourquoi il s'est monté* **contre nous***.*
- **à quelque chose (prix)** : La facture se monte **à quatre mille euros**.

MONTRER
- **quelqu'un / quelque chose à quelqu'un** : *Viens, je vais* **te** *montrer* **ma nouvelle voiture***.*
- **que + indicatif** : *Ces chiffres montrent* **que** *notre activité* **est** *en plein essor.*
- **à quelqu'un que / où / comment,... + indicatif** : *Je vais* **te** *montrer* **où j'habite***.*

SE MONTRER
- **+ adjectif** : *L'étudiant s'est montré* **confiant** *après les examens.*

MOQUER (SE)
- **de quelqu'un / quelque chose** : *Avec ce chapeau, tout le monde s'est moqué* **d'elle***.*
- **de ce que + indicatif** : *Je me moque* **de ce qu'il a dit** *sur moi.*
- **de + infinitif** [4] : *Manu se moque* **d'être** *le dernier de la classe.*
- **que + subjonctif** : *Je me moque* **qu'il ait dit** *du mal moi.*

> **Se moquer** peut signifier « tourner quelqu'un en ridicule » *(Les enfants se sont moqués de lui)* ou « ne pas se préoccuper de quelque chose ou de quelqu'un » *(Je me moque de vos critiques).*

MORCELER
- **quelque chose en quelque chose** : *Les propriétaires ont morcelé* **le château en trois appartements***.*

MORDRE
- **quelqu'un / quelque chose** : *Le chien a mordu* **le facteur***.*
- **dans quelque chose** : *Habib a mordu* **dans son sandwich** *avec appétit.*
- **à quelque chose** : *Le poisson a mordu* **à l'appât***.*
- **sur quelque chose** : *L'athlète est disqualifié car il a mordu* **sur la ligne** *en sautant.*

> **Mordre sur la ligne** signifie « toucher la ligne du pied ».
> **Se mordre les doigts de + infinitif** : « regretter » *: Je me suis mordu les doigts de lui avoir tout dit.*

MOTIVER
- **quelqu'un / quelque chose** : *Qu'est-ce qui a motivé* **votre choix** *?*
- **quelqu'un pour que + subjonctif** : *L'entraîneur* **l'***a motivé* **pour qu'il n'abandonne pas** *la course.*

MOURIR

- **de quelque chose** : *Son grand-père est mort de vieillesse.*

> **Mourir de faim, de soif, de peur** (sens figuré) : *Je n'ai rien mangé aujourd'hui, je meurs de faim.*

- **de + infinitif** : *Allez voir cette pièce, vous allez mourir de rire.*

> **Faire quelque chose à mourir** (beaucoup) : *Il l'aime à mourir.*

MUER

- **quelque chose en quelque chose** : *L'inondation a mué l'appartement en piscine.*

MULTIPLIER

- **quelqu'un / quelque chose** : *C'est un vrai don Juan, il multiplie les conquêtes.*
- **(nombre) par (nombre)** : *Si vous multipliez seize par quatre, vous obtenez soixante-quatre.*
- **quelque chose par (nombre)** : *Nous avons multiplié nos gains par deux.*

MUNIR

- **quelqu'un / quelque chose de quelque chose** : *Certains voyageurs munissent leurs valises de cadenas.*

MUNIR (SE)

- **de quelque chose** : *Munissez-vous de votre passeport pour l'enregistrement.*

MURER (SE)

- **dans quelque chose** : *L'accusée s'est murée dans le silence.*
- **quelque part (dans, chez,...)** : *Il s'est muré chez lui pendant une semaine.*

MURMURER

- **quelque chose à quelqu'un** : *Son fiancé lui a murmuré quelque chose à l'oreille.*
- **que + indicatif** : *Le banquier a murmuré qu'il connaissait le coupable du hold-up.*

NAGER

- **quelque chose** : *Ma fille a appris a nagé la brasse.*
- **dans quelque chose** : *Les scouts ont nagé dans les lacs de haute montagne.*

> **Nager contre le courant** : « à l'inverse du mouvement de l'eau ».
> **Nager dans le bonheur** : *Depuis leur mariage, ils nagent dans le bonheur.*

NAÎTRE

- **quelque part (à, dans,...)** : *Greg est né au Canada.*
- **de quelqu'un** : *Il est né d'une mère italienne et d'un père français.*
- **de quelque chose** : *Ce projet de voyage est né d'une conférence sur l'Indonésie.*

Naître de quelqu'un : « être le fils ou la fille de quelqu'un » et **naître de quelque chose** « avoir comme origine ».
Au sens figuré : **faire naître quelque chose** « créer, provoquer » : *L'intervention du ministre a fait naître de nombreuses critiques dans la classe politique.*

NANTIR

- **quelqu'un de quelque chose** : *Le chef du gouvernement a nanti **son frère d'un poste** de secrétaire d'état.*

NAPPER

- **quelque chose de quelque chose** : *Quand le gâteau sera cuit, nappez-**le de chocolat**.*

NARRER

- **quelque chose à quelqu'un** : *Le professeur a narré **cette histoire à ses étudiants**.*
- **que + indicatif** : *Elle a narré **qu'elle avait fait** le tour du monde.*

NATURALISER

- **quelqu'un** : *Un pays peut naturaliser **des étrangers**.*
- **se faire naturaliser + adjectif** : *Andrew **s'est fait naturaliser français**.*

NÉCESSITER

- **quelque chose** : *Votre dictée nécessite **une relecture**.*
- **de + infinitif** [3] : *Votre dictée nécessite **d'être relue**.*
- **que + subjonctif** : *Votre dictée nécessite **que vous la relisiez**.*

NÉGLIGER

- **quelqu'un / quelque chose** : *Charlotte travaille trop, elle néglige **sa vie de famille**.*
- **de + infinitif** : *Mon assistante avait négligé **de me prévenir**.*

NÉGOCIER

- **quelque chose** : *Nous avons bien négocié **le prix** de ce tableau.*
- **pour + infinitif** : *Les clients ont négocié **pour changer** de chambre.*
- **(pour) que + subjonctif** : *Ils ont négocié **(pour) que** le taux d'intérêt **soit moins élevé**.*

NIER

- **quelque chose** : *Paulo a toujours nié **sa participation** au cambriolage.*
- **+ infinitif** [2] : *Il a toujours nié **avoir participé** au cambriolage.*
- **que + indicatif** : *Il nie **qu'elle a volé** mon portefeuille.*
- **que + subjonctif** : *Il nie **qu'elle ait volé** mon portefeuille.*

Nier que + indicatif si l'action est réelle : *Il nie qu'elle n'a rien pris* (on sait qu'elle a pris quelque chose) ;
Nier que + subjonctif si l'action n'est pas vérifiée : *Il nie qu'elle ait pris quelque chose* (on ne sait pas si elle a pris quelque chose).

NOMMER

- **quelqu'un / quelque chose** : *Nos amis ont nommé **leur fils** Nicolas.*

> **Nommer** peut avoir le sens de « donner un surnom, un diminutif » : *Ses amis le nomment Nico.* **Nommer** peut également signifier « désigner officiellement » : *Il a nommé Nicolas (comme) son héritier.*

- **quelqu'un à quelque chose** : *On a nommé mon père au poste de directeur.*

NOTER

- **quelque chose** : *J'ai noté ton adresse.*
- **quelque chose de quelque chose** : *J'ai noté les chiffres importants d'un point rouge.*
- **quelque chose quelque part (dans, sur,...)** : *J'ai noté l'exercice sur le tableau.*
- **que + indicatif** : *J'ai noté que vous étiez absent toute la semaine prochaine.*

NOTIFIER

- **quelque chose à quelqu'un** : *La banque lui a notifié l'acceptation de son prêt.*
- **à quelqu'un de + infinitif** [6] : *Le juge lui a notifié de ne pas quitter la ville.*
- **à quelqu'un que + indicatif** : *La banque leur a notifié qu'elle acceptait leur prêt.*
- **à quelqu'un que + subjonctif** : *le juge lui a notifié qu'il ne quitte pas la ville.*

> Dans la construction **à quelqu'un que + indicatif**, le sujet de **notifier** (La banque) est aussi le sujet du second verbe (acceptait). Dans la construction **à quelqu'un que + subjonctif**, c'est le complément de **notifier** (lui) qui est le sujet de second verbe (quitte).

NOUER

- **quelque chose quelque part (à, sur, autour de,...)** : *Elle a noué un foulard autour de son cou.*

NOURRIR

- **quelqu'un à quelque chose** : *La mère nourrit son enfant au biberon.*

> **Nourrir l'espoir de** : « espérer fortement » : *Il nourrit l'espoir de gagner un jour aux courses.*

NOURRIR (SE)

- **de quelque chose** : *Ma sœur se nourrit seulement de fruits et de légumes.*

NUIRE

- **à quelqu'un / quelque chose** : *Ses tics de langage nuisent à son discours.*

OBÉIR

- **à quelqu'un / quelque chose** : *L'enfant obéit à ses parents.*

OBJECTER

- **quelque chose à quelqu'un** : *On m'a objecté mon manque d'expérience.*
- **à quelqu'un que + indicatif** : *On lui a objecté qu'il n'était pas inscrit sur les listes électorales.*

OBLIGER

- **quelqu'un à + infinitif** : *Le policier l'a obligé à s'arrêter.*

Être obligé à quelqu'un : formel et surtout à l'écrit, signifie « être redevable » : *Je vous serais obligé de me renvoyer mon chèque.*

OBSÉDER

- **quelqu'un** : *L'idée de perdre son argent* ***l'****obsède.*
- **de + infinitif** [7] : *Cela m'obsède* ***de ne pas savoir*** *si j'ai réussi l'examen.*
- **que + subjonctif** : *Cela m'obsède* ***que*** *mon compte bancaire* ***soit toujours vide****.*

OBSERVER

- **quelqu'un / quelque chose** : *Nous avons observé* ***le ciel*** *pour voir des étoiles filantes.*
- **observer que + indicatif** : *Il a observé* ***que*** *l'amour* ***était*** *une chose sérieuse.*

Au sens figuré, on peut faire précéder **observer** de « faire » pour signifier « faire remarquer, attirer l'attention sur quelque chose » :
Faire observer quelque chose à quelqu'un : *Le professeur fait observer les étoiles aux élèves.*
Faire observer à quelqu'un que + indicatif : *Je vous fais observer que j'ai tout fait seul.*

OBSTINER (S')

- **dans quelque chose** : *Il s'obstine* ***dans ses idées*** *réactionnaires.*
- **à + infinitif** : *Il s'obstine* ***à l'appeler*** *alors qu'elle a rompu avec lui.*

OBTEMPÉRER

- **à quelque chose** : *Le motard a obtempéré* ***à l'ordre*** *de la police et s'est arrêté.*

Obtempérer s'utilise dans le contexte de la police ou de la justice.

OBTENIR

- **quelque chose de quelqu'un** : *Les chômeurs peuvent obtenir* ***une aide*** *sociale* ***de l'État****.*
- **de + infinitif** [3] : *Il a obtenu* ***de ne pas travailler*** *le mercredi après-midi.*
- **que + subjonctif** : *J'ai obtenu* ***que*** *mon voisin* ***ne fasse pas*** *de travaux chez lui le week-end.*

OCCASIONNER

- **quelque chose à quelqu'un** : *Ce voyage imprévu* ***nous*** *a occasionné* ***des dépenses****.*

OCCUPER

- **quelque chose** : *Les soldats ennemis occupaient* ***une grande partie*** *du pays.*
- **quelqu'un** : *Nous allons occuper* ***les enfants*** *tout l'après-midi avec ce jeu.*
- **quelqu'un à quelque chose** : *J'ai occupé* ***mon frère à la cuisine****.*
- **quelqu'un à + infinitif** : *Nous avons occupé* ***les enfants à faire*** *des dessins.*
- **quelqu'un de + infinitif** [7] : *Cela* ***m'****occupe* ***de trier*** *ces livres.*

OCCUPER (S')

- **de quelqu'un / quelque chose** : *Ma mère va s'occuper* ***des enfants*** *ce soir.*
- **à + infinitif** : *Depuis sa retraite, René s'occupe* ***à jardiner****.*

Avec la construction **s'occuper de + infinitif**, on emploie le pronom « en » s'il s'agit de choses : *Je m'occupe du paiement / Je m'en occupe.* On emploie **de + moi, toi, lui, elle, nous, vous, eux, elles** lorsqu'il s'agit de personnes : *Je m'occupe du petit Jules / Je m'occupe de lui.*

OCTROYER

- **quelque chose à quelqu'un** : *La banque* ***lui*** *a octroyé* ***un prêt****.*

OFFRIR

- **quelque chose à quelqu'un** : *Son fiancé* ***lui*** *a offert* ***un diamant****.*
- **de + infinitif** [3] : *Mon père a offert* ***de nous aider*** *financièrement.*
- **que + subjonctif** : *Le comte a offert* ***que*** *son chauffeur* ***vienne*** *nous chercher.*

OFFRIR (S')

- **quelque chose** : *Tiens, les voisins se sont offert* ***une nouvelle voiture****.*
- **à quelqu'un** : *De la fenêtre, l'océan s'offrait* ***à nous****.*
- **à + infinitif** : *Mon invité s'est offert* ***à faire*** *la vaisselle.*

OMETTRE

- **quelque chose** : *Vous avez omis* ***un détail****.*
- **de + infinitif** [3] : *J'ai omis* ***de vous remettre*** *un document.*
- **que + indicatif** : *J'ai omis* ***que vous vouliez*** *venir avec nous.*

OPÉRER

- **quelque chose** : *L'entreprise a opéré* ***des changements*** *dans son organisation.*
- **quelqu'un de quelque chose** : *C'est le médecin qui* ***m'****a opéré* ***de l'appendicite****.*

Opérer peut être précédé de « se faire » quand le sujet de la phrase ne fait pas l'action du verbe opérer : **se faire opérer de quelque chose**. *Ma grand-mère s'est fait opérer de la cataracte.*

OPINER

- **de quelque chose** : *Son interlocuteur a opiné* ***de la tête*** *pour lui faire comprendre qu'il était d'accord.*

OPPOSER

- **quelqu'un / quelque chose à quelqu'un / quelque chose** : *L'accusé a opposé* ***un long silence aux questions*** *de l'avocat.*

OPPOSER (S')

- **à quelqu'un / quelque chose** : *Vous vous opposez sans doute* ***à ma demande****.*
- **à ce que + subjonctif** : *Ses parents s'opposent* ***à ce qu'il sorte*** *le soir.*

OPPRESSER

- **quelqu'un** : *La chaleur oppresse* ***les personnes âgées****.*
- **de + infinitif** [7] : *Cela m'oppresse* ***de savoir*** *qu'une tempête va bientôt arriver.*
- **que + subjonctif** : *Cela m'oppresse* ***qu'on ne me dise pas*** *si j'ai réussi l'examen.*

Les verbes

Opter

- **pour quelque chose** : *Finalement, nous avons opté pour des vacances en Corse.*

Ordonner

- **quelque chose** : *Le professeur de yoga a ordonné le silence absolu pour cet exercice.*
- **à quelqu'un de + infinitif** [6] : *Elle lui a ordonné de se taire.*
- **que + subjonctif** : *Elle a ordonné que tout le monde se taise.*

Organiser (s')

- **pour + infinitif** : *Nous nous sommes organisés pour être libre samedi soir.*
- **pour que + subjonctif** : *La secrétaire s'est organisée pour que la salle puisse recevoir cent personnes.*

Orienter

- **quelqu'un quelque part (vers, dans, chez,...)** : *Léo m'a orienté dans la ville.*

Orner

- **quelque chose de quelque chose** : *Nous avons orné la salle de fleurs fraîches.*

Orthographier

- **quelque chose avec quelque chose** : *On a orthographié son nom avec deux « l ».*

Osciller

- **entre quelque chose et quelque chose** : *Son humeur oscille entre colère et désespoir.*

Oser

- **+ infinitif** : *Camille est timide, elle n'ose pas aller parler à la directrice.*

À la forme négative, et un peu plus formelle, on peut omettre « pas » : *Il n'ose pas le lui dire / Il n'ose le lui dire.*

Ôter

- **quelque chose à quelqu'un** : *Est-ce que tu peux m'ôter cette tache sur ma cravate ?*
- **quelque chose de quelque chose** : *J'ai ôté le vieux tapis du salon.*

S'ôter s'emploie en français familier à l'impératif : *Ôte-toi de là !* (Va-t'en !)

Oublier

- **quelqu'un / quelque chose** : *Quelqu'un a oublié son sac dans le métro.*
- **qui / quand / où,... + indicatif** : *J'ai oublié quand mes amis arrivaient à Paris.*
- **de + infinitif** : *J'ai oublié de vous dire quelque chose.*
- **que + indicatif** : *J'ai oublié qu'on était dimanche aujourd'hui.*

Ouïr

- **dire que + indicatif** : *J'ai ouï dire que vous alliez vous marier.*

Ouïr est un verbe ancien qui signifie « entendre » mais on utilise encore l'expression **J'ai ouï dire que**, (J'ai entendu dire que), qui est un peu ironique.

OUVRIR
- **quelque chose** : *Est-ce que je peux ouvrir* **la fenêtre** *?*
- **sur quelque chose** : *La porte de la salle à manger ouvre* **sur un salon** *magnifique.*
- **quelque chose à quelqu'un** : *Ce diplôme va* **lui** *ouvrir* **de nombreuses possibilités***.*

OUVRIR (S')
- **quelque chose** : *Damien s'est ouvert* **la main** *en coupant du pain.*
- **à quelqu'un / quelque chose** : *Pierre s'est ouvert* **à moi** *et m'a confié ses problèmes.*
- **sur quelque chose** : *Notre jardin s'ouvre* **sur une** *immense* **vallée***.*

PACTISER
- **avec quelqu'un / quelque chose** : *Nous avons pactisé* **avec nos ennemis***.*

PÂLIR
- **de quelque chose** : *Jennifer a pâli* **de jalousie** *en voyant mes nouvelles bottes.*

PALLIER
- **quelque chose** : *Les aides internationales ont pallié* **le manque** *de nourriture.*

> On entend (ou on lit souvent) **pallier à** quelque chose. Cette forme est incorrecte.

PANIQUER
- **quelqu'un** : *La vitesse en voiture panique* **ma sœur***.*
- **de + infinitif** [7] : *Cela me panique toujours* **de prendre** *l'avion.*
- **que + subjonctif** : *Cela me panique* **que vous rouliez** *si vite.*

PARAÎTRE
- **+ adjectif à quelqu'un** : *Ce film* **me** *paraît* **intéressant***.*
- **+ infinitif** [1] : *Valérie paraît* **ignorer** *ce que je lui dis.*
- **que + indicatif** : *Il paraît* **que tu vas acheter** *une maison ?*

> **Il paraît que** est une construction impersonnelle (ne s'utilise qu'avec le sujet **il**) et signifie « on dit que ». On peut aussi l'employer avec l'inversion : *Patricia est en ville, paraît-il.*

PARDONNER
- **quelque chose à quelqu'un** : *Je* **lui** *ai pardonné* **son agressivité** *envers moi.*
- **à quelqu'un de + infinitif** : *Je ne* **lui** *pardonnerai jamais* **de m'avoir** *insulté.*
- **ce que + indicatif** : *Je ne lui pardonnerai jamais* **ce qu'il a dit***.*

PARER
- **quelque chose** : *Un boxeur doit savoir parer* **les coups***.*
- **quelqu'un / quelque chose de quelque chose** : *On l'avait parée* **de bijoux** *somptueux.*
- **à quelque chose** : *Avec vos économies, vous pourrez parer* **à tout imprévu***.*

> **Parer** peut avoir le sens de « se protéger » (parer à tout imprévu) et d'« orner, décorer » (parer quelqu'un de bijoux).

Parer au plus pressé (faire en premier les choses les plus urgentes) ; *Je n'ai pas le temps de nettoyer toute la maison, je vais parer au plus pressé en nettoyant la cuisine.*
L'adjectif paré peut être utilisé dans la construction :
Être paré contre quelque chose (protégé) : *Avec ce manteau, vous êtes paré contre le froid.*

PARFUMER

- **quelqu'un / quelque chose de / avec quelque chose** : *J'ai parfumé le riz de (avec du) safran.*

PARIER

- **quelque chose à quelqu'un** : *François m'a parié sa montre en or.*
- **quelque chose sur quelque chose** : *Aux courses, j'ai parié cent euros sur le huit.*
- **à / avec quelqu'un (quelque chose) que + indicatif** : *Estelle a parié cent euros à (avec) son frère qu'elle pouvait marcher sur les mains.*

PARLEMENTER

- **avec quelqu'un** : *Les syndicalistes sont en train de parlementer avec le ministre.*

PARLER

- **de quelqu'un / quelque chose à quelqu'un** : *Yves nous a parlé de sa fiancée.*
- **quelque chose (une langue)** : *Hervé parle (le) grec.*
- **pour quelqu'un** : *Comme il est absent, je vais parler pour Charles.*
- **de + infinitif** : *Sarah parle de retourner aux États-Unis.*

Parler à quelqu'un (dire quelque chose à quelqu'un) : *J'aimerais parler à Monsieur Brun.*
Parler avec quelqu'un (être en discussion avec quelqu'un) : *Chaque matin, je parle avec la gardienne pendant quelques minutes.*
Dans la conversation courante, on ne fait pas toujours la différence entre ces deux constructions.

PARSEMER

- **quelque chose de quelque chose** : *Ils ont parsemé le sol de pétales de roses.*

PARTAGER

- **quelque chose avec quelqu'un** : *Comme je n'avais rien à manger, il a partagé son sandwich avec moi.*
- **quelque chose en quelque chose (nombre)** : *J'ai partagé le gâteau en six parts égales.*

La construction passive **être partagé entre quelque chose et quelque chose** exprime l'hésitation entre deux choses ou deux personnes : *Je suis partagé entre l'envie de partir et celle de rester.*

PARTICIPER

- **à quelque chose** : *Est-ce que vous participerez à la réunion ?*

PARTIR

- **quelque part (à, dans, en,...)** : *Sylvain est parti* ***en Belgique****.*
- **de quelque part (du, de la, des...)** : *Il est parti* ***de Paris*** *à seize heures.*
- **+ infinitif** : *François est parti* ***travailler*** *à l'étranger.*

> **Bien / mal partir** (avoir un départ réussi / raté) : *William vient de trouver un travail très intéressant et bien payé ; il est bien parti dans la vie.*

PARVENIR

- **à quelque chose** : *Après de longues années, le chanteur est parvenu* ***au succès****.*
- **à quelqu'un** : *Ta lettre ne* ***m'****est jamais parvenue.*
- **à + infinitif** : *J'espère que vous parviendrez* ***à*** *le* ***convaincre*** *de reprendre ses études.*

PASSER

- **quelque chose** : *Nous avons passé* ***la frontière*** *franco-suisse.*
- **quelque part (à, dans, en,...)** : *Bruno est passé* ***par Dijon*** *et a acheté de la moutarde.*
- **+ infinitif** : *Tu passeras nous* ***voir*** *quand tu viendras à Paris ?*
- **sur quelque chose** : *Nous passerons* ***sur ces détails****.*
- **de quelque chose à quelque chose** : *Elle est passée* ***de la joie à la colère****.*
- **avant / après quelqu'un / quelque chose** : *Mes enfants passent* ***avant moi****.*
- **pour quelque chose / quelqu'un** : *Marcel passe* ***pour un incompétent*** *devant ses employés.*
- **pour + infinitif** : *Il passe* ***pour être*** *le meilleur pilote de F1 au monde.*

> Dans la plupart des cas, **passer** a un sens de déplacement mais aussi :
> - **Passer de quelque chose à quelque chose** : « changer d'état, d'émotion ».
> - **Passer avant** : « être mis en priorité ».
> - **Passer pour** : « être considéré comme ».
> - **Passer sur** : « ne pas développer, ne pas tenir compte ».
>
> Dans ces cas, **passer** se conjugue aux temps composés avec l'auxiliaire **être** ou **avoir**.

- **quelque chose sur quelque chose** : *Le docteur a passé* ***de la pommade sur ma cheville****.*
- **quelque chose à quelqu'un** : *Pouvez-vous* ***me*** *passer* ***le sel****, s'il vous plaît ?*
- **+ temps à + infinitif** : *J'ai passé* ***une heure à t'attendre*** *dans le froid.*

> Dans d'autres cas, **passer** peut avoir un complément d'objet direct et se conjugue alors aux temps composés avec l'auxiliaire **avoir** : *Il a passé de la pommade.*
> **Passer un coup de fil à quelqu'un** « donner un coup de téléphone à quelqu'un ».
> **Passer quelqu'un à quelqu'un** (au téléphone) : *Pouvez-vous me passer Dominique Durand ?*
> **Passons** : se dit quand l'on veut ignorer quelque chose et que l'on veut passer à autre chose.

PASSER (SE)

- **quelque chose** : *Les journalistes se passent rarement* ***leurs informations****.*
- **de quelqu'un / quelque chose** : *Je ne pourrais pas me passer* ***de ma voiture****.*

Se passer quelque chose « s'échanger » : *Elles se passent leurs coordonnées.*
Se passer de « faire sans » : *Je me passerai de pain s'il n'y en a plus !*

PASSIONNER
- **quelqu'un** : *Le spectacle de marionnettes a passionné **les enfants**.*
- **de + infinitif** [7] : *Cela me passionne **de prendre** des cours de théâtre.*

PASSIONNER (SE)
- **pour quelque chose / pour quelqu'un** : *Mon fils se passionne **pour les dinosaures**.*

PATAUGER
- **dans quelque chose** : *Les enfants aiment patauger **dans les flaques** d'eau.*

PÂTIR
- **de quelque chose** : *La fête a pâti **de la** mauvaise **qualité** du buffet.*

PAYER
- **quelque chose à quelqu'un** : *Philippe a payé **sa dette à son ami**.*
- **quelque chose + prix** : *J'ai payé **ma machine à laver 350 euros**.*

Payer par chèque / par carte / en espèces : *Je paie souvent par carte bleue.*
Payer comptant : « toute la somme en une fois ».

- **pour quelqu'un** : *Tous étaient coupables mais seul un élève a payé **pour les autres**.*

Payer de sa personne (intervenir personnellement) : *Il a beaucoup payé de sa personne dans cette affaire.*
Vous me le paierez ! Tu me le paieras ! se dit pour menacer quelqu'un d'une vengeance.

PAYER (SE)
- **quelque chose** : *Nous nous sommes payé **une** nouvelle **télévision**.*

PÉCHER
- **contre quelque chose** : *Ce policier corrompu a péché **contre** toutes **les règles** morales.*

PÊCHER
- **quelque chose** : *Dans ce lac, Denis a pêché **de gros poissons**.*
- **à quelque chose** : *On peut pêcher **à la ligne, au filet**,…*

PÉDALER
- **dans quelque chose** (familier) : *Patrick n'arrive pas à faire ses comptes, il n'y comprend rien ; bref, il pédale **dans la semoule**.*

PEINER
- **quelqu'un** : *Ce que tu as dit a beaucoup peiné **ta mère**.*
- **à + infinitif** : *Ce vieil homme peine **à monter** les escaliers.*

- **de + infinitif** [7] : *Cela me peine* ***de ne pas pouvoir*** *aller à son mariage.*
- **que + subjonctif** : *Cela me peine* ***que tu ne me fasses pas*** *confiance.*

> **Peiner quelqu'un** : « lui faire de la peine, l'attrister ». **Peiner à** : « avoir de la difficulté à faire quelque chose ».

PEINDRE

- **quelque chose en (couleur)** : *Le peintre a peint* ***les murs*** *du salon* ***en blanc****.*
- **(quelque chose) avec, sur,... quelque chose** : *De Vinci a peint* ***la Joconde sur du bois****.*

PEINTURER / PEINTURLURER

- mêmes constructions que **peindre**.

PÉNALISER

- **quelqu'un pour quelque chose** : *Les services fiscaux* ***l'***on *pénalisé* ***pour son retard*** *de déclaration.*

PENCHER

- **quelque part (sur, à, vers,...)** : *L'arbre penche* ***sur la route****, cela peut être dangereux.*
- **pour (vers) quelque chose** : *Entre les deux voitures, je penche* ***pour la noire****.*

PENCHER (SE)

- **sur quelque chose** : *Nous nous pencherons* ***sur cette question*** *plus tard.*

PENDRE

- **quelqu'un / quelque chose à quelque chose** : *J'ai pendu* ***ma veste au portemanteau****.*
- **quelqu'un / quelque chose par quelque chose** : *Ils* ***l'***ont *pendu* ***par les pieds****.*

PÉNÉTRER (SE)

- **de quelque chose** : *Il faut se pénétrer* ***du texte*** *de la pièce avant de la voir.*

PENSER

- **à quelqu'un / quelque chose** : *Je pense souvent* ***à mes*** *anciens* ***camarades*** *de classe.*
- **à + infinitif** : *Si tu vas faire les courses, pense* ***à acheter*** *du fromage.*
- **de quelqu'un / quelque chose** : *Que pensez-vous* ***de notre*** *nouveau* ***professeur*** *?*
- **de + infinitif** : *Que pensez-vous* ***d'aller*** *en Autriche pour les vacances ?*
- **quelque chose de quelqu'un / quelque chose** : *Je pense* ***du bien de ce film****.*
- **+ infinitif** : *Je pense* ***aller*** *aux États-Unis pour les fêtes de fin d'année.*
- **que + indicatif** : *Je pense* ***que vous avez raison*** *de partir.*

> À la forme négative et à la forme interrogative (construction avec inversion verbe-sujet), on emploie la construction **que + subjonctif** : *Je ne pense pas que ce soit nécessaire. Pensez-vous que ce soit nécessaire ?*
> La construction **+ infinitif** est employée quand le sujet est le même et signifie « avoir l'intention de ». La construction **à + infinitif** signifie « ne pas oublier de » et **de + infinitif** s'emploie surtout pour demander une opinion.

PERCEVOIR

- **quelqu'un / quelque chose** : *Jules perçoit un bon salaire. J'ai perçu un léger bruit.*
- **quelque chose de quelqu'un / quelque chose** : *William a perçu une somme importante de sa compagnie d'assurance.*
- **que + indicatif** : *Je n'avais pas perçu qu'il était si autoritaire*

> **Percevoir** peut avoir le sens de « recevoir » (somme d'argent) ou au sens figuré, « comprendre, entendre » (bruit, idée,...).

PERCHER (SE)

- **sur quelque chose** : *L'oiseau s'est perché sur la plus haute branche de l'arbre.*

PERDRE (SE)

- **quelque part (à, dans,...)** : *La petite fille s'est perdue dans la forêt.*
- **en quelque chose** : *Le président s'est perdu en explications.*

PERFECTIONNER (SE)

- **en (dans) quelque chose** : *Tu devrais lire ce livre pour te perfectionner en littérature.*

PERFORER

- **quelque chose à quelqu'un** [8] : *Une balle lui a perforé les poumons.*

PÉRIR

- **de quelque chose** : *Cet écrivain a péri de mort violente.*

PERMETTRE

- **à quelqu'un de + infinitif** [6] : *Sa mère lui a permis de sortir jusqu'à minuit.*
- **que + subjonctif** : *Vous permettez que je me mette à côté de vous ?*
- **Il est permis de + infinitif** (impersonnel) : *Il est permis de croire qu'il dit la vérité.*

> En français familier, **il** peut devenir **ce** : *C'est permis de...*
> S'il n'y a pas de complément, **ce** est obligatoire : *Ce n'est pas permis.*

PERMETTRE (SE)

- **quelque chose** : *Nous nous sommes permis une petite pause.*
- **de + infinitif** : *Nous nous sommes permis de sortir un instant.*

PERMUTER

- **quelque chose / quelqu'un avec quelque chose / quelqu'un** : *Le médecin a permuté ses gardes avec celles de son collègue.*

PERSÉVÉRER

- **dans quelque chose** : *Vous devez persévérer dans vos efforts.*
- **à + infinitif** : *Le jeune homme dépressif persévère à refuser toute invitation à sortir.*

PERSISTER

- **dans quelque chose** : *Mon frère persiste dans sa colère.*
- **à + infinitif** : *Gilbert persiste à dire qu'il n'a rien fait de mal.*

PERSUADER

- **quelqu'un de quelque chose** : *La candidate **nous** a persuadés **de son honnêteté**.*
- **quelqu'un de + infinitif** [5] : *Les syndicalistes **nous** ont persuadés **de participer** à la grève.*
- **quelqu'un que + indicatif** : *La voleuse a tenté de **nous** persuader **qu'elle était** honnête.*

PERSUADER (SE)

- **de quelque chose** : *Pascal s'est persuadé **de l'utilité** de son projet.*
- **de + infinitif** [4] : *Devant le film d'horreur, il s'est persuadé **de ne pas avoir** peur.*
- **que + indicatif** : *Il s'est persuadé **qu'il était** le seul candidat sérieux.*

PERTURBER

- **quelqu'un** : *Les déclarations du ministre **nous** ont perturbés.*
- **quelqu'un de + infinitif** (7) : *Cela me perturbe **de devoir** lui présenter des excuses.*
- **quelqu'un que + subjonctif** : *Cela le perturbe **que l'on ait critiqué** son travail.*

PESER

- **un poids (grammes, kilos,...)** : *Ce colis pèse **500 grammes**.*
- **quelqu'un / quelque chose** : *Le docteur a pesé **l'enfant**.*
- **sur quelque chose** : *Son discours a pesé **sur le résultat** du vote.*
- **à quelqu'un** : *Ses soucis **lui** pèsent.*
- **à quelqu'un de + infinitif** [7] : *Cela **me** pèse **d'aller** à ce rendez-vous.*
- **à quelqu'un que + subjonctif** : *Cela **me** pèse **que** mes parents **soient fâchés**.*

PESTER

- **contre quelqu'un / quelque chose** : *Il peste **contre les grèves** des transports.*

PÉTER (familier)

- **quelque chose** : *Idiot ! Regarde, tu as pété **mon portable** !*
- **de quelque chose** : *Le papy n'est pas fatigué, au contraire, il pète **de santé**.*
- **quelque chose à quelqu'un** : *Pierre a pété **la gueule à son voisin**.*

> **Péter quelque chose** : « casser ».
> **Péter de santé** : « être en pleine forme, très dynamique ».

PÉTILLER

- **de quelque chose** : *Quand elle pense à son futur mariage, les yeux de Rachel pétillent **de joie**.*

PÉTRIFIER

- **quelqu'un de quelque chose** : *Les photos du crime l'ont pétrifié **d'horreur**.*

PIAFFER

- **de quelque chose** : *L'enfant piaffe **d'impatience** en voyant les cadeaux sous le sapin.*

PICOTER

- **quelque chose à quelqu'un** [8] : *Ce produit ménager **me** picote **les mains**.*

PIGER (familier)

- **quelque chose** : *Je n'ai pas pigé l'explication du prof, et toi ?*
- **à quelque chose** : *Les étudiants n'ont rien pigé à la leçon d'aujourd'hui.*
- **à ce que + indicatif** : *Je n'ai rien pigé à ce que tu as dit.*
- **que + indicatif** : *J'ai pigé qu'il nous cachait quelque chose.*

> **Piger** a le sens de « comprendre ».

PIOCHER

- **quelque chose dans quelque chose** : *Si vous n'avez pas de pique, vous devez piocher une carte dans le tas.*

> **Piocher dans la caisse** : « Voler de l'argent dans une caisse commune ». *La secrétaire a été condamnée car elle piochait dans la caisse depuis des années.*

PIQUER

- **un animal** : *Le chien était très malade, le vétérinaire l'a piqué.*
- **quelque chose à quelqu'un** [8] : *Cette fumée me pique les yeux.*

> **Piquer quelque chose** (familier) : « voler ». **Piquer un animal** : « tuer, achever ».

PIQUER (SE)

- **quelque chose** : *Le jardinier s'est piqué le bras en passant près du rosier.*
- **à quelque chose** : *Finalement, nous nous sommes piqués au jeu.*
- **de + infinitif** : *Mon oncle se pique de connaître le ministre des finances.*

> **Se piquer** au jeu : « prendre goût à un jeu ».
> **Se piquer de + infinitif** : « être fier de ».

PLACER

- **quelqu'un / quelque chose** : *La serveuse nous a placés.*
- **quelqu'un / quelque chose quelque part (à, dans, sur,...)** : *Tu as placé les verres sur la table ?*
- **quelque chose en quelqu'un** : *Il a placé toute sa confiance en moi.*
- **que + indicatif** : *Il a placé qu'il était célibataire.*

> **Placer que + indicatif** : « dire quelque chose à l'intérieur d'un conversation ».

PLAIDER

- **quelque chose** : *L'avocat plaide les circonstances atténuantes pour son client.*
- **pour /contre quelqu'un / quelque chose** : *Il a plaidé contre de nombreux criminels.*

> **Plaider** en la faveur de quelqu'un : « pour quelqu'un ».
> **Plaider** coupable / non coupable « déclarer que l'on est, ou non, coupable ».

PLAINDRE

- **quelqu'un de + infinitif** : *Je plains **Roland d'avoir fait** faillite.*

PLAINDRE (SE)

- **de quelqu'un / quelque chose** : *Les voisins se plaignent **du bruit**.*
- **à quelqu'un** : *Ma sœur s'est plainte **à moi**.*
- **de + infinitif** [4] : *Sylvie se plaint **de ne pas sortir**.*
- **que + indicatif** : *Cet homme s'est plaint **qu'on lui avait volé** son portefeuille.*
- **que + subjonctif** : *Ce chanteur des années quatre-vingts se plaint **qu'on l'ait oublié**.*

> **Se plaindre + indicatif** (déclaration) ; **se plaindre + subjonctif** (sentiment).

PLAIRE

- **à quelqu'un** : *Le nouveau fiancé de Julie a beaucoup plu **à sa mère**.*
- **à quelqu'un de + infinitif** [7] : *Ça **te** plairait **de venir** avec nous en Suède ?*
- **à quelqu'un que + subjonctif** : *Ça **te** plairait **qu'on aille** voir un film ?*

> **Plaire à quelqu'un si + indicatif** est aussi possible (même sens que **plaire à quelqu'un que + subjonctif** et **plaire à quelqu'un de + infinitif**) : *Ça te plairait si on allait voir un film ?*
> *Elle commence à me plaire, celle-là* (familier) : « à m'énerver ».

PLAIRE (SE)

- **quelque part (à, dans,...)** : *Mes amis américains se plaisent beaucoup **à Paris**.*
- **à + infinitif** : *Ludovic se plaît **à faire** des farces à tout le monde.*
- **à quelque chose** : *Cet athlète se plaît **à la compétition**.*

PLAISANTER

- **quelqu'un** : *Ils plaisantaient souvent **leurs collègues**.*
- **de / sur quelqu'un / quelque chose** : *Nous avons plaisanté **sur la politique**.*
- **avec quelqu'un / quelque chose** : *Il ne faut pas plaisanter **avec la santé**.*

PLANCHER (familier)

- **sur quelque chose** : *Arnaud a planché **sur sa rédaction** toute la soirée.*

PLANER

- **sur quelque chose** : *Un doute plane **sur cette décision**.*
- **au-dessus de quelque chose** : *Un aigle planait **au-dessus de nos têtes**.*

PLANTER (SE) (familier)

- **dans quelque chose** : *Regarde, tu t'es planté **dans ton calcul**.*
- **à quelque chose** : *Justine s'est plantée **à son examen** de chimie.*

PLAQUER

- **quelque chose/ quelqu'un quelque part (sur, dans, contre,...)** : *Il l'a plaqué **contre le mur**.*
- **quelque chose de quelque chose** : *Le bijoutier a plaqué **mon bracelet d'or**.*

Plaquer quelqu'un (familier) : *son copain l'a plaquée (il a rompu avec elle).*

PLÂTRER

- **quelque chose à quelqu'un** [8] : *Le médecin m'a plâtré le bras.*

PLEURER

- **quelqu'un / quelque chose** : *Nous pleurons nos grands-parents qui sont décédés.*
- **sur quelqu'un / quelque chose** : *Arrête de pleurer sur tes malheurs.*
- **de quelque chose** : *Je ne sais pas si elle pleure de joie ou de tristesse.*

PLIER

- **quelque chose** : *Notre femme de ménage repasse le linge, elle le plie et le range.*
- **quelqu'un à quelque chose** : *Hervé est autoritaire, il plie ses enfants à sa volonté.*

Plier bagage : « se préparer à quitter un lieu ». *Dans cinq minutes, je plie bagage.*

PLIER (SE)

- **à quelqu'un / quelque chose** : *Je refuse de me plier à vos exigences.*

PLONGER

- **quelque chose dans quelque chose** : *Plongez les légumes dans l'eau bouillante.*

PLONGER (SE)

- **dans quelque chose** : *Carine s'est plongée dans ce roman et ne peut plus le laisser.*

PLOYER

- **sous quelque chose** : *Le sapin ploie sous le poids de la neige.*

POIGNARDER

- **quelqu'un quelque part (dans, en)** : *Il a poignardé la victime en plein cœur.*

POINTER

- **quelque chose vers quelque chose** : *Le professeur a pointé un doigt vers moi.*

POLÉMIQUER

- **sur quelque chose** : *Nous n'allons pas polémiquer sur ce sujet.*

PONCTUER

- **quelque chose de quelque chose** : *Le politicien ponctue toutes ses phrases de « n'est-ce pas ? ».*

PORTER

- **quelqu'un / quelque chose** : *Je ne peux pas porter ce sac, il est trop lourd.*
- **quelque chose à + nombre** : *Le jury a porté la durée de l'examen à deux heures.*
- **quelqu'un à quelque chose** : *Le conseil a porté Henri à la fonction de président.*
- **sur quelque chose** : *Les critiques ont surtout porté sur la faiblesse du scénario.*
- **contre quelque chose** : *En tombant, sa jambe a porté contre la table basse.*
- **à quelque chose** : *La perte de son emploi l'a porté au désespoir.*

- **quelqu'un / quelque chose à + infinitif** : *Ses nouvelles résolutions l'ont porté à mener une vie plus saine.*

> **Porter** signifie généralement « avoir dans ses bras ».
> **Porter quelque chose à + nombre** : « fixer » ; **porter quelqu'un à quelque chose** : « nommer » ; **porter sur quelque chose** : « concerner » ; **porter contre quelque chose** : « heurter » ; **porter à quelque chose** : « mener à ».
> **Porter un bébé** : « être enceinte ».

PORTER (SE)

- **+ nom** : *Le ministre se portera candidat pour les prochaines élections.*
- **+ adjectif** : *Cette année, les pantalons se portent très larges.*
- **sur quelqu'un / quelque chose** : *Les félicitations se sont portées sur lui uniquement.*

POSER

- **quelque chose quelque part (sur, dans, contre,...)** : *Il a posé sa tasse sur la table.*
- **quelque chose à quelqu'un** : *Ses arguments ont posé un problème à son interlocuteur.*
- **+ nombre** : *2 fois 6 égale 12, je pose 2 et je retiens 1.*
- **que + indicatif** : *Posons que le billet d'avion nous coûtera mille euros chacun.*
- **comme quelque chose que + indicatif** : *Posons comme principe que nous n'inviterons que les membres de la famille.*

> **Poser** peut s'utiliser seul et signifie « prendre la pose » pour une photo ou une peinture par exemple : *le modèle a posé pendant plusieurs heures pour que le peintre fasse son portrait.*

POSER (SE)

- **quelque part (sur, dans,...)** : *L'avion s'est posé sur la piste.*
- **comme quelqu'un / quelque chose** : *Il s'est posé comme le chef de la bande.*
- **comme + adjectif** : *Rachel se pose comme compétente dans ce domaine.*

POSTULER

- **quelque chose** : *J'ai postulé un emploi de commercial dans cette entreprise.*
- **à / pour quelque chose** : *De nombreux candidats ont postulé pour (à) ce poste.*

POUDRER

- **quelque chose à quelqu'un** [8] : *La maquilleuse de l'acteur lui a poudré le visage.*

POUFFER

- **de quelque chose** : *Tout le monde pouffait de rire à mesure qu'il parlait.*

POURRIR

- **quelque chose** : *Ne laisse pas ce couteau dans l'eau, cela va pourrir le manche.*
- **quelqu'un de quelque chose** : *Michèle pourrit son enfant de jouets.*

POURSUIVRE

- **quelqu'un / quelque chose** : *Nous poursuivons nos recherches.*

- **quelqu'un de quelque chose** : *L'homme poursuivait* ***la*** *jeune* ***femme de ses assiduités.***
- **devant quelque chose (juridique)** : *On l'a poursuivi* ***devant les tribunaux.***

POURVOIR

- **à quelque chose** : *Richard pourvoit* ***aux besoins*** *de sa famille.*
- **quelqu'un / quelque chose de quelque chose** : *La direction a pourvu* ***les bureaux de climatiseurs.***

> Le participe passé pourvu s'utilise souvent en début de phrase suivi de **que + subjonctif** : *Pourvu qu'il fasse beau ce week-end pour notre pique-nique.*

POURVOIR (SE)

- **de quelque chose** : *Avant le départ, les randonneurs se sont pourvus* ***de provisions.***
- **en quelque chose (juridique)** : *Après une décision négative du tribunal, on peut se pourvoir* ***en cassation.***
- **contre quelque chose (juridique)** : *On peut se pourvoir* ***contre un jugement.***

POUSSER

- **quelqu'un / quelque chose** : *Louis a poussé* ***Marc*** *dans la piscine.*
- **quelqu'un à + infinitif** : *Mon frère* ***m'****a poussé* ***à acheter*** *cette voiture.*
- **quelqu'un dans quelque chose** : *Ses parents* ***l'****on poussé* ***dans ses études.***
- **quelque part (à, vers, jusqu'à,...)** : *Malgré l'heure, nous avons poussé* ***jusqu'au sommet*** *de la montagne.*

> **Pousser** employé seul peut signifier « grandir » : *La plante pousse plus vite depuis que je l'ai mise dehors.*

POUVOIR

- **+ infinitif** : *Notre fils peut maintenant* ***aller*** *seul à l'école.*

> **Y pouvoir :** *Je ne peux pas vous aider, je n'y peux rien.*
> **En pouvoir :** *Je suis très fatigué, je n'en peux plus.*

POUVOIR (SE)

- **que + subjonctif** : *Il se peut* ***que j'aie oublié*** *mes clés chez toi.*

PRÉCÉDER

- **quelqu'un / quelque chose de + durée** : *Le coureur marocain précède* ***le Français d'une minute.***

PRÊCHER

- **quelque chose** : *Devant la multiplication des manifestations, le ministre prêche* ***le retour*** *au calme.*

> **Prêcher quelqu'un** n'existe que dans l'expression **« prêcher un converti »** qui signifie « essayer de convaincre quelqu'un qui est déjà convaincu ».
> **Prêcher pour sa paroisse** : « convaincre quelqu'un pour défendre ses intérêts ».

PRÉCIPITER

- **quelqu'un / quelque chose** : *Quelqu'un a précipité **la victime** dans le ravin.*
- **quelqu'un dans / contre / ... quelque chose** : *La mort de son mari **l'a** précipitée **dans la dépression**.*

> **Précipiter** a le sens de « pousser physiquement » mais aussi « d'accélérer ».

PRÉCIPITER (SE)

- **de quelque part** : *Il s'est précipité **du haut** de la montagne et il est tombé dans le ravin.*
- **sur, vers quelqu'un** : *Quand il m'a vu, Pedro s'est précipité **vers moi**.*
- **dans, sur, vers,... quelque chose** : *Les invités se sont précipités **sur les petits-fours**.*

PRÉCISER

- **quelque chose à quelqu'un** : *Le journaliste a précisé **sa question au champion**.*
- **que + indicatif** : *Le vendeur a précisé **que** la robe **était** en pure soie.*

PRÉCONISER

- **quelque chose** : *Le docteur préconise **du repos**.*
- **de + infinitif** : *Le docteur préconise **de rester** au lit.*

PRÉDESTINER

- **quelqu'un / quelque chose à quelque chose** : *Ses parents **l'**avaient prédestiné **à un** meilleur **avenir**.*

PRÉDIRE

- **quelque chose à quelqu'un** : *La voyante a prédit **de bonnes choses à son client**.*
- **que + indicatif** : *J'avais prédit **qu'ils refuseraient** notre invitation.*

PRÉDISPOSER

- **quelqu'un à quelque chose** : *Ses études ont prédisposé **Marc à un métier** technique.*
- **à + infinitif** : *Ses parents l'avaient prédisposé **à faire** ce type d'études.*

PRÉEXISTER

- **à quelqu'un / quelque chose** : *De nombreux animaux ont préexisté **à l'homme**.*

PRÉFÉRER

- **quelqu'un / quelque chose à quelqu'un / quelque chose** : *Je préfère **le bleu au rouge**.*
- **+ infinitif** [1] : *Cet écrivain préfère **travailler** le soir.*
- **que + subjonctif** : *Je préfère **que tu partes** tout de suite.*
- **+ infinitif + à + infinitif** : *Frédéric préfère **chanter à danser**.*

> **Préférer + infinitif + à + infinitif** devient, en français familier, **préférer + infinitif + que + infinitif** : *Il préfère chanter que danser.*

PRÉFIGURER

- **quelque chose** : *Ses premiers bons résultats préfigurent **sa réussite** à l'examen.*

- **ce que + indicatif** : *La conférence préfigure ce que nous verrons à l'exposition.*

PRÉJUGER
- **(de) quelque chose** : *Il ne faut pas préjuger (de) sa mauvaise note à l'examen.*

> Dans cette construction « de » n'est pas obligatoire mais très fréquent.

PRÉLEVER
- **quelque chose à quelqu'un** : *Le médecin a prélevé de la salive au malade pour faire une analyse.*
- **quelque chose sur quelque chose** : *Chaque mois, la compagnie téléphonique prélève de l'argent sur mon compte bancaire.*

PRÉLUDER
- **à quelque chose** : *Les étudiants préludent à l'examen final par un examen blanc.*

PRÉMUNIR
- **quelqu'un / quelque chose contre quelqu'un / quelque chose** : *Il faut prémunir les personnes âgées contre la grippe.*

PRÉMUNIR (SE)
- **contre quelqu'un / quelque chose** : *Il vaut mieux se prémunir contre la grippe.*

PRENDRE
- **quelqu'un / quelque chose** : *La police a pris le voleur.*
- **quelque chose à quelqu'un** : *On lui a pris son portefeuille.*
- **quelqu'un / quelque chose pour quelqu'un / quelque chose** : *Excusez-moi, je vous ai pris pour ma sœur.*
- **prendre quelque chose à + infinitif** : *J'ai pris (du) plaisir à vous écouter.*

PRENDRE (SE)
- **par quelque chose** : *Les amoureux se sont pris par la main.*
- **pour quelqu'un** : *Ce chef d'état se prend pour le maître du monde.*
- **à + infinitif** : *Charles s'est pris à faire des commentaires désagréables sur mes propos.*

> **S'en prendre à quelqu'un** : *Quand il est en colère, il s'en prend à tout le monde.*
> **S'y prendre bien / mal** : *Tu t'y prends mal, tu ne pourras pas réparer la fuite avec cet outil.*

PRÉOCCUPER (SE)
- **de quelqu'un / quelque chose** : *Les Verts se préoccupent de l'avenir de la planète.*

PRÉPARER
- **quelqu'un / quelque chose** : *Bruno a préparé ses bagages.*
- **quelqu'un à quelque chose** : *Nous avons préparé les enfants au déménagement.*
- **quelque chose à quelqu'un** : *J'ai préparé un thé à la menthe à mes invités.*
- **quelqu'un à + infinitif** : *L'institutrice a préparé ses élèves à poser des questions au maire.*

Préparer (se)

- **quelque chose (impersonnel)** : *Il se prépare une grosse tempête.*
- **à quelque chose** : *Je ne m'étais pas préparé à ces questions.*
- **pour + infinitif** : *Les jeunes filles se préparent pour sortir en boîte.*
- **à + infinitif** : *Je me prépare à sortir.*

> **Se préparer pour + infinitif** indique que « sortir » est le but de « se préparer » ; **se préparer à + infinitif** indique l'imminence de l'action de sortir.

Préposer

- **quelqu'un à quelque chose** : *On a préposé Yvon à la préparation du café.*

Prescrire

- **quelque chose à quelqu'un** : *Le médecin lui a prescrit un sirop contre la toux.*
- **à quelqu'un de + infinitif** [6] : *Le médecin lui a prescrit de rester au lit.*
- **que + subjonctif** : *Le médecin a prescrit qu'on lui fasse des massages.*

Présenter

- **quelqu'un / quelque chose à quelqu'un** : *J'ai présenté mon mari à mes collègues.*

Présenter (se)

- **à / devant quelqu'un** : *En entrant, je me suis présentée à l'audience.*
- **à / pour quelque chose** : *Mélanie s'est présentée pour un poste de vendeuse.*

Préserver

- **quelqu'un / quelque chose de quelque chose /quelqu'un** : *Il faut préserver les enfants de la violence à la télévision.*

Présider

- **quelque chose** : *C'est Jean-François Morin qui présidera la prochaine réunion.*
- **à quelque chose** : *Il préside au bon déroulement de l'assemblée générale.*

> **Présider quelque chose** : « être le président de quelque chose ».
> **Présider à quelque chose** : « veiller à quelque chose ».

Pressentir

- **quelque chose** : *Jean-Louis avait pressenti tous ces problèmes.*
- **quelqu'un pour quelque chose** : *Le metteur en scène a pressenti Juliette pour le rôle.*
- **que + indicatif** : *Il avait pressenti que quelque chose allait se passer.*

Presser

- **quelqu'un / quelque chose** : *Pressez un citron et récupérez le jus.*
- **quelqu'un de quelque chose** : *Les journalistes ont pressé le ministre de questions.*
- **quelqu'un de + infinitif** [3] (recherché) : *Nathalie a pressé Jean de quitter la pièce.*

Présumer

- **quelqu'un + adjectif** : *Le tribunal doit présumer l'accusé innocent pour l'instant.*

- **que + indicatif** : *On présume qu'il est innocent.*
- **de quelque chose** : *J'ai présumé de mes connaissances car je n'ai pas su répondre aux questions.*

PRÉTENDRE
- **que + indicatif** : *Le voisin de palier prétend qu'il n'a vu personne.*
- **+ infinitif** [2] : *Michel prétend être le meilleur élève de la classe.*
- **à quelque chose** : *Lucien prétend à une promotion.*

PRÉTENDRE (SE)
- **quelqu'un (sans article)** : *Patrice n'est encore qu'étudiant et il se prétend écrivain.*
- **+ adjectif** : *Les ouvriers de l'usine se prétendent exploités.*

PRÊTER
- **quelque chose à quelqu'un** : *J'ai prêté cent euros à Romain.*
- **à quelque chose** : *Les chapeaux de ma tante prêtent souvent à la moquerie.*
- **à + infinitif** : *Ses chapeaux prêtent souvent à rire.*

PRÊTER (SE)
- **à quelque chose** : *Anne se prête aisément à la plaisanterie.*

PRÉTEXTER
- **quelque chose** : *Il a prétexté la grève des transports pour ne pas venir à la réunion.*
- **+ infinitif** [2] : *Il a prétexté être malade pour ne pas venir à la réunion.*
- **que + indicatif** : *Il a prétexté qu'il était malade pour ne pas venir à la réunion.*

PRÉVALOIR
- **sur quelqu'un / quelque chose** : *Ma proposition a prévalu sur la sienne.*

PRÉVALOIR (SE)
- **de quelque chose** : *Je n'aime pas ceux qui se prévalent de leur fortune.*

PRÉVENIR
- **quelque chose** : *Cet homme est charmant, il prévient tous mes souhaits.*
- **quelqu'un de quelque chose** : *J'aimerais vous prévenir de mon départ.*
- **que + indicatif** : *Les voisins ont prévenu qu'il allaient faire une fête ce week-end.*

PRÉVOIR
- **quelque chose à quelqu'un** : *On lui a prévu une grande carrière.*
- **de + infinitif** [4] : *J'ai prévu de quitter mon appartement dans trois mois.*
- **que + indicatif** : *Les météorologues prévoient que l'hiver sera froid.*

PRIER
- **quelqu'un / quelque chose** : *On peut prier le ciel, Dieu, Allah,…*
- **pour quelqu'un** : *Je prie pour toi.*
- **quelqu'un de + infinitif** [5] : *Je vous prie de vous asseoir.*
- **pour que + subjonctif** : *Je prie pour que tu réussisses.*

Se faire prier : *Il s'est fait prier pour nous accompagner.*
Je vous en prie : expression pour supplier quelqu'un, ou réponse polie à « merci » « pardon » « excusez-moi »...
Formule utilisée en correspondance : *Nous vous prions de bien vouloir nous retourner ce formulaire rempli.*

Primer

- **sur quelque chose** : *Dans ce livre, les idées priment **sur le style**.*

Priver

- **quelqu'un de quelqu'un / quelque chose** : *Sa mère **l'**a privé **de sorties** pendant une semaine.*

Priver (se)

- **de quelque chose pour + infinitif** : *Ils se privent **de vacances pour pouvoir** acheter leur maison.*
- **de + infinitif (souvent au négatif)** : *Je ne me suis pas privé **de lui** dire ce que je pensais de lui.*

Privilégier

- **quelqu'un / quelque chose à quelqu'un / quelque chose** : *Robert privilégie **sa vie de famille à sa vie professionnelle**.*

Procéder

- **à quelque chose** : *Nous allons procéder **au tirage** au sort.*
- **de quelque chose** : *La technique de ce peintre procède **de l'école** de David.*

Procéder à quelque chose : « effectuer quelque chose ».
Procéder de quelque chose : « provenir de quelque chose ».

Proclamer

- **quelque chose** : *On a proclamé **l'indépendance** de l'Algérie en 1962.*
- **quelqu'un / quelque chose + attribut** : *Les juges ont proclamé **le skieur** suédois **vainqueur**.*
- **quelque chose à quelqu'un** : *L'accusé proclame **son innocence au juge**.*

Procurer

- **quelque chose à quelqu'un** : *Stéphane **m'**a procuré **un stage** dans sa société.*

Prodiguer

- **quelque chose à quelqu'un** : *Denis **m'**a prodigué **de bons conseils**.*

Proférer

- **quelque chose à quelqu'un** : *Le boxeur a proféré **des insultes à son adversaire**.*

Profiter

- **de quelqu'un / quelque chose** : *Nous avons bien profité **de nos vacances**.*

- **de quelque chose pour + infinitif** : *Je profite de cette occasion pour vous remercier.*
- **à quelqu'un** : *Les vacances ont bien profité aux enfants, ils sont prêts pour la rentrée.*

PROGRESSER
- **dans quelque chose** : *La police progresse dans ses recherches.*

PROJETER
- **quelque chose** : *Nous projetons un voyage en Égypte.*
- **quelque chose sur quelqu'un** : *Tu n'aurais pas dû projeter tes problèmes sur moi.*
- **de + infinitif** : *Irène projette de se marier.*

PROLONGER
- **quelque chose de quelque chose (longueur, durée)** : *La préfecture a prolongé ma carte de séjour de six mois.*

PROMETTRE
- **quelque chose à quelqu'un** : *François a promis une surprise à son fils.*
- **de + infinitif** [4] : *Vous avez promis d'être à l'heure.*
- **que + indicatif** : *Damien promet toujours qu'il ne mentira plus.*

PROMETTRE (SE)
- **de quelque chose** [4] : *Ils se sont promis de se revoir très bientôt.*
- **que + indicatif** : *Ils se sont promis qu'ils feraient ce voyage au Chili.*

PROMOUVOIR
- **quelque chose** : *Cette grande marque va bientôt promouvoir un nouveau parfum.*
- **quelqu'un à quelque chose** : *On a promu Pierre-François au poste de directeur.*

PRONONCER (SE)
- **sur quelque chose** : *Le juge ne s'est pas encore prononcé sur sa décision.*
- **pour / contre quelque chose** : *Le ministre s'est prononcé pour la loi antitabac.*
- **pour + infinitif** : *Le conseil constitutionnel s'est prononcé pour refuser cette loi.*

PROPOSER
- **quelque chose à quelqu'un** : *Valentine a proposé une promenade à tout le monde.*
- **de + infinitif** [3] : *Elle a proposé de faire une promenade.*
- **que + subjonctif** : *Je propose que vous relisiez cette lettre plus attentivement.*

PROPOSER (SE)
- **de + infinitif** : *Laurence se propose d'aider les plus démunis.*
- **pour + infinitif** : *Ma sœur s'est gentiment proposée pour faire la vaisselle.*

> **Se proposer de + infinitif** : « avoir l'intention de faire quelque chose ».
> **Se propose pour** : « être volontaire pour faire quelque chose ».

PROSCRIRE
- **quelque chose de quelque chose** : *André a proscrit le sucre de son alimentation.*

PROSTERNER (SE)

- **devant quelqu'un** : *À Lourdes, les fidèles se prosternent* ***devant la statue*** *de la Vierge.*

On peut aussi **se prosterner aux pieds de quelqu'un**.

PROTÉGER

- **quelqu'un / quelque chose de / contre quelqu'un / quelque chose** : *Mets tes lunettes pour protéger* ***tes yeux du (contre) soleil****.*

PROTÉGER (SE)

- **de / contre quelque chose** : *À la montagne, protégez-vous* ***du (contre le) froid****.*

PROTESTER

- **de quelque chose** : *Xavier proteste* ***de son innocence****.*
- **contre quelqu'un / quelque chose** : *Nous protestons* ***contre cette*** *nouvelle* ***loi****.*

PROUVER

- **quelque chose** : *Julien Moreau doit prouver* ***son innocence****.*
- **quelque chose à quelqu'un** : *L'employé* ***nous*** *a prouvé* ***son honnêteté****.*
- **(à quelqu'un) que + indicatif** : *Il* ***(nous)*** *a prouvé* ***qu'il n'avait*** *rien fait.*

PROVENIR

- **de quelque part** : *Ces dattes proviennent* ***du Maroc****.*
- **de quelque chose** : *Le succès de la pièce provient* ***de son originalité****.*

PROVOQUER

- **quelqu'un / quelque chose** : *La tempête a provoqué* ***de*** *nombreux* ***dégâts****.*
- **quelqu'un à + infinitif** : *Cet enfant provoque souvent* ***les autres à se battre****.*

PUER

- **quelque chose** : *Quelqu'un a fumé, le salon pue* ***la cigarette*** *!*
- **de quelque chose** (familier) : *Tu pues* ***des pieds*** *!*

PUISER

- **quelque chose à quelque chose** : *Elle va puiser* ***de l'eau à la fontaine****.*
- **quelque chose dans quelque chose** : *Ce peintre puise* ***son inspiration dans la nature****.*

PUNIR

- **quelque chose** : *Tous les pays ne punissent pas* ***les crimes*** *de la même façon.*
- **quelqu'un de quelque chose** : *On punira sans doute* ***l'accusé d'une*** *lourde* ***peine****.*
- **quelqu'un pour quelque chose** : *Le professeur* ***l'a*** *puni* ***pour son insolence****.*
- **quelqu'un pour + infinitif** : *Sa mère* ***l'a*** *puni* ***pour avoir*** *été insolent.*

PURGER

- **quelqu'un / quelque chose** : *Il a purgé* ***sa peine*** *de prison et il est libre maintenant.*
- **quelque chose de quelque chose /quelqu'un** : *On a purgé* ***la ville des trafiquants****.*

QUALIFIER
- **quelqu'un / quelque chose de quelque chose** : *On a qualifié ses recherches de travail d'amateur.*
- **quelqu'un / quelque chose de + adjectif** : *Pierre a qualifié son assistante d'unique.*

QUALIFIER (SE)
- **pour quelque chose** : *L'athlète s'est qualifié pour les jeux olympiques.*

QUÉMANDER
- **quelque chose à quelqu'un** : *Un mendiant m'a quémandé un euro.*

QUERELLER (SE)
- **avec quelqu'un** : *Marie s'est encore querellée avec sa sœur.*

QUESTIONNER
- **quelqu'un sur quelque chose** : *On l'a questionné sur ses activités professionnelles.*

QUITTER
- **quelqu'un / quelque chose pour quelqu'un / quelque chose** : *Les Martin ont quitté Paris pour la province.*
- **quelqu'un / quelque chose pour + infinitif** : *Ils ont quitté la ville pour aller vivre à la campagne.*

RABATTRE
- **quelque chose** : *Veuillez rabattre votre tablette pour l'atterrissage.*
- **une somme sur quelque chose** : *Le marchand a rabattu dix euros sur le prix de la veste.*

RABATTRE (SE)
- **sur quelqu'un / quelque chose** : *Le restaurant étant fermé, nous nous sommes rabattus sur le bar du coin.*

RACCORDER
- **quelque chose à quelque chose** : *On a raccordé la route à l'autoroute.*
- **quelque chose avec quelque chose** : *On a raccordé les deux tubes avec du sparadrap.*

RACCROCHER (SE)
- **à quelqu'un / quelque chose** : *N'ayant plus d'amis, il se raccroche à sa famille.*

RACHETER
- **quelque chose à quelqu'un** : *Mon frère m'a racheté mon vieil ordinateur.*

RACONTER
- **quelque chose à quelqu'un** : *J'ai raconté mes vacances à Paul.*
- **+ infinitif** [2] : *Mylène a raconté n'être jamais allée dans cette ville.*
- **(à quelqu'un) que + indicatif** : *Il a raconté (à Julie) qu'il avait rencontré quelqu'un.*

RADIER
- **quelqu'un / quelque chose de quelque chose** : *La mairie a radié Franck des listes électorales car il a déménagé dans une autre ville.*

RADIOGRAPHIER
- **quelque chose à quelqu'un** [8] : *Le médecin lui a radiographié la jambe.*

RAFFOLER
- **de quelqu'un / quelque chose** : *Nous raffolons des macarons aux framboises.*

RAFRAÎCHIR
- **quelque chose à quelqu'un** : *Je vais vous rafraîchir la mémoire.*

RAGER
- **de + infinitif** [3] : *Louise rage d'avoir oublié son sac dans le train.*

RAJEUNIR
- **quelqu'un / quelque chose** : *Ces vêtements rajeunissent ma grand-mère.*
- **de + temps** : *Après son opération de chirurgie esthétique, elle a rajeuni de dix ans.*

RALLIER (SE)
- **à quelque chose** : *Après quelques hésitations, Hugues s'est rallié à notre cause.*

RAMENER
- **quelqu'un quelque part (à, chez,...)** : *Pouvez-vous me ramenez chez moi ?*
- **quelqu'un à quelque chose** : *Le président a ramené tout le monde au calme.*

RAMENER (SE)
- **à quelque chose** : *En fait, votre dispute se ramène à un simple malentendu.*
- **à + infinitif** : *Ces discussions se ramènent à licencier plusieurs employés.*

RAMIFIER (SE)
- **en quelque chose** : *Le fleuve se ramifie en plusieurs rivières.*

RAPIÉCER
- **quelque chose à quelqu'un** : *Sa sœur lui a rapiécé son pantalon.*

RAPPELER
- **quelqu'un** : *Je vous rappellerai demain.*
- **quelqu'un à quelque chose** : *Ils ont rappelé les manifestants à la raison.*
- **quelque chose à quelqu'un** : *Je te rappelle ta promesse.*
- **à quelqu'un de + infinitif** [6] : *Rappelle-moi de lui téléphoner.*
- **à quelqu'un que + indicatif** : *J'ai rappelé à Sophie qu'elle devait être à l'heure.*

RAPPELER (SE)
- **quelqu'un / quelque chose** : *Je ne me rappelle pas cette personne.*
- **à quelqu'un / quelque chose** : *Monsieur Prunier s'est rappelé à nous.*
- **+ infinitif** [2] : *Je me rappelle avoir dîné chez eux.*
- **que + indicatif** : *Je ne me rappelle pas que tu m'avais prêté 50 euros.*

RAPPORTER

- **quelque chose à quelqu'un** : *Le chauffeur de taxi **m'**a rapporté **mon parapluie**.*
- **quelque chose à quelque chose** : *Si l'on rapporte **le salaire** de Romain **à celui** de son collègue, il y a une grande différence.*
- **(à quelqu'un) que + indicatif** : *Le porte-parole a rapporté **(aux journalistes) que** le ministre **était souffrant**.*

RAPPORTER (SE)

- **à quelque chose** : *Ces articles se rapportent tous **à la loi** antitabac.*

> **S'en rapporter à quelqu'un pour quelque chose** : *Je m'en rapporte à vous pour le choix du restaurant.*

RAPPROCHER

- **quelque chose de quelque chose** : *J'ai rapproché **la chaise de la table**.*
- **quelqu'un (plusieurs personnes)** : *Les événements ont rapproché **les habitants**.*
- **quelqu'un de quelqu'un** : *Le sport a rapproché **Rémi de ses camarades**.*

RAPPROCHER (SE)

- **de quelqu'un / quelque chose** : *Rapproche-toi **de Léo**, je vais prendre une photo.*

RASSASIER

- **quelqu'un de quelque chose** : *Ta grand-mère **nous** a rassasiés **de gâteaux**.*

RASSASIER (SE)

- **de quelque chose** : *Je me suis rassasié **de petits fours**.*

RASSURER

- **quelqu'un** : *Mes parents **nous** ont téléphoné pour nous rassurer.*
- **(quelqu'un) de + infinitif (7)** : *Cela **(me)** rassure **de le savoir** guéri.*
- **(quelqu'un) que + subjonctif** : *Cela **(me)** rassure **qu'il soit** guéri.*

RATTACHER (SE)

- **à quelque chose** : *Mon fils aime tout ce qui se rattache **à la préhistoire**.*

RATTRAPER (SE)

- **à quelqu'un / quelque chose** : *Il a failli tomber dans le bus, il s'est rattrapé **à un** autre **voyageur**.*

RAVIR

- **quelqu'un** : *Votre invitation **nous** ravit.*
- **quelque chose à quelqu'un** : *Pendant le cambriolage, on **lui** a ravi **tous ses bijoux**.*
- **quelqu'un de + infinitif (7)** : *Cela **nous** a ravis **de le voir** en bonne santé.*
- **quelqu'un que + subjonctif** : *Cela **nous** a ravis **qu'il soit** guéri.*

> **Ravir quelqu'un** : « plaire à quelqu'un ».
> **Ravir quelque chose à quelqu'un** : « voler quelque chose à quelqu'un ».
> **À ravir** : « très bien ». Ce manteau vous va à ravir.

RAVITAILLER
- **quelqu'un en quelque chose** : *J'étais en panne et le garagiste est venu **me** ravitailler **en carburant**.*

RAYER
- **quelque chose** : *L'automobiliste a rayé **sa voiture** en passant trop près d'un mur.*
- **quelqu'un / quelque chose de quelque chose** : *Le baron a rayé **son neveu de la liste** de ses héritiers.*

RAYONNER
- **de quelque chose** : *Le visage de la mariée rayonne **de bonheur**.*

RÉAGIR
- **à quelque chose** : *Personne n'a réagi **à ma proposition**.*
- **contre quelque chose** : *Le ministre a réagi **contre les critiques** des jeunes.*
- **sur quelque chose** : *Les problèmes psychologiques réagissent parfois **sur l'organisme**.*

REBELLER (SE)
- **contre quelqu'un / quelque chose** : *L'adolescent s'est rebellé **contre ses parents**.*

REBIFFER (SE)
- **contre quelqu'un / quelque chose** : *L'élève s'est rebiffé **contre le surveillant**.*

RECALER
- **quelqu'un à quelque chose** : *On **l'**a encore recalé **à l'examen** du code de la route.*

> La construction passive est plus fréquente : *Il a été recalé à l'examen du code de la route.*

RÉCAPITULER
- **quelque chose à quelqu'un** : *Il a récapitulé **à ses adjoints les** différents **points** du projet.*

RECEVOIR
- **quelqu'un / quelque chose** : *J'ai bien reçu **votre lettre**.*
- **quelque chose de quelqu'un / quelque chose** : *Il a reçu **des compliments du jury**.*

RÉCHAPPER
- **de quelque chose** : *Beaucoup de gens ont réchappé **de l'ouragan**.*

RÉCHAUFFER
- **quelque chose à quelqu'un** [8] : *Vos compliments **me** réchauffent **le cœur**.*

RECHIGNER
- **à + infinitif** : *L'enfant rechigne **à mettre** la table.*

RÉCITER
- **quelque chose à quelqu'un** : *Arnaud **m'**a récité **un** joli **poème** de Rimbaud.*

RÉCLAMER
- **quelque chose à quelqu'un** : *Ses créanciers lui réclament cent mille euros.*
- **que + subjonctif** : *Le client réclame qu'on lui change l'article qu'il a acheté.*

RÉCLAMER (SE)
- **de quelqu'un / quelque chose** : *Les manifestants se réclament d'un mouvement pacifiste.*

RECOMMANDER
- **quelque chose** : *Vous devez recommander ce courrier.*
- **quelqu'un / quelque chose à quelqu'un** : *Je vous recommande ce livre.*
- **quelqu'un auprès de quelqu'un** : *Son père l'a recommandé auprès du maire.*
- **à quelqu'un de + infinitif** [5] : *Le docteur m'a recommandé de me reposer.*
- **que + subjonctif** : *Le docteur a recommandé à Michel qu'il se repose.*

RECOMMENCER
- mêmes constructions que **commencer**.

RECOMMANDER (SE)
- **de quelqu'un** : *Un homme m'a téléphoné en se recommandant de vous.*
- **à quelqu'un** : *Désespéré, l'homme s'est recommandé à Dieu.*

RÉCOMPENSER
- **quelqu'un ou quelque chose** : *Son chef a récompensé son travail.*
- **quelqu'un de quelque chose** : *Son chef l'a récompensé de son travail.*
- **quelqu'un par quelque chose** : *Son chef l'a récompensé par un voyage aux Maldives.*

> Quand **récompenser** signifie le contraire de « punir», on emploie « pour» : *récompenser quelqu'un pour son action héroïque.*

RÉCONCILIER
- **quelqu'un / quelque chose avec (et) quelqu'un / quelque chose** : *Pierre a réconcilié Blandine avec (et) Susie.*

RÉCONCILIER (SE)
- **avec quelqu'un / quelque chose** : *Blandine s'est réconciliée avec Susie.*

RECONNAÎTRE
- **quelqu'un / quelque chose** : *Je n'ai pas reconnu ton frère avec sa barbe.*
- **quelqu'un à quelque chose** : *J'ai reconnu ton frère à son sourire.*
- **+ adjectif** : *La justice a reconnu Bertrand Chalet coupable.*
- **+ infinitif** [2] : *Le prévenu reconnaît être le seul responsable du délit.*
- **que + indicatif** : *Je reconnais que j'ai un peu abusé de votre patience.*

RECONVERTIR
- **quelqu'un / quelque chose en quelqu'un / quelque chose** : *À Paris, on a reconverti une ancienne gare en musée, le musée d'Orsay.*

RECOPIER

▸ **quelque chose de quelque chose** : *Liliane a recopié ce poème d'un vieux livre de poésies dans son cahier de français.*

RECOUPER

▸ **quelque chose avec quelque chose** : *La police a recoupé la version de la victime avec celle de l'accusé.*

RECOURIR

▸ **à quelqu'un / quelque chose** : *Nous avons recouru à un célèbre avocat.*

RÉCRIMINER

▸ **contre quelqu'un / quelque chose** : *Arthur récrimine sans cesse contre ses parents.*

RECULER

▸ **quelque chose** : *Nous avons reculé la date de notre fête.*
▸ **devant quelqu'un / quelque chose** : *Françoise ne recule pas devant la difficulté.*

REDIRE

▸ **quelque chose à quelqu'un** : *Pouvez-vous me redire le nom de la société.*
▸ **à quelque chose** : *Il n'y a rien à redire à cela.*
▸ **à quelqu'un de + infinitif** [5] : *Le docteur a redit à Paul de s'asseoir.*
▸ **à quelqu'un que + indicatif** : *Redis-moi que tu m'aimes.*

REDOUBLER

▸ **quelque chose** : *Malheureusement, votre fils doit redoubler sa classe de sixième.*
▸ **de quelque chose** : *Pendant la nuit, au volant, vous devez redoubler de vigilance.*

REDOUTER

▸ **quelqu'un / quelque chose** : *Je redoute la réaction de mes parents.*
▸ **de + infinitif** [3] : *Denise redoute d'être refusée dans cette grande école.*
▸ **que + subjonctif** : *Elle redoute que ses résultats soient insuffisants.*

RÉDUIRE

▸ **quelque chose en quelque chose** : *Réduisez les noisettes en poudre.*
▸ **quelque chose à quelque chose** : *Le chef a réduit notre problème à un simple détail.*
▸ **quelqu'un à quelque chose** : *Ses dépenses l'ont réduit à la ruine.*
▸ **quelqu'un à + infinitif** : *On a réduit le pauvre stagiaire à faire le café.*

> **Réduire quelque chose en quelque chose** : « réduire en petites parties » ;
> **à quelque chose** : « simplifier ».
> **Réduire quelqu'un à quelque chose / à + infinitif** : « pousser quelqu'un à une situation désagréable ».

RÉDUIRE (SE)

▸ **à quelque chose** : *Ses économies se réduisent à quelques dizaines d'euros.*
▸ **en quelque chose** : *À la cuisson, le sucre et l'eau se réduisent en caramel.*

RÉFÉRER

- **à quelque chose** : *Dans la phrase « J'y suis allé », « y » réfère à « **Paris** ».*

> **En référer à** (juridique) : *Le maire a constaté les dégâts et en a référé au préfet.*

RÉFÉRER (SE)

- **à quelqu'un / quelque chose** : *Notre correspondant s'est référé **à votre compte-rendu**.*

RÉFLÉCHIR

- **quelque chose** : *Le miroir réfléchit **son image**.*
- **à / sur quelque chose** : *Attendez, je réfléchis **à votre question**.*
- **à ce que + indicatif** : *J'ai réfléchi **à ce que vous m'avez** dit.*
- **que + indicatif** : *Carole a réfléchi **que ce n'était pas** la peine d'y aller.*
- **à + infinitif** : *Andrew réfléchit **à quitter** la France.*

RÉFLÉCHIR (SE)

- **dans quelque chose** : *Son image se réfléchit **dans le miroir**.*

REFLÉTER (SE)

- **dans / sur quelque chose** : *Les arbres se reflètent **dans le lac**.*

RÉFUGIER (SE)

- **quelque part** : *L'enfant s'est réfugié **chez des amis** proches.*
- **dans quelque chose** : *Il s'est réfugié **dans le silence**.*

REFUSER

- **quelqu'un / quelque chose** : *Le comité a refusé **leur candidature**.*
- **quelque chose à quelqu'un** : *Tu as refusé **un euro à ton fils** ?*
- **de + infinitif** [3] : *Certains ont refusé **de participer** à la collecte.*
- **que + subjonctif** : *Mes parents ont refusé **que je sorte**.*

REFUSER (SE)

- **quelque chose** : *Jean-Luc ne s'est jamais refusé **le** moindre **plaisir**.*
- **à quelque chose** : *Le ministre s'est refusé **à toute déclaration**.*
- **à + infinitif** : *Il s'est refusé **à donner** le nom de son successeur.*

> **Se refuser à quelqu'un** : *Elle s'est refusée à cet homme qui lui faisait des avances.*
> **Ne pas se refuser** : *Trois jours de vacances supplémentaires, ça ne se refuse pas !*
> **Ne rien se refuser** : *Il vient encore de s'acheter une voiture neuve ! Il ne se refuse rien !*

RÉGALER

- **quelqu'un de / avec quelque chose** : *J'ai régalé **mes amis d'un (avec un)** bon **repas**.*

RÉGALER (SE)

- **de / avec quelque chose** : *À Carcassonne, je me suis régalé **d'un (avec un)** bon **cassoulet**.*

REGARDER

- **quelqu'un / quelque chose** : *Nous avons regardé nos photos de Tahiti.*
- **quelqu'un / quelque chose + infinitif** : *Valérie a regardé son fils jouer au football.*
- **à quelque chose** : *Depuis que Rémi a perdu son travail, il regarde à la dépense.*

> Si **regarder + infinitif** accepte un complément d'objet direct, attention à la place de l'infinitif :
> *Il a regardé soigner Paul (C'est quelqu'un qui soigne Paul).*
> *Il a regardé Paul soigner (C'est Paul qui soigne quelqu'un).*
> **Cela me regarde** : « Cela ne concerne que moi ».

RÉGLER

- **quelque chose** : *Le réparateur a réglé la télévision.*
- **quelque chose à quelqu'un** : *Ils se sont vengés, ils lui ont réglé son compte.*
- **quelque chose sur quelqu'un / quelque chose** : *J'ai réglé ma montre sur l'heure de New York.*

RÉGNER

- **sur quelqu'un / quelque chose** : *Le roi règne sur son peuple.*
- **dans quelque chose** : *Le silence régna dans la salle.*

REGORGER

- **de quelque chose** : *Sa maison regorge d'objets rapportés de ses voyages.*

REGRETTER

- **quelqu'un / quelque chose** : *Pourquoi regrettez-vous votre ancien appartement ?*
- **de + infinitif** [3] : *Je regrette d'être en retard.*
- **que + subjonctif** : *Je regrette que vous n'ayez pas de place.*

> **Regretter** peut s'utiliser sans complément : *Je regrette (je suis désolé), je ne peux pas vous aider.*

RÉINVESTIR

- mêmes constructions que **investir**.

REJAILLIR

- **sur quelqu'un / quelque chose** : *La responsabilité a rejailli sur sa famille.*

REJETER

- **quelqu'un / quelque chose** : *La mairie a rejeté sa demande.*
- **quelque chose sur quelqu'un / quelque chose** : *Ne rejetez pas la faute sur moi.*

RÉJOUIR

- **quelqu'un** : *Les succès scolaires de Bruno réjouissent ses parents.*
- **quelqu'un par quelque chose** : *Il réjouit toute la famille par ses blagues.*
- **de + infinitif** [7] : *Cela me réjouit de partir bientôt à Bali.*
- **que + subjonctif** : *Cela me réjouit que tu viennes pour les vacances.*

Réjouir (se)

- **de quelque chose** : *Ma famille se réjouit* ***de votre visite****.*
- **de + infinitif** [3] : *Je me réjouis* ***d'aller*** *dîner chez vous samedi.*
- **que + subjonctif** : *Élisabeth se réjouit* ***que*** *ses amis* ***viennent*** *à son anniversaire.*

Relancer

- **quelque chose à quelqu'un** : *L'enfant relance* ***la balle à son camarade****.*

> **Relancer quelqu'un** (familier) : « poursuivre avec insistance pour obtenir qqch ». *Le responsable du recrutement ne t'a pas encore appelé ? Relance-le.*

Relater

- **quelque chose à quelqu'un** : *Je vais* ***vous*** *relater toute* ***l'histoire****.*
- **que + indicatif** : *Pedro a relaté* ***qu'il avait*** *traversé plusieurs pays en auto-stop.*

Reléguer

- **quelque chose quelque part (à, dans,…)** : *Il a relégué* ***ses*** *vieux* ***jouets dans la cave****.*
- **quelqu'un à quelque chose** : *On* ***l'****a relégué* ***à un travail*** *ennuyeux et mal payé.*

Relever

- **quelque chose** : *J'ai relevé* ***des fautes*** *dans ta lettre.*
- **de quelque chose** : *Ce problème ne relève pas* ***de mes compétences.***
- **quelqu'un de quelque chose** : *L'état-major a relevé* ***le général de ses fonctions****.*
- **que + indicatif** : *Dans ce texte, je relève* ***que*** *l'auteur* ***utilise*** *beaucoup le passé simple.*

Relever (se)

- **de quelque chose** : *L'homme d'affaires s'est relevé* ***de ses problèmes*** *financiers.*

Relier

- **quelque chose à quelque chose** : *Ce train relie* ***Marseille à Paris****.*

Remarier (se)

- **à / avec quelqu'un** : *Louis s'est remarié* ***avec une*** *ancienne* ***camarade*** *d'école.*

Rembourser

- **quelqu'un de quelque chose** : *La société* ***l'****a remboursé* ***des ses frais****.*
- **quelque chose à quelqu'un** : *J'ai remboursé* ***à Charles ses cent euros****.*

Remédier

- **à quelque chose** : *Il faut vite remédier* ***à ce problème*** *de fuite dans la cuisine.*
- **à ce que + subjonctif** : *Nous allons remédier* ***à ce qu'il ne vienne plus*** *vous ennuyer.*

Remercier

- **quelqu'un de / pour quelque chose** : *Je* ***vous*** *remercie* ***de votre générosité****.*
- **quelqu'un de + infinitif** [5] : *Je* ***vous*** *remercie* ***d'être*** *tous là.*
- **que + subjonctif** : *Je remercie le Ciel* ***que tout se soit*** *bien* ***passé****.*

REMETTRE

- **quelque chose quelque part (dans, sur,...)** : *Remets ce dictionnaire sur l'étagère.*
- **quelque chose à quelqu'un** : *Pouvez-vous remettre cette lettre à Valérie Franchi ?*
- **à + temps** : *Il a remis notre rendez-vous à demain.*

> **Remettre quelqu'un** (familier) : *Je ne le remets pas, « je ne me souviens pas de lui ».*
> **Remettre ça** (familier) : *Le voisin avait arrêté la musique mais il remet ça !, « Il recommence ».*

REMETTRE (SE)

- **à quelque chose** : *Il faut se remettre au travail.*
- **à + infinitif** : *Michel s'est remis à fumer, lui qui avait arrêté depuis un mois.*
- **de quelque chose** : *Pascal s'est bien remis de sa maladie.*

> **S'en remettre à quelqu'un / quelque chose** : *Je m'en remets à votre expérience, « Je compte sur votre expérience ».*
> **Se remettre avec quelqu'un** : « vivre de nouveau avec quelqu'un » : *Il s'est remis avec son ex-femme.*

REMEUBLER

- mêmes constructions que **meubler**.

REMONTER

- **quelque part (dans, sur,...)** : *La concierge est remontée au 1er étage.*
- **quelque chose** : *Je dois remonter cette caisse dans mon appartement.*
- **à / jusqu'à + temps** : *Ces poteries remontent à (jusqu'à) une époque* très ancienne.
- **jusqu'à quelque chose** : *Remontez jusqu'à la boulangerie.*

> Avec un complément d'objet direct, on emploie l'auxiliaire « avoir » : *il a remonté l'escalier* et sans COD, on emploie l'auxiliaire « être » : *Elle est remontée sur sa moto.*

REMONTRER

- mêmes constructions que **montrer**.

REMPLACER

- **quelqu'un / quelque chose par quelqu'un / quelque chose** : *J'ai remplacé la moquette par un parquet.*

REMPLIR

- **quelqu'un / quelque chose de quelque chose** : *Cette nouvelle me remplit de joie.*

REMPLIR (SE)

- **de quelqu'un / quelque chose** : *La salle se remplissait de spectateurs.*

RENÂCLER

- **à quelque chose** : *Serge renâcle à cette mission.*
- **à + infinitif** : *Il renâcle à accomplir* cette mission.

Renaître

- **de quelque chose** : *Cet ancien projet vient de renaître **de ses cendres**.*
- **à quelque chose** : *Après ces épreuves, Jeanne renaît **à la vie**.*

Renchérir

- **quelque chose** : *On a renchéri **le prix** du pétrole.*
- **sur quelqu'un / quelque chose** : *Nos concurrents ont renchéri **sur notre offre**.*

> **Renchérir quelque chose** : « augmenter le prix ».
> **Renchérir sur quelqu'un / quelque chose** : « proposer quelque chose de supérieur ».

Rendre

- **quelque chose à quelqu'un** : *Je vais **vous** rendre **votre manteau**.*
- **+ adjectif** : *Cédric ne peut pas boire de lait, cela le rend **malade**.*

Rendre (se)

- **quelque part (à, dans,...)** : *Nous nous sommes rendus **à la préfecture**.*
- **à quelque chose** : *Vous devez vous rendre **à l'évidence**, ce travail est inutile.*
- **+ adjectif** : *Fabrice s'est rendu très **désagréable** quand il a su qu'il avait perdu.*

> **Se rendre compte de quelque chose** « réaliser » : *Je me suis rendu compte que j'avais fait une erreur.*

Renfermer (se)

- **sur soi-même** : *Au lieu de parler de ses problèmes, Bruno se renferme **sur lui-même**.*

Renforcer

- **quelqu'un dans quelque chose** : *Cela **m'**a renforcé **dans mes craintes**.*

Rengorger (se)

- **de quelque chose** : *Maxime se rengorge **de son succès**.*
- **de + infinitif** : *Il se rengorge **d'avoir** réussi.*

Renoncer

- **à quelqu'un / quelque chose** : *Georges a renoncé **à l'idée** de déménagement.*
- **à + infinitif** : *Nous avons renoncé **à vendre** notre maison.*

Renouer

- **quelque chose** : *Pierre et moi avons renoué **le contact**.*
- **avec quelqu'un / quelque chose** : *Je viens de renouer **avec une** ancienne **amie**.*

Renseigner

- **quelqu'un sur quelqu'un / quelque chose** : *Il **m'**a renseigné **sur l'horaire** des trains.*

Renseigner (se)

- **sur quelqu'un / quelque chose** : *Je viens de me renseigner **sur les horaires** des TGV.*

Rentrer

- **quelque chose** : *Il pleut, rentrons* ***les chaises****.*
- **quelque part (chez, dans, en,…)** : *Le chien est rentré* ***dans sa niche****.*
- **quelque chose dans quelque chose** : *Je n'arrive pas à rentrer* ***la clé dans la serrure****.*

Avec un complément d'objet direct, « rentrer » s'emploie avec l'auxiliaire « avoir » : *J'ai rentré les plantes.* Sans complément d'objet direct, il s'utilise avec l'auxiliaire « être » : *Je suis rentré à minuit.*

Renvoyer

- **quelqu'un / quelque chose à quelqu'un / quelque part** : *Nous avons renvoyé* ***la lettre à son expéditeur****.*
- **quelqu'un de quelque chose** : *Le directeur a renvoyé* ***Justin du lycée****.*
- **quelque chose à + temps** : *Le juge a renvoyé* ***la séance à la semaine prochaine****.*
- **à quelque chose** : *Ces numéros renvoient* ***à des comptes*** *bancaires.*

Repaître (se)

- **de quelque chose** : *Jacques se repaît* ***de romans*** *policiers.*

Répandre (se)

- **sur quelque chose** : *Le lait s'est répandu* ***sur la table****.*
- **en quelque chose** : *Le candidat s'est répandu* ***en flatteries****.*
- **que + indicatif** : *Le bruit se répand* ***que*** *le prix de l'électricité* ***va augmenter****.*

Répartir

- **quelque chose entre quelqu'un** : *Le jury répartira* ***le gros lot entre les*** *trois* ***gagnants****.*
- **quelque chose dans quelque chose** : *Justin a réparti* ***les tableaux dans le château****.*
- **quelque chose en quelque chose** : *Le moniteur a réparti* ***les enfants en deux niveaux****.*
- **quelque chose sur + durée** : *Nous avons réparti le* ***remboursement*** *du prêt* ***sur vingt ans****.*

Répartir (se)

- **en quelque chose** : *Les étudiants se sont répartis* ***en*** *petits* ***groupes****.*

Repasser

- **quelque chose à quelqu'un** : *Tu peux* ***me*** *repasser* ***ma chemise*** *?*

Repentir (se)

- **de quelque chose** : *Raymond ne s'est pas repenti* ***de ses mensonges****.*
- **de + infinitif** : *Je me repens* ***de lui avoir menti****.*
- **de ce que + indicatif** : *Je me repens* ***de ce que je*** *lui* ***ai dit****.*

Répercuter

- **quelque chose sur quelqu'un / quelque chose** : *On répercute systématiquement* ***la hausse*** *du prix du pétrole* ***sur le prix*** *de l'essence.*

RÉPERCUTER (SE)

- **sur quelqu'un / quelque chose** : *La hausse du prix du pétrole se répercute sur le prix de l'essence.*

RÉPÉTER

- **quelque chose à quelqu'un** : *Ne répète pas mon secret à tes amis.*
- **à quelqu'un que + indicatif** : *Elle a répété à tout le monde que j'allais partir.*

REPLIER (SE)

- **sur quelque chose** : *L'armée s'est repliée sur la ville.*
- **sur quelqu'un (pronom)** : *L'adolescent s'est replié sur lui-même.*

RÉPLIQUER

- **quelque chose à quelqu'un / quelque chose** : *J'ai répliqué une insulte à la sienne.*
- **à quelqu'un que + indicatif** : *Elle m'a répliqué qu'elle n'aimait pas mon humour.*

RÉPONDRE

- **à quelqu'un / quelque chose** : *Tout le monde a répondu à mon invitation.*
- **de quelqu'un / quelque chose** : *Le père répond de son fils.*
- **de + infinitif** [4] : *On m'a répondu de rappeler demain.*
- **que + indicatif** : *J'ai répondu que je ne pouvais pas aller à la fête.*

REPORTER

- **quelque chose à + date** : *J'aimerais reporter notre rendez-vous à demain.*
- **quelque chose sur quelqu'un / quelque chose** : *Léon a reporté sa colère sur nous.*

REPORTER (SE)

- **à quelque chose** : *Reportez-vous à notre courrier du 18 mars dernier.*

REPOSER

- **quelqu'un / quelque chose** : *Le bandit a reposé son arme et s'est rendu à la police.*
- **sur quelqu'un / quelque chose** : *La réussite du projet repose sur votre travail.*

REPOSER (SE)

- **sur quelqu'un / quelque chose** : *Vous pouvez vous reposer sur votre collègue.*

> **Se reposer sur quelqu'un / quelque chose** peut avoir un sens concret : *Tu peux te reposer sur mon épaule* et un sens abstrait qui signifie « faire confiance » : *Il se repose sur moi.*

REPRENDRE

- **quelqu'un** : *Maxence prononce mal, il faut le reprendre.*
- **quelque chose à quelqu'un** : *Mon fiancé m'a repris mon cadeau.*
- **quelqu'un à quelque chose** : *On ne me reprendra plus à ce jeu idiot.*
- **quelqu'un à + infinitif** : *On ne me reprendra plus à rendre service.*

> On ne m'y reprendra plus : « On ne me trompera plus ».

REPRENDRE (SE)

▸ **à + infinitif** : *La jeune fille se reprend à espérer.*

> **S'y reprendre à plusieurs fois pour + infinitif** : « essayer plusieurs fois avant de réussir » : *Je m'y suis repris à plusieurs fois pour ouvrir la porte.*

REPRÉSENTER

▸ **quelque chose pour quelqu'un** : *Cela représente un sacrifice énorme pour moi.*

REPROCHER

▸ **quelque chose à quelqu'un** : *Je lui reproche son manque de motivation.*
▸ **à quelqu'un de + infinitif** : *Tu reproches à ta sœur de ne pas donner de nouvelles ?*
▸ **à quelqu'un que + subjonctif** : *Je leur reproche qu'ils n'aient rien dit pour m'aider.*

REPROCHER (SE)

▸ **de + infinitif** : *Je me reprocherai toujours d'avoir menti à mes parents.*

REPRODUIRE

▸ **quelque chose sur quelque chose** : *J'ai reproduit ton dessin sur une feuille de papier.*

RÉPUGNER

▸ **à quelqu'un** : *La saleté de ses vêtements ne lui répugne pas.*
▸ **à quelque chose** : *Chantal répugne au mensonge.*
▸ **à + infinitif** : *Je répugne à dénoncer mes amis.*
▸ **de + infinitif** [7] : *Cela me répugne de devoir manger cela.*
▸ **que + subjonctif** : *Cela me répugne qu'il mange si salement.*
▸ **à quelqu'un que + subjonctif** : *Cela me répugne qu'il soit si sale.*

REQUÉRIR

▸ **quelque chose** : *Ce travail requiert une grande attention.*
▸ **quelque chose contre quelqu'un (juridique)** : *Le tribunal a requis deux ans de prison contre le voleur.*

RÉSERVER

▸ **quelque chose à quelqu'un** : *Je vous ai réservé une place sur le vol AF 456.*

RÉSERVER (SE)

▸ **quelque chose** : *Elle se réserve le droit de refuser notre offre au dernier moment.*
▸ **de + infinitif** : *Olivier se réserve de nous apporter son aide si nécessaire.*

RÉSIDER

▸ **quelque part** : *Mes amis hollandais résident en France.*
▸ **dans quelque chose** : *La principale difficulté réside dans le choix du candidat.*

> Si le complément est un pronom, « dans » devient « en » : *Toute la difficulté réside en cela.*

Résigner (se)
- **à quelque chose** : *N'ayant plus d'argent, il s'est résigné* ***à son sort.***
- **à + infinitif** : *Yves s'est résigné* ***à changer*** *sa voiture qu'il aimait tant.*
- **à ce que + subjonctif** : *Yves s'est résigné* ***à ce que sa*** *nouvelle* ***voiture soit*** *moins performante.*

Résister
- **à quelqu'un / quelque chose** : *La maison n'a pas résisté* ***à la tempête.***

Résoudre
- **quelque chose** : *Pouvez-vous résoudre* ***cette équation*** *?*
- **de + infinitif** : *Les propriétaires ont résolu* ***de fermer*** *le supermarché.*

Résoudre (se)
- **à + infinitif** : *Le suspect s'est résolu* ***à dire*** *la vérité sur le crime.*

Resplendir
- **de quelque chose** : *Les jeunes mariés resplendissent* ***de bonheur.***

Ressembler
- **à quelqu'un / quelque chose** : *Richard ressemble* ***à sa mère.***

> Avec une forme pronominale, l'infinitif est possible : *Cela ne lui ressemble pas d'être en retard.*

Ressentir
- **quelque chose pour quelqu'un** : *Pierre ressent* ***de l'affection pour Thérèse.***

Ressentir (se)
- **de quelque chose** : *Marcel se ressent encore* ***de ses blessures*** *après sa chute de cheval.*

> **S'en ressentir pour** (familier) **+ infinitif**, « se sentir capable, avoir envie » : *Tu t'en ressens de lui dire la vérité ?*

Ressortir
- **quelque chose** : *Pourquoi as-tu ressorti* ***ces*** *vieilles* ***photos*** *?*
- **quelque chose de quelque chose** (impersonnel) : *Il ressort* ***une*** *grande* ***amertume de notre discussion.***
- **à quelqu'un / quelque chose** : *Ce cas ressort* ***à une juridiction*** *pénale.*

Rester
- **quelque part (chez, dans, en,...)** : *Brigitte préfère rester* ***à la maison.***
- **sur quelque chose** : *Louis est resté* ***sur ses convictions.***
- **à quelqu'un** : *Cette réputation d'avare est toujours restée* ***à Martial.***
- **+ adjectif** : *L'actrice est restée* ***insensible*** *aux critiques.*
- **(à) + infinitif** : *Voulez-vous rester* ***(à) déjeuner*** *?*

Il reste que + indicatif : *Ce film n'était pas très intéressant ; il reste que les deux acteurs étaient plutôt bons.*
Il reste à quelqu'un à + infinitif : *Il lui reste à faire ses excuses.*
Reste à savoir si : *Notre voyage a été annulé ; reste à savoir si nous serons remboursés.*
En rester à quelque chose : *Nous en étions restés à la cinquième page du livre.*

RESTITUER

- **quelque chose à quelqu'un** : *Le musée a restitué **le tableau à son propriétaire**.*

RESTREINDRE

- **quelque chose à quelque chose** : *Il a restreint **ses dépenses à cent euros** par mois.*

RÉSULTER

- **de quelque chose** : *Cette dispute résulte **d'un malentendu**.*
- **de quelque chose que + indicatif** (impersonnel) : *Il résulte **de la dispute qu'ils ne se parlent plus**.*

RÉSUMER

- **quelque chose en quelque chose** : *Résumez **cet article en dix lignes**.*

RETARDER

- **quelqu'un / quelque chose** : *Marche plus vite, tu vas **nous** retarder.*
- **sur quelque chose** : *Mon grand-père retarde un peu **sur son temps**.*
- **de quelque chose** : *Ma montre retarde **de dix minutes**.*
- **quelque chose de quelque chose** : *Un accident a retardé **le départ** du train **de trente minutes**.*

RETENIR

- **quelqu'un / quelque chose** : *Mon mari a retenu **une table** au restaurant.*
- **quelque chose à quelqu'un / quelque chose** : *La direction a retenu **les jours** de grève **aux salariés**.*
- **quelqu'un à + infinitif** : *Nos amis **nous** ont retenus **à dîner**.*
- **quelqu'un de + infinitif** : *Sa timidité **l'a** retenu **de s'exprimer**.*
- **que + indicatif** : *Je retiens de votre discours **que vous n'êtes pas** d'accord avec le projet.*

Retenir peut avoir le sens de « réserver », *(une table)* ; « se souvenir » *(J'ai retenu ma leçon)* ; « garder », *(retenir à dîner)* ; « soustraire », *(une somme d'argent par exemple)* ; « empêcher », *(de s'exprimer).*
Je ne vous retiens pas ! (ironique) : « Vous pouvez partir ».

RETENIR (SE)

- **à quelqu'un / quelque chose** : *Dans l'autobus, un homme s'est retenu **à moi** pour éviter de tomber.*
- **de + infinitif** : *Je me suis retenu **de lui dire** ce que je pensais de lui.*

Se retenir de + infinitif peut avoir le sens de « pour ne pas + infinitif » : *Il s'est retenu de rire / Il s'est retenu pour ne pas rire.*

RETENTIR

- **de quelque chose** : *Pendant le match de foot, le stade retentissait **de cris**.*
- **sur quelque chose** : *Ses déclarations ont retenti **sur** toute **la population**.*

RETIRER

- **quelque chose à quelqu'un** : *La police va **lui** retirer **son permis** de conduire.*
- **quelqu'un / quelque chose de quelque chose** : *Ingrid a retiré **son fils de cette école**.*
- **ce que + indicatif** : *Le journaliste a retiré **ce qu'il avait dit**.*

RETIRER (SE)

- **de quelque chose** : *Notre partenaire suédois s'est retiré **de notre projet**.*

RETOMBER

- **dans quelque chose** : *Le malade est retombé **dans l'alcool**.*
- **sur quelqu'un / quelque chose** : *La faute est retombée **sur moi**.*

RÉTORQUER

- **quelque chose à quelqu'un** : *Je **vous** rétorque **vos arguments**.*
- **à quelqu'un que + indicatif** : *Elle a rétorqué **à son mari qu'il était** égoïste.*

RETOURNER

- **quelque part (en, à, dans,...)** : *Ulf est retourné **en Suède**.*
- **quelqu'un / quelque chose** : *J'ai retourné **ma carte** et c'était l'as de cœur.*
- **quelque chose à quelqu'un** : *Tu **me** retourneras **ce document** quand tu l'auras lu.*
- **quelque chose quelque part** : *Martine a retourné **le livre à la bibliothèque**.*

Avec un complément d'objet direct, on emploie l'auxiliaire « avoir » aux temps composés : *J'ai retourné ma carte*. Sans complément d'objet direct, on emploie l'auxiliaire « être » : *Je suis retourné chez moi.*

RETOURNER (SE)

- **contre quelqu'un** : *Après cette histoire, ils se sont retournés **contre moi**.*

S'en retourner « repartir, rentrer » : *Je m'en retourne chez moi.*
De quoi il retourne « de quoi il s'agit » : *Je ne sais pas de quoi il retourne.*

RETRACER

- **quelque chose à quelqu'un** : *Ce livre retrace **aux enfants l'histoire** de leur pays.*

RETRANCHER

- **quelque chose de quelque chose** : *On a retranché **dix pour cent de ses gains**.*

RETRANCHER (SE)

- **dans (derrière) quelque chose** : *Les soldats se sont retranchés **derrière un bâtiment**.*

Se retrancher dans / derrière quelque chose peut aussi avoir un sens plus abstrait « adopter une attitude pour se protéger » : *Au lieu de répondre, elle s'est retranchée dans un silence total.*

Rétrocéder

- **quelque chose à quelqu'un** : *Hervé a rétrocédé **la société à l'**ancien **propriétaire**.*

Rétrograder

- **en quelque chose** : *L'équipe de première division a rétrogradé **en deuxième division**.*

Réussir

- **(à) quelque chose** : *Mon fils a réussi **son baccalauréat**.*
- **à quelqu'un** : *La vie au grand air **lui** réussit, il est en pleine forme.*
- **à + infinitif** : *Tu as réussi **à ouvrir** le coffre ?*
- **ce que + indicatif** : *Denis réussit toujours **ce qu'il entreprend**.*
- **à ce que + subjonctif** : *Nous avons réussi **à ce que** tout le monde **puisse** s'asseoir.*

Révéler

- **quelque chose à quelqu'un** : *L'inconnu **nous** a finalement révélé **son identité**.*
- **+ infinitif** [2] : *Il a révélé **avoir participé** au hold-up.*
- **que + indicatif** : *Il a révélé **que c'était lui** le coupable.*

Révéler (se)

- **+ adjectif** : *Cette leçon de grammaire s'est révélée **utile**.*
- **+ infinitif** : *Ce travail s'est révélé **être inutile**.*
- **que + indicatif** : *Il s'est révélé **que ce travail était** inutile.*

Revenir

- **de quelque part** : *Jérémie revient **de New York**.*
- **de quelque chose** : *Il est revenu **de** tous **les rêves** qu'il avait.*
- **à quelque chose / quelque part** : *Je reviens **au sujet** de notre conversation.*
- **sur quelque chose** : *Je ne reviendrai pas **sur cette question**.*
- **à quelqu'un** : *Ses souvenirs d'enfance **lui** sont revenus.*
- **Il / cela revient à quelqu'un de + infinitif** [7] : *Il **te** revient **de payer**.*
- **Il / cela revient à quelqu'un que + subjonctif** : *Il **te** revient **que tu prennes** la parole en premier.*

Revenir de peut avoir le sens de « retourner d'un endroit » ou « d'avoir abandonner ses illusions ».
Ne pas en revenir « ne pas croire, marque la surprise » : *Tu vas te marier ! Je n'en reviens pas !*
Ne pas en revenir que + subjonctif : *Je n'en reviens pas que tu sois là !*

Rêver

- **de quelqu'un / quelque chose** : *Catherine a rêvé **de toi** cette nuit.*
- **à quelqu'un / quelque chose** : *Cet élève n'écoute pas, il rêve **à sa petite amie**.*

- **de + infinitif** : *Charles rêve* ***de devenir*** *pilote de ligne.*
- **que + indicatif** : *J'ai rêvé* ***que j'étais perdu*** *dans une forêt.*

Rêver de quelqu'un / quelque chose et **rêver que + subjonctif** : « faire un rêve en dormant ».
Rêver à quelqu'un / quelque chose et **rêver de + infinitif** : « penser, imaginer ».

REVÊTIR

- **quelque chose** : *Le prince a revêtu* ***son habit*** *officiel.*
- **quelqu'un de quelque chose** : *On a revêtu* ***le bébé d'une robe*** *de baptême.*

RÉVOLTER (SE)

- **contre quelqu'un / quelque chose** : *Les ouvriers se sont révoltés* ***contre leur hiérarchie.***
- **devant quelqu'un / quelque chose** : *Les ouvriers se sont révoltés* ***devant tant d'injustice.***

Se révolter contre quelqu'un / quelque chose : « se soulever, protester activement ».
Se révolter devant quelqu'un / quelque chose : « s'indigner ».

RICANER

- **de quelque chose (pronom)** : *Odile est bizarre, elle ricane* ***de tout.***

RIGOLER (familier)

- **de quelqu'un / quelque chose** : *Tout le monde a rigolé* ***de sa blague.***

RIMER

- **avec quelque chose** : *« Maison » rime* ***avec « raison ».***
- **à quelque chose** : ***À quoi*** *rime votre attitude ?*

Rimer de + infinitif : *À quoi ça rime de faire cela ?* « Quel est le sens de cela ? »

RIPOSTER

- **par / avec quelque chose** : *Le politicien a riposté* ***par (avec) des insultes.***
- **à quelque chose** : *Il n'a pas riposté* ***aux insultes.***
- **que + indicatif** : *Il a riposté* ***que,*** *contrairement à son adversaire,* ***il était honnête.***

RIRE

- **de quelqu'un / quelque chose** : *Tout le monde a ri* ***de lui.***

RIRE (SE)

- **de quelque chose** : *Éric réussit tout ce qu'il fait, il se rit* ***des difficultés.***

RISQUER

- **quelque chose** : *Tu risques* ***tes économies*** *en jouant ainsi au casino.*
- **+ adjectif / adverbe** : *Henri risque* ***gros*** *en investissant dans ce secteur.*
- **de + infinitif** [3] : *Vous risquez* ***de tout perdre.***
- **que + subjonctif** : *Vous risquez* ***que l'on vous dise*** *non.*

RISQUER (SE)

- **dans / sur quelque chose** : *Pourquoi t'es-tu risqué* ***dans cette affaire*** *?*
- **à + infinitif** : *Je me suis risqué* ***à lui donner*** *mon opinion.*

RIVALISER

- **de quelque chose** : *Le champion de patinage artistique rivalise* ***d'originalité****.*
- **avec quelqu'un** : *Je ne voudrais pas rivaliser* ***avec vous****.*

RIVER

- **quelque chose** : *On peut river* ***un clou****.*
- **quelqu'un quelque part** : *Cette grippe* ***l'****a rivé* ***dans sa chambre*** *pendant une semaine.*

ROGNER

- **quelque chose** : *L'étagère est trop longue, il faut* ***la*** *rogner un peu sur les côtés.*
- **sur quelque chose** : *Ils rognent* ***sur leurs dépenses*** *quotidiennes pour pouvoir s'offrir leur voyage.*

ROMPRE

- **quelque chose** : *Ils ont rompu* ***le contact****.*
- **avec quelqu'un / quelque chose** : *Gabriel vient de rompre* ***avec sa petite amie****.*

RONCHONNER (familier)

- **contre quelqu'un / quelque chose** : *Boris ronchonne toujours* ***contre tout****.*

RONGER (SE)

- **quelque chose** : *Albert est nerveux, il se ronge* ***les ongles****.*
- **de quelque chose** : *Elle se ronge* ***d'inquiétude*** *depuis que son mari a perdu son travail.*

RONRONNER

- **de quelque chose** : *Dans son bain chaud et parfumé, Thomas ronronne* ***de plaisir****.*

ROUER

- **quelqu'un de coups** : *J'ai vu un type rouer* ***son chien de coups*** *et je me suis interposé.*

ROUGIR

- **de quelque chose** : *Quand l'institutrice a lu sa rédaction, l'enfant a rougi* ***de honte****.*

ROULER

- **quelque part (dans, sous,...)** : *La balle a roulé* ***sous le meuble****.*
- **quelque chose** : *Paulo roule* ***les épaules*** *en marchant.*

> **Rouler de quelque chose** (familier) (des hanches des épaules,...) : *Il roule des épaules. Il roule des mécaniques,* « il se comporte d'un manière prétentieuse ».
> **Rouler sa bosse** (familier), « beaucoup voyager » *: Pierre a roulé sa bosse.*

- **quelqu'un** : *Il* ***m'****a roulé en me vendant cette voiture d'occasion trois fois son prix.*
- **quelque chose dans quelque chose** : *Roulez* ***les filets*** *de poisson* ***dans la farine****.*

Rouler quelqu'un dans la farine (familier) « le tromper ; le flatter pour obtenir quelque chose » : *On l'a roulé dans la farine. Tu t'es fait roulé dans la farine.*

- **sur quelqu'un / quelque chose** : *La conversation a roulé* ***sur les élections****.*

ROULER (SE)
- **dans quelque chose** : *Si tu as froid, roule-toi* ***dans cette couverture****.*

ROUSPÉTER (familier)
- **contre quelqu'un / quelque chose** : *Le gardien a rouspété* ***contre nous****.*

RUER (SE)
- **sur/vers/dans,... quelqu'un / quelque chose** : *Tout le monde se rue* ***sur les soldes****.*

RUINER (SE)
- **à quelque chose** : *Yolande s'est ruinée* ***au jeu****.*
- **en quelque chose** : *Loana se ruine* ***en produits*** *de beauté.*

Se ruiner à quelque chose : « à cause de quelque chose ».
Se ruiner en quelque chose : « avec quelque chose ».

- **à + infinitif** : *Antoine s'est ruiné* ***à faire*** *des cadeaux somptueux à sa fiancée.*
- **quelque chose à + infinitif** : *Mon grand-père s'est ruiné* ***la santé à travailler*** *à l'usine.*

RUISSELER
- **de quelque chose** : *Les vitres ruissellent* ***de condensation****.*

SACRER
- **quelqu'un** : *Ce pays vient de sacrer* ***un*** *nouveau* ***roi****.*
- **quelqu'un/quelque chose + nom** : *Le comité vient de sacrer* ***ce livre roman*** *de l'année.*

SACRIFIER
- **quelqu'un / quelque chose à / pour quelqu'un / quelque chose** : *Charles a sacrifié* ***sa vie*** *personnelle* ***pour son travail****.*

SAIGNER
- **quelqu'un / quelque chose** : *Autrefois, on saignait* ***certains malades****.*
- **de quelque chose** : *Le petit garçon saigne* ***du nez****.*

SAISIR
- **quelque chose** : *Tanguy a saisi* ***le bras*** *de sa femme et l'a entraînée vers la sortie.*
- **quelqu'un / quelque chose de quelque chose** : *Stéphane a saisi* ***le tribunal de cette affaire*** *avec son employeur.*
- **ce que + indicatif** : *Je n'ai pas saisi* ***ce que vous avez dit****.*

SAISIR (SE)
- **de quelqu'un / quelque chose** : *Les forces armées se sont saisies* ***de certains territoires****.*

SALIVER

- **de quelque chose** : *En voyant le poulet fumant, le chat salive d'envie.*

SALUER

- **quelqu'un de quelque chose** : *William m'a salué d'un signe de la main.*

SANCTIONNER

- **quelqu'un pour quelque chose** : *On a sanctionné l'employé pour ses retards fréquents.*
- **quelqu'un pour + infinitif** : *On a sanctionné l'employé pour arriver systématiquement en retard.*

SAOULER / SOÛLER (familier)

- **quelqu'un** : *Ses amis l'ont saoulé avec du whisky.*
- **quelqu'un de quelque chose** : *Il nous a saoulés de blagues toute la soirée.*

> **Saouler quelqu'un de paroles (de blagues,...)** : « fatiguer quelqu'un en parlant trop ».
> **Il me saoule !** : « Il me fatigue ».

- **de + infinitif** : *Cela me soûle d'entendre ses blagues.*

SAOULER (SE) / SOÛLER (SE) (familier)

- **quelque chose** : *Le voisin du dessous s'est encore soûlé la gueule (très familier).*
- **de quelque chose** : *Ce clochard se soûle de vin.*
- **se saouler à quelque chose** : *Dans les romans de Zola, les ouvriers se saoulaient à l'absinthe.*

SAPER

- **quelque chose à quelqu'un** [8] : *Tu me sapes le moral.*

> **Saper le moral à quelqu'un** : « le démoraliser ».

SATISFAIRE

- **quelqu'un / quelque chose** : *Son exposé a satisfait son professeur.*
- **à quelque chose** : *La direction n'a pas satisfait à toutes nos exigences.*
- **de + infinitif** [7] : *Cela me satisfait d'avoir réussi l'examen.*
- **que + subjonctif** : *Cela me satisfait qu'il ait réussi l'examen.*

SATISFAIRE (SE)

- **de / avec quelque chose** : *Elle se satisfait d'une petite salade pour le déjeuner.*

SATURER

- **quelqu'un de quelque chose** : *Le professeur nous a saturés de reproches.*

SAUPOUDRER

- **quelque chose de quelque chose** : *Saupoudrez le gâteau de sucre.*

SAUTER

- **quelque chose** : *Je n'ai pas lu tout le roman, j'ai sauté* ***quelques chapitres.***
- **à quelque chose** : *Après l'entrée, nous avons tout de suite sauté* ***au dessert.***
- **sur quelqu'un / quelque chose** : *Guy a sauté* ***sur sa nourriture*** *comme s'il n'avait pas mangé depuis une semaine.*
- **de quelque chose** : *L'athlète a sauté* ***de joie*** *à l'annonce du résultat de la course.*

SAUVER

- **quelqu'un / quelque chose de quelqu'un / quelque chose** : *Ludovic a sauvé* ***son*** *meilleur* ***ami de la noyade.***

SAVOIR

- **quelque chose** : *Nathalie, tu sais* ***ta leçon*** *de latin ?*
- **quelque chose sur quelqu'un** : *Je sais* ***la vérité sur cet homme.***

> Avec un pronom complément d'objet direct, « sur » ou « de » : *Je sais tout sur/de lui.*

- **+ infinitif** [1] : *Louis sait* ***nager*** *maintenant.*
- **que + indicatif** : *Tu sais* ***que je déménage*** *bientôt ?*
- **pourquoi, quand, si,... + indicatif** : *Je ne sais pas* ***si François est*** *déjà là.*

> **Que je sache**, « d'après ce que je sais » : *Il est célibataire, que je sache.*
> **Qui sait** , « c'est difficile de savoir » : *Qui sait ce qu'il est devenu aujourd'hui !*

SAVOIR (SE)

- **+ adjectif / participe** : *Le coupable se sait* ***recherché*** *par la police.*

SAVONNER

- **quelque chose à quelqu'un** [8] : *La maman a mis le bébé dans la baignoire et* ***lui*** *a savonné* ***le dos.***

SCINDER

- **quelque chose en + nombre** : *On a scindé* ***le groupe en deux.***

SECOUER

- **quelque chose à quelqu'un** : *Son frère* ***lui*** *a secoué* ***le bras.***

> **Secouer les puces à quelqu'un** (familier) : « essayer de le faire réagir » : *Il lui a secoué les puces.*

SECTIONNER

- **quelque chose à quelqu'un** [8] : *La machine* ***lui*** *a sectionné* ***le bras.***

SÉDUIRE

- **quelqu'un par / avec quelque chose** : *Anne a séduit* ***Michel par son humour.***

SEMBLER

- **+ adjectif** : *Pascale semble malade.*
- **à quelqu'un** : *Elle me semble malade*
- **+ infinitif** [1] : *Pascale semble être malade.*
- **(à quelqu'un) que + indicatif ou subjonctif** : *Il (me) semble qu'il est (qu'il soit) malade.*

> **Il semble que + indicatif (ou subjonctif)** : *Il semble que c'est/ce soit la bonne solution.*
> **Il semble à quelqu'un que + indicatif** : *Il me semble que c'est la bonne solution.*
> **Il semble à quelqu'un (pronom) que** est suivi de l'indicatif. Si la phrase est négative ou interrogative, le subjonctif est possible : *Il ne me semble pas qu'il est / soit content. Vous semble-t-il qu'il est / soit content ?*

SEMER

- **quelqu'un / quelque chose** : *L'agriculteur sème du blé.*
- **quelque chose de quelque chose** : *Les organisateurs ont semé le parcours de difficultés.*

SENSIBILISER

- **quelqu'un à quelque chose** : *Ils ont sensibilisé les jeunes aux méfaits du tabac.*

SENTIR

- **quelqu'un / quelque chose** : *Vous sentez cette bonne odeur ?*
- **quelque chose / bon /mauvais** : *Ça sent très bon ici, ça sent le jasmin.*
- **de quelque chose** : *Yves sent des pieds, c'est insupportable.*
- **que + indicatif** : *Je sens que ce voyage va être long.*
- **quelqu'un / quelque chose + infinitif** : *Je sens un problème arriver.*
- **quelqu'un + adjectif** : *Je sens Bertrand fatigué.*

SENTIR (SE)

- **+ attribut** : *Lise se sent bien dans sa nouvelle robe.*
- **+ infinitif** : *À l'annonce des résultats, elle se sentit défaillir.*
- **quelque chose de + infinitif** : *Jean ne se sentait pas le courage d'avouer la vérité.*

> **Se sentir de taille à + infinitif**, « se sentir assez fort pour » : *Je ne me sentais pas de taille à lui répondre.*

SÉPARER

- **quelqu'un / quelque chose de quelqu'un / quelque chose** : *Dans cette école, on sépare les filles des garçons.*

SÉPARER (SE)

- **de quelqu'un / quelque chose** : *Marie-Paule vient de se séparer de son mari.*

SERINER

- **quelque chose à quelqu'un** : *Le directeur nous serine le règlement tous les jours.*
- **à quelqu'un de + infinitif** [4] : *Il nous serine de respecter le règlement.*
- **à quelqu'un + indicatif** : *Il nous serine que nous devons respecter le règlement.*

SERRER

- **quelque chose à / de quelqu'un** : *Il serre la main à (de) tous ses employés.*
- **quelqu'un / quelque chose contre quelqu'un / quelque chose** : *Il l'a serrée contre lui en dansant.*

SERTIR

- **quelque chose de quelque chose** : *Le joaillier a serti la bague de diamants.*

SERVIR

- **quelqu'un / quelque chose** : *Cet avocat servira vos intérêts.*
- **quelque chose à quelqu'un** : *Joachim a servi le vin à ses invités.*
- **à quelqu'un** : *L'ordinateur sert surtout à mes enfants.*
- **à quelque chose** : *Cet outil ne sert à rien.*
- **à + infinitif** : *Cet objet sert à couper le bois.*
- **de quelque chose à quelqu'un** : *Son manteau lui servait de matelas.*

SERVIR (SE)

- **de quelqu'un / quelque chose** : *Il s'est servi de moi pour obtenir ces informations.*

SEVRER

- **quelqu'un de quelque chose** : *La mère a sevré son enfant d'affection.*

SIDÉRER

- **quelqu'un** : *Ton attitude me sidère.*
- **quelqu'un de + infinitif** [7] : *Ça me sidère d'avoir réussi, je ne m'y attendais pas.*
- **quelqu'un que + subjonctif** : *Ça me sidère qu'il ait démissionné.*

SIGNALER

- **quelque chose à quelqu'un** : *Le pilote signale aux passagers le survol de l'Irlande.*
- **à quelqu'un que + indicatif** : *Je vous signale que je ne viendrai pas.*

SIGNALER (SE)

- **par quelque chose** : *Xavier s'est signalé par un geste de la main.*

SIGNIFIER

- **quelque chose à quelqu'un** : *Tu as signifié ton départ à ton propriétaire ?*
- **que + indicatif** : *Cette expression signifie que l'on est mécontent.*

SIMPLIFIER

- **quelque chose à quelqu'un** : *Le professeur nous a simplifié l'exercice.*

SINGULARISER (SE)

- **par quelque chose** : *Cet acteur se singularise par la diversité de ses rôles.*

SOLDER (SE)

- **par quelque chose** : *L'opération boursière s'est soldée par une perte énorme.*

SOLIDARISER (SE)

- **avec quelqu'un / quelque chose** : *Ils se sont solidarisés avec les grévistes.*

SOLLICITER

- **quelqu'un / quelque chose** : *Ils ont sollicité* ***le doyen*** *de l'université.*
- **quelque chose de quelqu'un** : *J'ai l'honneur de solliciter* ***de votre haute bienveillance une révision*** *de vos conclusions sur mon contrôle fiscal* (formule de politesse dans les lettres formelles).

SOMBRER

- **dans quelque chose** : *Sonia a sombré* ***dans la dépression.***

SOMMEILLER

- **en quelqu'un** : *Même s'il semble antipathique, un homme charmant sommeille* ***en lui.***

SOMMER

- **quelqu'un de + infinitif** [5] : *Je* ***vous*** *somme* ***de dire*** *la vérité.*

SONGER

- **à quelqu'un / quelque chose** : *Christophe songe* ***aux conséquences*** *de ses erreurs.*
- **à + infinitif** : *Nous songeons* ***à changer*** *de travail.*
- **que + indicatif** : *Songe* ***que tu vas*** *bientôt avoir vingt ans !*

SONNER

- **quelqu'un / quelque chose** : *Si vous vous sentez mal, sonnez* ***l'infirmière.***
- **à quelque chose** : *Quelqu'un a sonné* ***à la porte.***

> **Sonner les cloches à quelqu'un** (familier), « le disputer » : *Sa mère lui a sonné les cloches.*

SORTIR

- **quelqu'un / quelque chose** : *Le soir, c'est Jean-Michel qui sort* ***les poubelles.***
- **de quelque chose / quelque part** : *Un homme louche est sorti* ***de la banque.***
- **avec quelqu'un** : *Gérard sort depuis deux mois* ***avec Christine.***

> **Sortir avec quelqu'un** a deux sens :
> – « aller avec quelqu'un quelque part » : *Hier, je suis sorti en discothèque avec Henri.*
> – « être le compagnon / la compagne de quelqu'un » : *Il sort avec Catherine depuis un mois.*

- **quelqu'un / quelque chose de quelque chose / quelque part** : *Il* ***l'****a sorti* ***de la misère.***
- **quelque chose à quelqu'un** (familier) : *Il* ***lui*** *a sorti ses* ***4 vérités.***
- **+ infinitif** : *Sonia est sortie* ***acheter*** *des cigarettes.*
- **de + infinitif** [3] : *Je sors* ***de lui dire*** *la vérité. Je sors* ***d'écrire*** *une thèse*

> **Sortir + infinitif** : l'infinitif est le but de l'action de sortir.
> **Sortir de + infinitif** : indique un passé immédiat.

- **que + indicatif** (familier) : *Il m'a sorti (= Il m'a dit)* ***qu'il ne voulait plus*** *travailler avec moi.*

Avec un complément d'objet direct, on emploie l'auxiliaire « avoir » aux temps du passé : *J'ai sorti le chien.* Sans complément d'objet direct, on emploie l'auxiliaire « être » : *Je suis sortie avec Paul.*

SORTIR (SE)
- **de quelque chose / quelque part** : *Max s'est sorti seul **de cette situation** délicate.*

S'en sortir « réussir, sortir d'un situation difficile » : *Malgré ses difficultés, il s'en sort plutôt bien.*

SOUCIER (SE)
- **de quelqu'un / quelque chose** : *Les parents se soucient **de l'avenir** de leurs enfants.*
- **de + infinitif** : *Son fils ne se soucie **que de manger**.*
- **que + subjonctif** : *Notre professeur se soucie **que nous comprenions** sa leçon.*
- **de ce que + indicatif** : *Il se soucie **de ce que l'on dit** de lui dans les journaux.*

SOUFFLER
- **quelque chose** : *Arnaud a soufflé **les bougies** de son gâteau d'anniversaire.*
- **quelqu'un** (familier) : *L'insolence de cet enfant **m'**a soufflé.*
- **quelque chose à quelqu'un** (familier) : *Norbert **lui** a soufflé **la** première **place**.*

SOUFFRIR
- **quelqu'un / quelque chose** (avec négation) : *Elle ne peut pas souffrir **sa belle-mère**.*
- **de quelque chose** : *La pauvre Sylvie souffre **de** fortes **migraines**.*
- **de + infinitif** [3] : *La petite Mathilde souffre **de rester** seule pendant la récréation.*
- **que + subjonctif** : *Manon souffre **que personne ne veuille** jouer avec elle.*

SOUHAITER
- **quelque chose à quelqu'un** : *Je **vous** souhaite un **bon rétablissement**.*
- **+ infinitif** [1] : *Mon frère et sa femme souhaitent **aller** un jour en Chine.*
- **que + subjonctif** : *Je souhaite **que vous réussissiez** vos examens.*
- **à quelqu'un de + infinitif** [3] : *Je **vous** souhaite **de réussir** votre entretien.*

Je vous en souhaite ! (familier) : « Attendez-vous à des complications ».

SOUILLER
- **quelque chose de quelque chose** : *L'enfant a souillé **ses chaussures de boue**.*

SOULAGER
- **quelqu'un de quelque chose** : *Je vais **vous** soulager un peu **de vos travaux** ménagers.*
- **quelqu'un de + infinitif** [7] : *Cela **l'**a soulagé **d'être reçu**.*

SOÛLER (voir saouler)

SOULEVER
- **quelque chose** : *Pouvez-vous m'aider à soulever **ce meuble** ?*

▸ **quelqu'un contre quelqu'un / quelque chose** : *L'armée a soulevé le peuple contre le gouvernement.*

SOULEVER (SE)

▸ **contre quelqu'un / quelque chose** : *Le peuple se soulève contre l'injustice.*

SOULIGNER

▸ **quelque chose de quelque chose** : *Mélodie souligne ses yeux d'un trait noir.*

▸ **que + indicatif** : *J'aimerais souligner que nos chiffres sont en constante hausse.*

SOUMETTRE

▸ **quelqu'un / quelque chose** : *La police a réussi à soumettre les manifestants.*

▸ **quelqu'un / quelque chose à quelque chose** : *Les autorités de l'aéroport soumettent les passagers à la fouille.*

▸ **quelqu'un / quelque chose à quelqu'un** : *J'aimerais soumettre cette étude à mon directeur.*

Soumettre quelqu'un / quelque chose : « obliger à obéir ».
Soumettre quelqu'un / quelque chose à quelque chose : « obliger quelqu'un à une décision, à une loi, à une formalité ».
Soumettre quelqu'un / quelque chose à quelqu'un : « confier quelque chose au jugement de quelqu'un ».

SOUMETTRE (SE)

▸ **à quelqu'un / quelque chose** : *Les étudiants ont dû se soumettre à la nouvelle loi.*

SOUPÇONNER

▸ **quelqu'un / quelque chose** : *La police soupçonne cet homme.*

▸ **quelqu'un de quelque chose** : *On soupçonne le suspect de malversations.*

▸ **quelqu'un de + infinitif** [5] : *On le soupçonne d'être le cerveau de l'affaire.*

▸ **que + indicatif** : *Je ne soupçonnais pas qu'il pouvait chanter si juste.*

SOUPIRER

▸ **de quelque chose** : *Il soupire d'ennui.*

SOURIRE

▸ **à quelqu'un** : *Ce matin, son voisin lui a souri.*

▸ **de quelque chose** : *Le jury a souri de l'erreur que j'ai faite.*

SOUSCRIRE

▸ **quelque chose** : *Hugues a souscrit une assurance-vie.*

▸ **à quelque chose** : *Tous les syndicats ont souscrit au mouvement de grève.*

SOUSTRAIRE

▸ **quelqu'un à quelqu'un / quelque chose** : *Ses parents ont soustrait Guillaume à ses mauvaises fréquentations.*

▸ **quelque chose de quelque chose** : *Soustrayez 58 de 89.*

Soustraire (se)
- **à quelque chose** : *Pierre ne s'est pas soustrait à ses devoirs de père.*

Soutenir
- **quelqu'un / quelque chose** : *Quoi que vous décidiez, je vous soutiendrai.*
- **quelqu'un / quelque chose contre quelqu'un / quelque chose** : *Arnaud soutient l'Olympique de Marseille contre le Paris-Saint-Germain.*
- **quelque chose à quelqu'un** : *Thierry m'a soutenu le contraire de ce que je disais.*
- **+ infinitif** [2] : *L'automobiliste soutient être dans son droit.*
- **que + indicatif** : *Je soutiens que vous avez tort.*

Soutirer
- **quelque chose** : *Dans le processus de fabrication, on doit soutirer le vin.*
- **quelque chose à quelqu'un** : *Ce faux notaire a soutiré de l'argent à la vieille dame.*

Souvenir (se)
- **de quelqu'un / quelque chose** : *Toute la classe se souviendra de ce professeur.*
- **de + infinitif** [3] : *Souvenez-vous de lui laisser la clé.*
- **que + indicatif** : *Je ne me souvenais pas que tu jouais de la flûte.*

> Le verbe « souvenir » s'emploie dans la tournure impersonnelle et littéraire : *Il me souvient que nous entendions le vent souffler sous la porte.*

Spécialiser (se)
- **en (sans article) / dans quelque chose** : *Richard s'est spécialisé en (dans l') informatique.*

Spécifier
- **quelque chose à quelqu'un** : *Vous ne m'aviez pas spécifié l'heure du rendez-vous.*
- **que + indicatif** : *J'avais bien spécifié que tout le monde devait être là à l'heure.*

Spéculer
- **sur quelque chose** : *Joël spécule sur différents placements en bourse.*

Spolier
- **quelqu'un de quelque chose** : *Les associés de Jean-Luc l'ont spolié de ses parts.*

Statuer
- **sur quelque chose** : *L'assemblée va statuer sur cette affaire.*

Stupéfier
- **quelqu'un** : *La désinvolture de cet adolescent me stupéfie.*
- **quelqu'un que + subjonctif** [7] : *Cela m'a stupéfié qu'il ait gagné la course.*

Subdiviser
- **quelque chose en quelque chose** : *Il faudrait subdiviser votre texte en trois parties.*

Submerger
- **quelqu'un / quelque chose de quelque chose** : *On l'a submergé de travail.*

Les verbes

SUBORDONNER

- **quelqu'un / quelque chose à quelqu'un / quelque chose** : *On m'a subordonné à une personne très autoritaire.*

SUBROGER

- **quelqu'un à quelqu'un** : *On a subrogé un nouveau commissaire à l'ancien.*

SUBSTITUER

- **quelqu'un / quelque chose à quelqu'un / quelque chose** : *Quelqu'un a substitué un livre usagé au livre neuf que je venais d'acheter.*

SUBTILISER

- **quelque chose à quelqu'un** : *Un pickpocket a subtilisé le portefeuille à ce touriste.*

SUBVENIR

- **à quelque chose** : *Avec son petit commerce d'alimentation, il subvient aux besoins de sa famille.*

SUCCÉDER

- **à quelqu'un / quelque chose** : *La bonne nouvelle succède à la mauvaise.*

SUCCOMBER

- **à quelque chose** : *Le blessé a malheureusement succombé à ses blessures.*

SUCER

- **quelque chose** : *Le bébé suce son pouce.*
- **quelque chose à quelqu'un** [8] : *Ces familles pauvres détestent les usuriers qui leur sucent le sang.*

SUFFIRE

- **à quelqu'un / quelque chose** : *Cela suffit à son bonheur.*
- **à / pour + infinitif** : *Un mot suffit à le mettre en colère.*
- **de quelque chose** : *Il suffit d'un mot et tout le monde l'acclame.*
- **à quelqu'un de + infinitif** [7] : *il leur a suffi de passer un coup de téléphone et ils ont trouvé une location pour l'été.*
- **que + subjonctif** : *Il suffit que la directrice soit là et tout le monde se tait.*

SUFFIRE (SE)

- **à soi-même** : *Depuis que Dominique travaille, il se suffit à lui-même.*

SUFFOQUER

- **de quelque chose** : *Nicolas suffoquait de rage.*

SUGGÉRER

- **quelque chose à quelqu'un** : *Je vous suggère une relecture de votre mémoire.*
- **de + infinitif** [2] : *Nous suggérons de prendre un café.*
- **à quelqu'un de + infinitif** [6] : *Le professeur a suggéré à Anne de relire son mémoire.*
- **que + subjonctif** : *Je suggère que nous fassions une pause-café.*

La construction **Je suggère de prendre un café** signifie « Je suggère que nous prenions un café »
La construction **J'ai suggéré à Anne de relire son mémoire** peut avoir deux sens et est donc ambiguë : le sujet de relire peut être « je » ou « Anne ». Pour éviter tout malentendu, l'utilisation de la construction **suggérer que + subjonctif** est préférable : *J'ai suggéré à Anne qu'elle relise son mémoire.*

SUINTER

- **de quelque chose** : *Un liquide verdâtre suintait des murs.*

SUPERPOSER

- **quelque chose à quelque chose** : *L'ouvrier a superposé du papier peint à la peinture.*

SUPPLÉER

- **quelqu'un / quelque chose** : *Le vice-président supplée le président.*
- **à quelque chose** : *Son intelligence supplée à son manque de culture.*

SUPPLIER

- **quelqu'un** : *Je l'ai supplié, mais il n'a rien voulu entendre.*
- **quelqu'un de + infinitif** [5] : *Je vous supplie de m'aider. (Aidez-moi, je vous en supplie).*
- **que + subjonctif** : *Il a supplié qu'on le laisse tranquille.*

SUPPORTER

- **quelqu'un / quelque chose** : *Personne ne supporte cette femme.*
- **de + infinitif** [3] : *Beaucoup d'enfants ne supportent pas d'être dans le noir.*
- **que + subjonctif** : *Je ne supporte pas qu'il n'ait pas le droit de venir à la réunion.*

SUPPOSER

- **quelque chose** : *Supposons le contraire.*
- **que + indicatif** : *Je suppose que vous ne voulez pas venir.*

À l'impératif, la construction est suivie du subjonctif : *Supposons que vous soyez sur une île déserte.*

SUPPRIMER

- **quelque chose de quelque chose** : *L'organisateur a supprimé mon nom de la liste.*
- **quelqu'un** : *Les kidnappeurs menacent de supprimer les otages (de les tuer).*
- **quelque chose à quelqu'un** : *On leur a supprimé leur assurance chômage.*

SURCHARGER

- **quelqu'un / quelque chose de quelque chose** : *Nos professeurs nous surchargent de devoirs.*

SURÉLEVER

- **quelque chose de quelque chose** : *Les habitants ont dû surélever la maison d'un mètre pour éviter les inondations.*

SURFER

- **sur quelque chose** : *Fabrice surfe sur les vagues de Biarritz. On peut aussi surfer sur Internet.*

SURGIR

- **de quelque chose / quelque part** : *Un chien a surgi du buisson et m'a sauté dessus.*

SURPRENDRE

- **quelqu'un / quelque chose** : *Yvon a surpris une conversation entre Hugues et Irène.*
- **quelqu'un à + infinitif** : *Le marchand a surpris un homme à voler de la marchandise.*
- **quelqu'un de + infinitif** [7] : *Cela m'a surpris de ne pas te voir à la chorale.*
- **quelqu'un que + subjonctif** : *Cela m'a surpris que vous ne soyez pas venu à la fête.*

SURPRENDRE (SE)

- **à + infinitif** : *Emma s'est surprise à penser à José.*

SURSAUTER

- **de quelque chose** : *Les enfants ont sursauté de peur quand l'orage a éclaté.*

SURSEOIR

- **à quelque chose** (justice ou littérature) : *La justice va surseoir à son jugement.*

SURVENIR

- **quelque chose** (impersonnel) : *Il est survenu un orage terrible.*
- **à quelque chose** (littéraire) : *Des inondations sont survenues à l'orage.*

SURVIVRE

- **à quelqu'un / quelque chose** : *Tous les villageois ont survécu à la catastrophe.*

SUSCITER

- **quelque chose chez quelqu'un** : *Les déclarations du politicien ont suscité des doutes chez ses partisans.*

SUSPECTER

- **quelqu'un / quelque chose** : *Tout le monde suspecte ce nouveau voisin.*
- **quelque chose chez quelqu'un** : *Je suspecte chez lui un léger mécontentement.*
- **quelqu'un de quelque chose** : *Je le suspecte de mensonge. La police le suspecte de sympathies pour les terroristes.*
- **quelqu'un de + infinitif** : *Je le suspecte de ne pas dire tout ce qu'il sait.*

SUSPENDRE

- **quelqu'un / quelque chose** : *L'athlète s'est dopé, le comité olympique l'a suspendu.*
- **quelque chose à quelque chose** : *Simon a suspendu sa veste au portemanteau.*

SYMPATHISER

- **avec quelqu'un** : *À la soirée d'hier, Sophie a sympathisé avec un garçon charmant.*

TABLER

- **sur quelque chose** : *Hervé a tablé sur son ancienneté pour obtenir une augmentation.*

TÂCHER

- **de + infinitif** [3] : *Tâchez d'être à l'heure pour une fois.*
- **que + subjonctif** : *D'accord pour* ***que tu prépares*** *le dîner mais tâche que ce soit bon.*

TAILLADER

- **quelque chose à quelqu'un** [8] : *Jean de la Ferre s'est battu en duel, son adversaire lui a tailladé* ***le visage****.*

TAILLER

- **quelque chose à quelqu'un** [8] : *Le barbier lui a taillé* ***la barbe****.*

TAIRE

- **quelque chose à quelqu'un** : *Sylvain nous a tu* ***les raisons*** *de son licenciement.*

TAMBOURINER

- **à quelque chose** : *Quelqu'un tambourine à la porte.*

TAPER

- **quelqu'un / quelque chose** : *Roger a tapé* ***son frère****.*
- **sur quelqu'un** : *Il a tapé sur son frère.*
- **à / dans / sur quelque chose** : *La voisine a tapé à la fenêtre.*
- **de quelque chose** : *Le petit garçon tape du pied car il est furieux.*

> **Taper quelqu'un** a deux sens : « le frapper » ou lui « demander quelque chose » (de l'argent).

TAPOTER

- **quelque chose à quelqu'un** [8] : *Sa maman lui a gentiment tapoté* ***la joue****.*

TARDER

- **à + infinitif** : *Mes parents tardent à arriver.*
- **à quelqu'un de + infinitif** [5] : *Il lui tarde d'être majeur.*
- **à quelqu'un que + subjonctif** : *Il me tarde que Quentin soit là.*

TARGUER (SE)

- **de quelque chose** : *Jérôme se targue de ses nombreux diplômes.*
- **de + infinitif** : *Alexandre se targue d'avoir réalisé les plus grosses ventes.*

TARIR

- **de quelque chose (avec négation) sur quelqu'un** : *Paul ne tarit pas d'éloges sur toi.*

TÂTER

- **quelqu'un / quelque chose** : *Les Français tâtent souvent* ***le camembert*** *avant de l'acheter.*
- **de quelque chose** : *Autrefois, cet homme politique a un peu tâté des finances.*
- **quelque chose à quelqu'un** [8] : *Le médecin lui a tâté* ***le pouls****.*

TAXER

- **quelqu'un / quelque chose** : *On taxe* ***les produits*** *de luxe.*

▸ **quelqu'un / quelque chose de quelque chose** : *Ses amis l'ont taxé **d'orgueil.***
▸ **quelque chose à quelqu'un** (familier) : *Un SDF **m'**a taxé **une cigarette** dans la rue.*

TEINDRE

▸ **quelque chose en quelque chose** (couleur) : *Le coiffeur a teint **les cheveux** de sa cliente **en blond**.*

TEINDRE (SE)

▸ **quelque chose** : *De plus en plus d'hommes se teignent **les cheveux**.*
▸ **en quelque chose** : *Louise s'est teinte **en rousse**, ça lui va bien.*

TEINTER (SE)

▸ **de quelque chose** : *Sa voix s'est teintée **d'émotion**.*

TÉLÉGRAPHIER

▸ **quelque chose à quelqu'un** : *Il avait télégraphié **la nouvelle à ses amis**.*
▸ **à quelqu'un que + indicatif** : *Il **lui** avait télégraphié **qu'il arrivait** bientôt.*

TÉLÉPHONER

▸ **quelque chose à quelqu'un** : *Nous **lui** avons téléphoné **la** grande **nouvelle**.*
▸ **à quelqu'un de + infinitif** [6] : *J'ai téléphoné **à Philippe de nous rejoindre**.*
▸ **à quelqu'un que + indicatif** : *Je **lui** ai téléphoné **que j'arrivais**.*
▸ **à quelqu'un que + subjonctif** : *Je **lui** ai téléphoné **qu'il nous rejoigne**.*

> **Téléphoner que** est suivi du subjonctif quand il a le sens de « demander que » sinon on utilise l'indicatif.

TÉMOIGNER

▸ **quelque chose à quelqu'un** : *Louise témoigne beaucoup **d'affection à sa sœur**.*
▸ **de quelque chose** : *Le don que Jacques a fait témoigne **de sa générosité**.*
▸ **en faveur / contre quelqu'un** : *Le policier a témoigné **en faveur de l'accusé**.*
▸ **infinitif** [2] : *Le passant a témoigné **avoir vu** l'agresseur.*
▸ **que + indicatif** : *Il a témoigné **qu'il avait vu** l'agresseur.*

TEMPÊTER

▸ **contre quelqu'un / quelque chose** : *Linda tempête **contre le plombier** qui avait promis de venir dans la journée et qui n'est pas venu.*

TENDRE

▸ **quelque chose à quelqu'un** : *Bernard a tendu **la main à son ennemi**.*
▸ **à quelque chose** : *Le chiffre d'affaires tend **à la baisse**.*
▸ **quelque chose vers quelqu'un / quelque chose** : *Il a tendu la main **vers moi**.*
▸ **à + infinitif** : *Le chiffre d'affaires tend **à baisser**.*

> **Tendre la main** peut être utilisé au sens propre mais aussi au sens figuré et signifie dans ce cas « aider quelqu'un ».
> **Tendre l'oreille** : « écouter attentivement ».

TENIR

- **quelqu'un / quelque chose** : *Tenez bien* ***votre sac*** *dans le métro.*
- **quelque chose de quelqu'un** : *Michel tient* ***cette information de Gisèle.***
- **de quelque chose** : *La guérison de sa grand-mère tient* ***du miracle.***
- **quelqu'un / quelque chose pour + adjectif / nom** : *Tout le monde tient* ***Axel pour responsable.***
- **dans quelque chose** : *Mes meubles ne tiendront pas* ***dans cette pièce.***
- **en quelque chose** : *Le commentaire de l'examinateur tient* ***en une phrase.***

> **Tenir** peut aussi avoir le sens de « faire rester » dans certaines expressions comme *tenir en échec, tenir en haleine,…*

- **à quelqu'un / quelque chose** : *Nathalie tient* ***à cette bague*** *qui lui vient de sa grand-mère.*
- **à ce que + subjonctif** : *Je tiens* ***à ce que vous soyez*** *confortablement installés.*
- **à + infinitif** : *Je tiens* ***à*** *vous* ***remercier.***
- **de quelqu'un / quelque chose que + indicatif** : *Je tiens* ***de mes voisins qu'il a fait*** *de la prison.*
- **ne tenir qu'à quelqu'un de + infinitif** [6] : *Il ne tient* ***qu'à lui de réussir son bac.***
- **ne tenir qu'à quelqu'un que + subjonctif** : *Il ne tient* ***qu'à lui qu'il réussisse son bac.***

> **N'y plus tenir** « ne plus résister » : *j'ai envie de quitter cette société, je n'y tiens plus.*
> **Qu'à cela ne tienne** : *Il ne veut pas nous aider ? Qu'à cela ne tienne, je me débrouillerai seul.*

TENIR (SE)

- **+ adjectif / adverbe** : *Tenez-vous* ***tranquille.*** *Tiens-toi* ***bien.***
- **à quelque chose** : *Tiens-toi* ***à la rampe*** *en descendant l'escalier, c'est plus prudent.*
- **par quelque chose** : *Les amoureux se tiennent* ***par la main.***
- **pour + adjectif** : *Le magistrat s'est tenu* ***pour insulté.***

> **S'en tenir à quelque chose**, « ne pas demander plus » : *Je m'en tiens à cette réponse.*

TENTER

- **quelqu'un / quelque chose** : *Janine a tenté* ***sa chance*** *au casino mais elle a perdu.*
- **de + infinitif** [3] : *Christophe a tenté* ***de nous donner*** *une explication, en vain.*

TERMINER

- **quelque chose** : *Je n'ai pas encore terminé* ***le livre*** *que j'ai commencé il y a un mois.*
- **quelque chose par quelque chose** : *Nous avons terminé* ***la séance par des questions.***
- **de + infinitif** (1) : *Ta sœur a-t-elle terminé* ***de lire*** *le livre que je lui avais prêté ?*

> **En avoir terminé avec quelqu'un / quelque chose** « être débarrassé d'une tâche avec quelqu'un ou quelque chose » : *Dès que j'en aurai terminé avec ce client, je fermerai la boutique.*

TERMINER (SE)

- **par quelque chose** : *Le mot tabac se termine **par un « c » muet**.*
- **en quelque chose** : *La dispute s'est terminée **en bagarre**.*

> **Se terminer par quelque chose** indique concrètement la fin de quelque chose et **se terminer en quelque chose** indique la fin logique d'un certain processus.

TERRIFIER

- **quelqu'un / quelque chose** : *Ce film **m'**a terrifié.*
- **quelqu'un de + infinitif** [7] : *Ça **m'**a terrifié **d'appendre** cette nouvelle.*
- **quelqu'un que + subjonctif** : *Ça **m'**a terrifié **qu'il n'y ait pas eu** de survivants.*

TERRORISER

- **quelqu'un / quelque chose** : *Les rebelles terrorisent **la population**.*
- **quelqu'un de + infinitif** [7] : *Cela la terrorise **de passer** un examen.*
- **quelqu'un que + subjonctif** : *Cela **la** terrorise **que** l'examen **ait lieu** demain.*

THÉORISER

- **quelque chose** : *Il faut théoriser **ces résultats**.*
- **sur quelque chose** : *Le conférencier a théorisé **sur les religions**.*

TIQUER

- **sur quelque chose** : *Le client a tiqué **sur le prix** de l'assurance.*

TIRER

- **quelque chose de quelque chose** : *Le bandit a tiré **un revolver de sa poche**.*
- **quelqu'un de quelque chose** : *Je **l'**ai tiré **d'un mauvais pas**.*
- **sur quelqu'un / quelque chose** : *Le chasseur a tiré **sur un faisan** mais il l'a raté.*
- **dans quelque chose** : *Il a tiré **dans la cible**.*
- **à quelqu'un** (pronom) **dans quelque chose** : *Par erreur, le chasseur **lui** a tiré **dans le bras**.*
- **à quelque chose** : *Notre séjour tire **à sa fin**.*

TIRER (SE)

- **de quelque chose** : *Christelle s'est tirée **de cette affaire** toute seule.*

> **S'en tirer** (familier) : « se sortir d'une mauvaise situation ». *Finalement, elle s'en tire bien.*
> **Se tirer** (familier) : « partir ». *Tire-toi !*

TOLÉRER

- **quelqu'un / quelque chose** : *Nous ne tolérons pas **l'injustice**.*
- **de + infinitif** [3] : *Je ne tolérerai pas **d'être licencié** sans motif valable.*
- **que + subjonctif** : *Je ne tolérerai pas **que tu dises** du mal de lui.*

TOMBER

- **sur quelqu'un / quelque chose** : *Je suis tombé **sur mon oncle** au supermarché.*
- **dans quelque chose** : *Après la perte de son travail, Fabien est tombé **dans l'alcool**.*

- **en quelque chose** : *Hélène va être en retard, sa voiture est tombée* ***en panne****.*
- **+ adverbe** : *Vous êtes là ? Ca tombe* ***bien****, j'ai besoin de votre aide.*

> **Ça tombe bien / mal que + subjonctif** : *Ça tombe bien que tu sois là.*
> **Tomber la veste** (familier) : *J'ai tombé la veste* (avec l'auxiliaire « avoir » car « la veste » est complément d'objet direct, sinon on utilise l'auxiliaire « être »).

Tondre

- **quelque chose à quelqu'un** [8] : *Le coiffeur* ***lui*** *a tondu* ***le crâne****.*

Tonner

- **contre quelqu'un / quelque chose** : *Le peuple tonne* ***contre l'augmentation*** *des taxes.*

Toquer

- **à quelque chose** (régional et familier) : *Le facteur a toqué* ***à la porte****.*

Tordre

- **quelque chose à quelqu'un** [8] : *L'agresseur* ***lui*** *a tordu* ***le bras****.*

Tordre (se)

- **quelque chose** : *Je me suis tordu* ***la cheville*** *en tombant.*
- **de quelque chose** : *Le malade se tord* ***de douleur****.*

Tortiller

- **quelque chose** : *Vincent tortillait nerveusement* ***son mouchoir****.*
- **de quelque chose** : *Francine tortille* ***des fesses*** *en marchant.*

Tortiller (se)

- **quelque chose** : *Sophie est nerveuse, elle se tortille* ***les doigts*** *en parlant.*
- **de quelque chose** : *Le blessé se tortille* ***de douleur****.*

Toucher

- **quelqu'un / quelque chose** : *Ne touchez pas* ***ce cactus****, ça pique.*
- **quelque chose à quelqu'un** [8] : *Le jeune homme* ***lui*** *a touché* ***la main****.*
- **quelqu'un (ou animal) à quelque chose** : *Le chasseur a touché* ***l'animal à la patte****.*
- **quelqu'un / quelque chose de quelque chose** : *Le petit garçon a touché* ***le chien du bout*** *des doigts.*
- **quelqu'un par quelque chose** : *Vous pourrez* ***le*** *toucher* ***par téléphone****.*
- **à quelqu'un / quelque chose** : *Il a juré qu'il n'avait jamais touché* ***à la drogue****.*
- **quelqu'un que + subjonctif** : *Cela* ***m'****a touché* ***qu'il m'ait invité****.*

Tourmenter (se)

- **pour quelqu'un / quelque chose** : *Je me tourmente* ***pour le remboursement*** *du prêt.*

Tourner

- **quelque chose** : *Tourne* ***le volant****.*
- **quelque chose à quelqu'un** : *Je ne vois pas son visage car il* ***me*** *tourne* ***le dos****.*
- **autour de quelqu'un / quelque chose** : *Les voitures tournent* ***autour du rond-point****.*

- **à gauche / droite** : *Vous tournez à gauche au carrefour.*
- **à quelque chose** : *Ses affaires ont tourné au fiasco.*
- **bien / mal / rond / court** : *Ce club de sport tourne bien.*

TOURNER (SE)

- **vers quelqu'un / quelque chose** : *Xavier s'est tourné vers moi et m'a parlé.*

> **Se tourner les pouces**, « Ne rien faire » : *Il se tourne les pouces.*

TRACASSER (SE)

- **pour quelque chose** : *Les jeunes se tracassent pour leur avenir.*
- **que + subjonctif** : *Cela me tracasse qu'il n'ait pas encore téléphoné.*

TRACER

- **quelque chose à quelqu'un** : *Le guide nous a tracé la route.*

TRADUIRE

- **quelque chose en quelque chose (langue)** : *Jean-Paul traduit des poèmes chinois en français.*
- **quelque chose de quelque chose (langue) à /vers quelque chose (langue)** : *Il traduit des poèmes du chinois au (vers le) français.*
- **quelqu'un en justice** : *Après ses délits, on l'a traduit en justice.*
- **quelque chose par quelque chose** : *Ils ont traduit son silence par de la timidité.*

TRADUIRE (SE)

- **par quelque chose** : *Cela s'est traduit par un blocage des négociations.*

TRAHIR (SE)

- **par quelque chose** : *L'accusée s'est trahie par une contradiction dans ses déclarations.*

TRAÎNER

- **quelqu'un / quelque chose** : *Le tracteur traîne une charrette de paille.*
- **quelqu'un dans quelque chose** : *Au moment du divorce, elle a traîné son mari dans la boue (elle a dit du mal de lui).*
- **quelque part (sur, à, vers,...)** : *Ramasse tes affaires qui traînent dans le salon.*

> **Laisser traîner** « ne pas ranger quelque chose ou laisser quelque chose durer » : *Réglez vite ce problème, il vaut mieux ne pas laisser traîner.*

TRAITER

- **quelque chose** : *Il faut traiter le cuir avant de l'utiliser.*
- **de quelque chose** : *Cet exposé traite de la faim dans le monde.*
- **quelqu'un de + mot péjoratif** : *Qui m'a traité d'incompétent ?*
- **avec quelqu'un** : *Ils ont refusé de traiter avec l'ennemi.*

> **Traiter quelqu'un en ami / ennemi** : *Malgré nos différends, il m'a traité en ami.*

TRAMER

- **quelque chose contre quelqu'un / quelque chose** : *Les opposants trament un complot contre le gouvernement.*

TRANCHER

- **quelque chose** : *Le boucher a tranché deux morceaux de bœuf.*
- **dans quelque chose** : *Le boucher a tranché dans le filet.*
- **avec quelque chose** : *Le rouge tranche avec le noir.*
- **sur quelque chose** : *C'est vous qui trancherez sur cette question.*

TRANSCRIRE

- **quelque chose en quelque chose** : *Transcrivez ces chiffres romains en chiffres arabes.*

TRANSFÉRER

- **quelque chose quelque part (sur, à, vers,...)** : *J'ai transféré mon compte bancaire dans une agence de la région.*

TRANSFORMER

- **quelqu'un / quelque chose en quelqu'un / quelque chose** : *Mon frère a transformé une ancienne bergerie en une charmante maison de campagne.*
- **de + infinitif** (7) : *Cela l'a transformé d'avoir passé une semaine à la campagne.*

TRANSIGER

- **avec / sur quelqu'un / quelque chose** : *Les syndicats ne transigent pas avec le droit du travail.*

TRANSITER

- **quelque chose** : *Ces bateaux transitent des marchandises périssables.*
- **par quelque chose** : *Je transiterai par Miami avant de repartir pour le Costa Rica.*

TRANSMETTRE

- **quelque chose à quelqu'un** : *Roger a transmis son entreprise à son fils.*

TRANSMETTRE (SE)

- **par quelque chose** : *Ce virus se transmet par piqûre de moustique.*
- **de quelqu'un en quelqu'un** : *Cette boutique s'est transmise de père en fils.*

TRANSPARAÎTRE

- **à travers quelque chose** : *Des ombres transparaissent à travers les rideaux.*

TRANSPORTER

- **quelqu'un / quelque chose quelque part** : *On a transporté les statues au musée.*
- **quelqu'un de quelque chose** : *La bonne nouvelle le transporte d'enthousiasme.*

TRANSVASER

- **quelque chose dans quelque chose** : *Pour le décanter, il faut transvaser le vin dans une carafe.*

TRAVAILLER

- **quelque chose** : *Ce sculpteur travaille* ***la pierre****.*
- **quelqu'un** (préoccuper) : *Ce problème* ***me*** *travaille depuis une semaine.*
- **pour / contre quelqu'un / quelque chose** : *Il travaille* ***pour une société*** *suédoise.*
- **à quelque chose** : *Le metteur en scène travaille* ***à un*** *nouveau* ***film****.*
- **à + infinitif** : *Cela fait des semaine que je travaille* ***à améliorer*** *nos relations.*

TRAVESTIR

- **quelque chose** : *Dans son livre, l'auteur a travesti* ***la réalité****.*
- **quelqu'un en quelqu'un** : *On* ***l'****avait travesti* ***en fille*** *pour son rôle dans la pièce.*

TRÉBUCHER

- **sur / contre quelque chose** : *J'ai trébuché* ***sur une racine*** *d'arbre et je suis tombé.*

TREMBLER

- **de quelque chose** : *L'enfant n'a pas mis son manteau, il tremble* ***de froid****.*
- **devant quelqu'un / quelque chose** : *Les élèves tremblent* ***devant le directeur****.*
- **pour quelqu'un** : *Mon fils passe son bac aujourd'hui, je tremble* ***pour lui****.*
- **que + (ne) subjonctif** : *Je tremble* ***qu'elle (ne) fasse*** *une fausse note en jouant.*

> Dans la construction **trembler que + (ne) subjonctif**, le « ne » explétif (idée de peur) est facultatif et n'est pas une négation.

TREMPER

- **quelque chose dans quelque chose** : *Certains trempent* ***leur croissant dans leur café****.*

TREMPER (SE)

- **quelque chose (partie du corps) dans quelque chose** : *Trempe-toi* ***les mains dans l'eau*** *tiède.*

TRÉPIGNER

- **de quelque chose** : *Les enfants trépignent* ***d'impatience*** *à l'approche des vacances.*

TRESSAILLIR

- **de quelque chose** : *J'ai tressailli* ***de peur*** *en le voyant recouvert de boue.*

TRESSER

- **quelque chose à quelqu'un** [8] : *Sa mère* ***lui*** *a tressé* ***les cheveux****.*

TRICHER

- **à quelque chose** : *Personne ne veut jouer avec lui car il triche* ***aux cartes****.*
- **sur quelque chose** : *Jean a triché* ***sur ses diplômes****.*

TRICOTER

- **quelque chose à quelqu'un** : *La grand-mère tricote* ***un pull à son petit fils****.*

TRIER

- **quelque chose de quelque chose** : *Le vendeur trie* ***les bons fruits des mauvais****.*

TRINQUER

- **à quelque chose** : *Nous trinquons à votre réussite.*
- **avec quelqu'un** : *Venez trinquer avec nous.*

TRIOMPHER

- **à quelque chose** : *Patrice triomphe toujours aux cartes.*
- **de quelqu'un / quelque chose** : *Le boxeur français a triomphé de son adversaire.*

TROMPER

- **quelqu'un avec quelqu'un** : *Marc a trompé sa femme avec une collègue de bureau.*
- **quelqu'un sur quelque chose** : *Il a trompé le recruteur sur ses emplois précédents.*
- **quelque chose** : *Denis trompe l'ennui en regardant la télévision.*

TROMPER (SE)

- **de quelqu'un / quelque chose** : *Je me suis trompé de veste, j'ai pris la tienne.*
- **sur quelqu'un / quelque chose** : *Olivia s'est trompée sur mes intentions.*

> **Se tromper de quelqu'un / quelque chose** : « commettre une erreur » ; **se tromper sur quelqu'un / quelque chose** : « réaliser qu'on s'était fait des illusions ».

- **dans quelque chose** : *Le vendeur s'est trompé dans son calcul.*

> **Si je ne me trompe** : « si je ne fais pas d'erreur ». *Vous êtes écrivain, si je ne me trompe ?*

TRÔNER

- **quelque part (sur, à, vers,...)** : *La photo de sa famille trône sur son bureau.*

TROQUER

- **quelque chose contre quelque chose** : *Les villageois troquent du riz contre d'autres aliments.*

TROUBLER

- **quelqu'un / quelque chose** : *Son regard m'a troublé.*
- **de + infinitif** [7] : *Cela le trouble d'être si près d'elle.*
- **que + subjonctif** : *Cela trouble qu'elle ressemble autant à sa mère.*

TROUER

- **quelque chose à quelqu'un** [8] : *Dans la bataille, une balle lui a troué le bras.*

TROUVER

- **quelqu'un / quelque chose** : *Amanda a trouvé l'homme de ses rêves.*
- **quelque chose à quelqu'un** : *Pauline ne trouve à Pierre que des qualités.*
- **que + indicatif** : *Je trouve que c'est intéressant.*

> Avec la négation ou l'interrogation, le subjonctif est possible : *Je ne trouve pas que c'est / ce soit intéressant. Trouvez-vous que c'est / ce soit intéressant ?*

- **quelqu'un / quelque chose + adjectif** : *Jacques a trouvé **ce livre passionnant**.*
- **à + infinitif** : *Marie trouve toujours **à redire**.*
- **quelque chose à + infinitif** : *J'ai trouvé **un exercice à faire**.*
- **adjectif + de + infinitif** [3] : *Je trouve **difficile d'écrire** le français sans fautes.*
- **adjectif + que + subjonctif** : *Je trouve **fantastique que vous ayez réussi** votre examen.*

> **Trouver à redire** : « critiquer ».
> **Trouver le temps de + infinitif** : *Je n'ai pas trouvé le temps de vous rappeler.*

TROUVER (SE)

- **quelque part (dans, sur, à,...)** : *Dinan se trouve **en France** et Dinant **en Belgique**.*
- **+ adjectif** : *Sabine se trouve **belle**.*

> **Se trouver + adjectif**, « penser que l'on est » mais **se trouver + adverbe** « se sentir » : *Elle se trouve mal.*

- **+ infinitif** : *Sabine se trouve **être** la copine de mon frère (par coïncidence).*
- **que + indicatif** : *Il se trouve **que vous avez** raison.*

TRUFFER

- **quelque chose de quelque chose** : *Il a truffé **son discours d'exemples** très concrets.*

TUER (SE)

- **à quelque chose** : *Ne vous tuez pas **au travail**. (Ne travaillez pas trop).*
- **à + infinitif** : *Sa mère s'est tuée **à** lui **dire** de faire ses devoirs.*

UNIR

- **quelqu'un / quelque chose à quelqu'un / quelque chose** : *Le maire a uni **Irène à Joël**.*

UNIR (S')

- **à (avec) quelqu'un / quelque chose** : *Certains pays veulent s'unir **à l'Europe**.*
- **contre quelqu'un / quelque chose** : *Des pays européens s'unissent **contre l'entrée** de ce pays en Europe.*

USER

- **quelqu'un / quelque chose** : *Sylvain a usé **ses chaussures**.*
- **de quelque chose** : *Il faut user **de diplomatie** pour discuter avec elle.*
- **quelqu'un de + infinitif** [7] : *Cela **l'**a usé **de travailler** toute sa vie dans une usine.*
- **quelqu'un que + subjonctif** : *Cela **m'**use **que mes voisins fassent** tant de bruit.*

USER (S')

- **à + infinitif** : *Le poète Arthur Rimbaud s'est usé **à vagabonder**.*
- **quelque chose à + infinitif** : *Je me suis usé **la vue à travailler** avec l'ordinateur.*

VACCINER

- **quelqu'un contre quelque chose** : *Le docteur **m'**a vacciné **contre le tétanos**.*

VALOIR

- **quelque chose** : *Cette abbaye vaut* ***le détour****, elle est magnifique.*
- **cher / une somme** : *Ce meuble vaut* ***cher*** *; il vaut* ***dix mille euros****.*
- **pour quelqu'un** : *La remarque que j'ai faite à votre camarade vaut aussi* ***pour vous****.*
- **quelque chose pour quelqu'un** : *Ton amitié vaut* ***tout pour moi****.*
- **quelque chose à quelqu'un** : *Son comportement* ***lui*** *a valu* ***beaucoup d'ennuis****.*
- **faire valoir quelque chose** : *Elle a fait valoir* ***ses droits****.*
- **faire valoir que + indicatif** : *Elle a fait valoir* ***qu'on lui avait promis*** *de l'embaucher.*
- **Il vaut mieux + infinitif** [2] : *Il vaut mieux* ***partir****.*
- **Il vaut mieux que (impersonnel) + subjonctif** : *Il vaut mieux* ***que vous partiez****.*

> **Valoir la peine** : *Cela ne vaut pas la peine d'aller chez le docteur quand on a un simple rhume.*
> **Valoir le coup** (familier) : *Va voir cette expo, ça vaut le coup.*
> **Rien qui vaille** : *Ton idée ne me dit rien qui vaille (Elle m'inquiète).*

VANTER

- **quelque chose à quelqu'un** : *Le vendeur* ***m'****a vanté* ***la qualité*** *de ses fruits.*

VANTER (SE)

- **à quelqu'un de quelque chose** : *Yves se vante* ***à tout le monde de ses succès****.*
- **de + infinitif** [4] : *Antoine s'est vanté* ***d'être*** *le fils d'un grand acteur.*
- **que + indicatif** : *Stéphane s'est vanté* ***qu'il avait réalisé*** *le meilleur temps.*

VAPORISER

- **quelque chose sur quelqu'un / quelque chose** : *La coiffeuse a vaporisé* ***de la laque sur les cheveux*** *de sa cliente.*

VAQUER

- **à quelque chose** : *L'après-midi, Renée vaque* ***à ses occupations****.*

VARIER

- **quelque chose** : *Il essaie de varier* ***son alimentation*** *pour rester en bonne santé.*
- **de quelqu'un / quelque chose à un(e)/l'autre** : *La motivation varie* ***d'un élève à l'autre****.*
- **sur quelque chose** : *Les spécialistes varient* ***sur ce sujet****.*

VAUTRER (SE)

- **quelque part (sur, à, vers,...)** : *En rentrant de l'école, l'adolescente s'est vautrée* ***sur le canapé*** *et n'a rien fait.*
- **dans quelque chose** : *Certains se vautrent* ***dans la paresse****.*

VEILLER

- **quelqu'un** : *L'infirmière veille* ***le malade*** *nuit et jour.*
- **à quelque chose** : *Il veille* ***à sa santé*** *en faisant du sport et en mangeant équilibré.*
- **sur quelqu'un** : *Louise veille* ***sur ses enfants****.*
- **à + infinitif** : *Le concierge veille* ***à garder*** *l'escalier propre.*
- **à ce que + subjonctif** : *La gardienne veille* ***à ce que l'escalier soit*** *toujours propre.*

VENDRE

▸ **quelque chose à quelqu'un** : *Ma sœur m'a vendu sa vieille voiture.*

> **Vendre quelqu'un**, « dénoncer » : *Il a vendu ses complices.*

VENGER

▸ **quelqu'un de quelque chose** : *Il nous a vengés des insultes que nous avions subies.*

VENGER (SE)

▸ **de quelqu'un / quelque chose** : *Alain s'est vengé de mon adversaire.*

VENIR

▸ **quelque part (à, chez, de,...)** : *Venez chez moi dimanche.*
▸ **de quelque part (de, du, d', de la, des, de chez)** : *Ramiro vient d'Espagne.*
▸ **de quelqu'un / quelque chose** : *Ce collier vient de ma grand-mère.*
▸ **quelque chose à quelqu'un** : *Il m'est venu une idée.*
▸ **à quelqu'un de quelqu'un** : *Ce collier me vient de ma grand-mère.*
▸ **+ infinitif** [1] : *Venez dîner à la maison.*
▸ **à + infinitif** : *Si vous venez à vous perdre dans Paris, téléphonez-moi.*

> **En venir à quelque chose** « arriver à » : *Ils en sont venus aux insultes.*
> **En venir à + infinitif** : *Ils en sont venus à s'insulter*
> **Venir de + infinitif** (construction du passé récent) : *Je viens d'arriver.*
> Après l'impératif, on emploie **que + subjonctif** si les sujets sont différents : *Viens que je t'embrasse.* Sinon, on emploie **pour que + subjonctif** : *Il est venu pour que je l'aide.*

VÉRIFIER

▸ **quelque chose** : *Le comptable a vérifié tous nos calculs.*
▸ **que + indicatif** : *Tu as vérifié que* Quentin *était dans son bureau ?*
▸ **si + indicatif** : *Pouvez-vous vérifier si je suis bien inscrit sur la liste ?*

VERSER

▸ **quelque chose à quelqu'un** : *Versez-moi un peu de vin, s'il vous plaît.*
▸ **quelque chose dans/ sur quelque chose** : *Versez la pâte dans un moule et enfournez.*
▸ **dans quelque chose** : *Caroline verse dans l'astrologie.*

VÊTIR

▸ **quelqu'un de quelque chose** : *Chantal a vêtu ses enfants d'habits neufs.*

VEXER

▸ **quelqu'un** : *J'espère que je ne vous ai pas vexé ?*
▸ **de + infinitif** [7] : *Cela me vexe d'être classé dernier.*
▸ **quelqu'un + subjonctif** : *Cela me vexe qu'on m'ait chassé.*

VIBRER

▸ **de quelque chose** : *La voix du père du marié vibrait d'émotion.*

VIDER
- **quelque chose de quelque chose** : *Olga a vidé* ***son sac de tous les objets*** *inutiles.*
- **quelqu'un** : *Christophe faisait des fautes professionnelles alors on* ***l'****a vidé.*

Vider quelqu'un (familier) : « licencier, renvoyer quelqu'un ».

VIDER (SE)
- **de quelque chose** : *Le blessé se vide* ***de son sang****.*

VIEILLIR
- **quelqu'un / quelque chose** : *Cette coiffure vieillit* ***Béatrice****.*
- **quelqu'un de quelque chose (durée)** : *Cette coiffure* ***la*** *vieillit* ***de dix ans****.*

VIRER
- **quelqu'un / quelque chose** : *L'entreprise vient de virer* ***Olivier****.*
- **quelque chose sur quelque chose** : *Mon père a viré* ***de l'argent sur mon compte****.*
- **à quelque chose** : *La discussion a viré* ***à la bagarre*** *générale.*
- **de + couleur au + couleur** : *Son visage a viré* ***du rouge au blanc****.*

Virer quelqu'un (familier) : « licencier, renvoyer, vider quelqu'un ».

VISER
- **quelqu'un / quelque chose** : *Vous devez viser* ***le centre*** *de la cible.*
- **quelqu'un à quelque chose** : *Le policier* ***l'****a visé* ***au bras****.*
- **viser à quelque chose** : *Son discours vise* ***à l'obtention*** *de nouveaux électeurs.*
- **viser à + infinitif** : *Cette campagne vise* ***à sensibiliser*** *les jeunes aux dangers de la drogue.*

VITUPÉRER
- **contre quelqu'un / quelque chose** : *Il vitupère* ***contre l'augmentation*** *des prix.*

VIVRE
- **quelque chose** : *Nous avons vécu* ***une expérience*** *formidable.*
- **pour quelqu'un / quelque chose** : *Depuis son divorce, Elsa vit* ***pour ses enfants****.*
- **de / grâce à quelque chose** : *Martin ne travaille pas, il vit* ***de son héritage****.*
- **dans quelque chose** : *Maxime est riche, il vit* ***dans le luxe****.*
- **avec / chez quelqu'un** : *Arnaud vit* ***avec Marie****.*
- **+ durée** : *Victor Hugo a vécu* ***quatre-vingt-trois ans****.*

VOCIFÉRER
- **quelque chose** : *Il vociférait* ***des injures****.*
- **contre quelqu'un / quelque chose** : *Il vocifère* ***contre tout le monde****.*

VOIR
- **quelqu'un / quelque chose** : *Tu as vu* ***un*** *bon* ***film*** *récemment ?*

▸ **quelqu'un en quelqu'un / quelque chose** : *Juliette voit en lui un véritable frère.*
▸ **bien / mal / clair / trouble,...** : *J'ai besoin de lunettes, je ne vois plus très clair.*
▸ **que + indicatif** : *Je vois que vous êtes tous là.*
▸ **ce que + indicatif** : *Je vois ce que vous voulez dire.*
▸ **voir à + infinitif** : *Tu devrais voir à mettre ta fille dans un pensionnat.*
▸ **quelqu'un / quelque chose + infinitif** : *J'ai vu quelqu'un passer devant la maison.*

Voir le jour « naître » : *Il a vu le jour à Lyon en 1954.*
Aller voir quelqu'un / quelque chose : *Je suis allé voir ma grand-mère pendant les vacances.*
Voyons ! « indique le désaccord » : *Ne marche pas sur les fleurs, voyons !*
N'avoir rien à voir avec quelqu'un / quelque chose « n'avoir aucun rapport » : *Cela n'a rien à voir avec mon idée.*

VOIR (SE)

▸ **+ infinitif** : *Mes copains se sont vu refuser l'entrée de la discothèque.*

Dans la construction **se voir + infinitif** aux temps composés, on accorde le participe passé « vu » si le sujet est aussi celui de l'infinitif : *Ils se sont vu refuser l'entrée de la discothèque (quelqu'un leur a refusé l'entrée) ; Ils se sont vus mourir (**Ils** est le sujet de voir et de mourir).*

VOLER

▸ **de quelque part à quelque part** : *Nous avons volé de Miami à Atlanta.*

Voler au secours de quelqu'un : *Nous avons volé au secours des blessés.*

▸ **quelque chose à quelqu'un** : *On m'a volé mon portefeuille dans le métro.*
▸ **quelqu'un** : *Kévin vole ses camarades.*

VOMIR

▸ **quelque chose** : *Le bébé a vomi son repas.*
▸ **de quelque chose** : *Ce plat de tripes, c'est à vomir de dégoût.*

VOTER

▸ **quelque chose** : *L'assemblée a voté une nouvelle loi.*
▸ **pour quelqu'un / quelque chose** : *Peu de gens ont voté pour ce candidat.*

On peut voter + nom (sans article) : *voter socialiste, écologiste,* **voter + adjectif** : *blanc, nul* ou *à droite, à gauche.*

VOUER

▸ **quelqu'un / quelque chose à quelqu'un / quelque chose** : *Ce chercheur a voué sa vie aux mathématiques.*

VOULOIR

▸ **quelqu'un / quelque chose** : *Julie veut ces chaussures dans la vitrines.*
▸ **de quelqu'un / quelque chose** : *Le club ne veut plus de ce joueur car il a triché.*

▸ **quelque chose de quelqu'un** : *Que voulez-vous de moi ?*
▸ **quelque chose à quelqu'un** : *Que me voulez-vous ?*

Vouloir quelque chose de quelqu'un, « vouloir obtenir quelque chose de quelqu'un » : *Que voulez-vous de moi = Que voulez-vous que je fasse ?*
Vouloir quelque chose à quelqu'un : « vouloir s'entretenir avec quelqu'un » : *Que me voulez-vous ? = Que voulez-vous me dire, me demander ?*

▸ **+ infinitif** [1] : *James veux retourner aux États-Unis.*
▸ **que + subjonctif** : *Marjorie veut que ses parents lui fassent plus confiance.*
▸ **bien que + subjonctif** : *Je veux bien qu'on aille au cinéma.*

Vouloir bien *signifie, accepter (impossible à la forme négative).*
« Beaucoup » n'est pas possible avec vouloir ; pour marquer l'intensité, on emploie « vraiment » : Il veut vraiment apprendre le chinois.

▸ **du bien, du mal** : *Il ne vous veut que du bien.*

vouloir dire « signifier » : *Que veut dire ce mot ?*
en vouloir : *Cet étudiant réussira car il en veut. (Il est déterminé).*
en vouloir à quelqu'un / quelque chose : *Attention, cet homme en veut à ton argent.*
en vouloir à quelqu'un de + infinitif [5] : *Je t'en veux de ne pas m'avoir aidé.*

VOULOIR (S'EN)

▸ **de quelque chose** : *Je m'en veux de mes critiques sur ton travail.*
▸ **de + infinitif** : *Je m'en veux d'avoir critiqué ton travail.*
▸ **de ce que + infinitif** : *Roger s'en veut de ce qu'il a dit à sa fille.*

ZOOMER

▸ **sur quelqu'un / quelque chose** : *Pouvez-vous zoomer sur le bateau à l'horizon.*

Index

abandonner **T**
abasourdir **T**
abattre **T**
abdiquer **T, I**
abêtir **T**
abhorrer **T**
abîmer **T**
abjurer **T**
abolir **T**
abominer **T**
aborder **T, I**
abouler *fam.* **T**
abréger **T**
abroger **T**
abrutir **T**
absorber **T**
absoudre **T**
abstraire **T**
accaparer **T**
accélérer **T, I**
accentuer **T**
acclamer **T**
acclimater **T**
accoler **T**
accommoder **T, I**
accomplir **T**
accoster **T**
accoupler **T**
accréditer **T**
accroître **T**
accueillir **T**
accumuler **T**
acheminer **T**
achopper sur **T**
acidifier **T**
aciduler **T**
acquérir **T**
acquitter **T**
actionner **T**
activer **T**
actualiser **T**
additionner **T**
adjectiver **T**
admonester **T**
adopter **T**
adosser **T**
adoucir **T**
aduler **T**
aérer **T**
affabuler **T**
affadir **T**
affaiblir **T**
affaisser **T**
affaler **T**
affamer **T**
affectionner **T**
affermir **T**
afficher **T**
affilier **T**
affiner **T**
affleurer **T, I**
affluer **I**
affoler **T**
affranchir **T**
affréter **T**
africaniser **T**
affrioler **T**
affronter **T**
affubler **T**
affûter **T**
agencer **T**
agglomérer **T**
agglutiner **T**
aggraver **T**
agiter **T**
agoniser **I**
agrafer **T**
agrandir **T**
agresser **T**
agripper **T**
aguerrir **T**
aguicher **T**
ahaner **I**
ahurir **T**
aigrir **T, I**
aiguillonner **T**
aiguiser **T**
aimanter **T**
ajourner **T**
alanguir **T**
alarmer **T**
alcooliser **T**
alerter **T**
aliéner **T**
aliter **T**
allaiter **T**
allécher **T**
alléger **T**
alléguer **T**
allonger **T, I**
allouer **T**
allumer **T**
alourdir **T**
alpaguer **T**
alphabétiser **T**
altérer **T**
alunir **I**
amadouer **T**
amaigrir **T**
amalgamer **T**
amarrer **T**
amasser **T**
améliorer **T**
amender **T**
amenuiser **T**
américaniser **T**
amerrir **I**
ameuter **T**
amidonner **T**
amincir **T**
amnistier **T**
amocher *fam.* **T**
amoindrir **T**
amollir **T**
amonceler **T**
amorcer **T**
amortir **T**
amplifier **T**
analyser **T**
anéantir **T**
anémier **T**
anesthésier **T**
angliciser **T**
animer **T**
aniser **T**
ankyloser **T**
anneler **T**
annexer **T**
annihiler **T**
annoter **T**
annuler **T**
anoblir **T**
ânonner **T**
antidater **T**
apeurer **T**
apitoyer **T**
aplanir **T**
aplatir **T**
apostropher **T**
appareiller **T, I**
apparenter **T**
appâter **T**
appauvrir **T**
appointer **T**
apposer **T**
apprêter **T**
apprivoiser **T**
approfondir **T**
approvisionner **T**
araser **T**
arbitrer **T**
arborer **T**
arc-bouter **T**
archiver **T**
argenter **T**
argumenter **I**
armer **T**
arnaquer *fam.* **T**
aromatiser **T**
arpenter **T**
arquer **T**
arraisonner **T**
arrimer **T**
arrondir **T**
articuler **T**
ascensionner **T**
aseptiser **T**
asphalter **T**
asphyxier **T**
assagir **T**
assainir **T**
assassiner **T**
assécher **T**
assembler **T**
asseoir **T**
assermenter **T**
assiéger **T**
assigner **T**

assoiffer **T**
assombrir **T**
assoupir **T**
assouplir **T**
assourdir **T**
assouvir **T**
asticoter *fam.* **T**
astiquer **T**
atermoyer **I**
atomiser **T**
atrophier **T**
attabler **T**
attaquer **T**
atteindre **T**
atteler **T**
attendrir **T**
atténuer **T**
attifer *fam.* **T**
attiser **T**
attraper **T**
attrouper **T**
auditionner **T, I**
auréoler **T**
ausculter **T**
authentifier **T**
automatiser **T**
autopsier **T**
avaler **T**
avaliser **T**
aventurer **T**
avarier **T**
aveugler **T**
avilir **T**
aviver **T**
avoisiner **T**
avorter **T, I**
azurer **T**

babiller **I**
bâcher **T**
bachoter **I**
bâcler **T**
badiner **I**
baffer *fam.* **T**
bafouer **T**
bafouiller **T, I**
bâfrer *fam.* **T**
bagarrer *fam.* **I**
baguer **T**
bâillonner **T**
baiser **T**
balader **T**
balafrer **T**
balayer **T**
baliser **T, I**
ballonner **T**
ballotter **T, I**
banaliser **T**
bander **T, I**
banquer *fam.* **I**
baragouiner **T, I**
baratiner **T, I**
barboter **T, I**
barioler **T**
barricader **T**
barrir **I**
batifoler **I**
bâtonner **T**
bavasser *fam.* **I**
bazarder **T**
béatifier **T**
bêcher **T, I**
bécoter *fam.* **T**
becqueter **T**
bedonner **I**
bégayer **T, I**
bêler **T, I**
bénir **T**
berner **T**
besogner **I**
bêtifier **I**
bétonner **T, I**
beugler **T, I**
beurrer **T**
biaiser **T, I**
biberonner *fam.* **I**
bicher *fam.* **I**
bichonner **T**
bidouiller *fam.* **T**
biffer **T**
bifurquer **I**
bigarrer **T**
bigorner *fam.* **T**
biner **T**
biper **T**
biser **T**
bisquer **I**
bisser **T**
bivouaquer **I**
bizuter **T**
blackbouler **T**
blairer *fam.* **T**
blanchir **T, I**
blaser **T**
blasphémer **T, I**
bleuir **T, I**
blinder **T**
blondir **T, I**
bloquer **T**
blouser *fam.* **T, I**
bluffer *fam.* **T**
boire **T, I**
boiser **T**
boiter **I**
boitiller **I**
bomber **T, I**
bonifier **T**
bonimenter **I**
border **T**
borner **T**
bosseler **T**
bosser **I**
botaniser **I**
boucaner **T**
boucher **T**
bouchonner **T**
boucler **T**
bouder **T**
boudiner **T**
bouffer *fam.* **T**
bouger **T**
bougonner **I**
boulanger **T**
boulocher **I**
boulonner **T**
boumer *fam.* **I**
bouquiner *fam.* **T**
bourgeonner **I**
bourlinguer **I**
bourreler **T**
boursicoter **I**
boursoufler **T**
bousculer **T**
bousiller *fam.* **T**
bouter **T**
boutonner **T**
bouturer **I**
boxer **T**
boycotter **T**
braconner **T, I**
brader **T**
braire **I**
braiser **T**
bramer **T**
brandir **T**
branler **T**
braquer **T**
brasser **T**
braver **T**
breveter **T**
bricoler **T**
brider **T**
bridger **I**
briefer **T**
briguer **T**
brimer **T**
bringuebaler **T**
briquer **T**
brocarder **T**
brocher **T**
broder **T**
broncher **I**
bronzer **I**
brosser **T**
brouter **T, I**
broyer **T**
bruiner IMP
bruire **I**
bruisser **I**
bruiter **T**
brumer IMP
brunir **T, I**
brusquer **T**
brutaliser **T**
bûcher *fam.* **T**
buller *fam.* **I**
buriner **T**
butiner **T, I**

Index

câbler **T**
cabosser **T**
cabotiner *fam.* **I**
cabrer **T**
cabrioler **I**
cadastrer **T**
cacheter **T**
cadenasser **T**
cadencer **T**
cafarder *fam.* **T, I**
cafouiller *fam.* **I**
cafter *fam.* **T, I**
cahoter **T, I**
cailler **T, I**
caillouter **T**
cajoler **T**
calandrer **T**
calciner **T**
caler **T, I**
calfeutrer **T**
calibrer **T**
câliner **T**
calligraphier **T**
calomnier **T**
calotter **T**
calquer **T**
cambrer **T**
cambrioler **T**
camper **T, I**
canaliser **T**
canarder **T**
cancaner **I**
canoniser **T**
canonner **T**
canoter **I**
cantonner **T**
capitaliser **T**, *fam.* **I**
capitonner **T**
capoter **T, I**
capsuler **T**
capter **T**
captiver **T**
capturer **T**
caqueter **I**
caracoler **I**
caractériser **T**
caramboler **T, I**
caraméliser **T**
carboniser **T**
carburer **I**
carder **T**
carencer **T**
caréner **T**
carier **T**
carillonner **T, I**
carotter *fam.* **T**
carreler **T**
carrosser **T**
cartonner **T**
cascader **I**
caser **T**
casquer **I**
castrer **T**
cataloguer **T**
catalyser **T**
catapulter **T**
catastropher **T**
catéchiser **T**
cauchemarder **I**
cautériser **T**
cautionner **T**
cavaler **I**
caviarder **T**
ceindre **T**
ceinturer **T**
célébrer **T**
celer **T**
censurer **T**
centraliser **T**
centrer **T**
centrifuger **T**
centupler **T, I**
cercler **T**
cerner **T**
chagriner **T**
chahuter **T, I**
chalouper **I**
chambarder *fam.* **T**
chambouler *fam.* **T**
chambrer **T**
chanceler **I**
chantonner **T, I**
chaparder *fam.* **T**
chapeauter **T**
chaperonner **T**
chapitrer **T**
charcuter *fam.* **T**
charpenter **T**
charrier **T, I**
châtier **T**
chatouiller **T**
chatoyer **I**
châtrer **T**
chauffer **T, I**
chausser **T, I**
chavirer **T, I**
cheminer **I**
chérir **T**
chevaucher **T, I**
cheviller **T**
chevroter **I**
chialer *fam.* **I**
chicaner **T, I**
chier *fam.* **T, I**
chiffonner **T**
chiffrer **T, I**
chiner **T**
chinoiser **I**
chiper *fam.* **T**
chipoter *fam.* **T, I**
chiquer **T, I**
chlorer **T**
chloroformer **T**
choir **I**
chômer **T, I**
choper *fam.* **T**
chorégraphier **T, I**
chouchouter **T**
choyer **T**
christianiser **T**
chronométrer **T**
chuinter **I**
chuter **I**
cibler **T**
cicatriser **T, I**
ciller **T, I**
cimenter **T**
cingler **T, I**
cintrer **T**
circoncire **T**
circonscrire **T**
cirer **T**
cisailler **T**
ciseler **T**
citer **T**
civiliser **T**
claironner **T, I**
clapoter **I**
claquemurer **T**
claquer **T, I**
clarifier **T**
classer **T**
classifier **T**
claudiquer **I**
clignoter **I**
climatiser **T**
cliquer **I**
cliqueter **I**
clocher *fam.* **I**
cloisonner **T**
cloîtrer **T**
cloner **T**
clopiner **I**
clore **T**
clôturer **T**
clouer **T**
coaguler **T, I**
coaliser **T**
coasser **I**
cocher **T**
cocufier *fam.* **T**
coder **T**
codifier **T**
coexister **I**
coffrer **T**
cogiter **I**
cogner **T**
cohabiter **I**
coiffer **T**
coincer **T**
collecter **T**
collectionner **T**
collectiviser **T**
colmater **T**
coloniser **T**
colporter **T**
coltiner **T**
combiner **T**
commanditer **T**
commémorer **T**

commenter **T**
commercer **I**
commercialiser **T**
commettre **T**
commissionner **T**
commotionner **T**
commuer **T**
communier **I**
commuter **T**
comparaître **I**
compacter **T**
compartimenter **T**
compiler **T**
compléter **T**
complexer **T**
complexifier **T**
compliquer **T**
comporter **T**
composer **T, I**
composter **T**
compresser **T**
comprimer **T**
compromettre **T**
comptabiliser **T**
compulser **T**
concasser **T**
concéder **T**
concentrer **T**
conceptualiser **T**
concerner **T**
concerter **T**
concilier **T**
concocter **T**
concrétiser **T**
concurrencer **T**
condescendre à **T**
conditionner **T**
confectionner **T**
conférer **T**
configurer **T**
confiner **T**
confire **T**
confluer **I**
conformer **T**
congédier **T**
congeler **T**
congestionner **T**
congratuler **T**
conjecturer **T**
conjuguer **T**
connecter **T**
connoter **T**
conquérir **T**
conserver **T**
consigner **T**
consommer **T, I**
conspuer **T**
consteller **T**
constiper **T**
constituer **T**
consumer **T**
contacter **T**
contaminer **T**
contempler **T**
contenir **T**
contenter **T**
contourner **T**
contracter **T**
contre-attaquer **T, I**
contrebalancer **T**
contrebalancer (s'en)
contrecarrer **T**
contredire **T**
contrefaire **T**
contrer **T, I**
contresigner **T**
controverser **T**
contusionner **T**
conventionner **T**
converger **I**
convoiter **T**
convoler **I**
convoquer **T**
convoyer **T**
convulser **T**
convulsionner **T**
coopter **T**
coordonner **T**
copiner *fam.* **I**
corner **T, I**
corroborer **T**
corroder **T**
corrompre **T**
corser **T**
cosigner **T**
costumer **T**
coter **T**
côtoyer **T**
couder **T**
coudoyer **T**
coudre **T**
couiner **I**
couler **T, I**
coulisser **T, I**
coupler **T**
courbaturer **T**
courber **T, I**
couronner **T**
courroucer **T**
courser *fam.* **T**
court-circuiter **T**
courtiser **T**
crachoter **I**
crachouiller **I**
cramer *fam.* **T, I**
cramponner **T**
crâner *fam.* **I**
cranter **T**
crapahuter *fam.* **I**
craqueler **T**
craquer **I**
cravacher **T**, *fam.* **I**
cravater **T**
crayonner **T**
crécher *fam.* **I**
crédibiliser **T**
créneler **T**
crêper **T**
crépir **T**
crépiter **I**
crétiniser **T**
creuser **T**
crevasser **T**
criailler **I**
cribler **T**
criminaliser **T**
crisper **T**
crisser **I**
cristalliser **T, I**
croasser **I**
crocheter **T**
croiser **T, I**
croître **I**
croquer **T, I**
crotter **T**
croupir **I**
croustiller **I**
croûter *fam.* **T**
crucifier **T**
cueillir **T**
cuirasser **T**
cuivrer **T**
culbuter **T, I**
culminer **I**
culotter **T**
culpabiliser **T, I**
cultiver **T**
cumuler **T**
curer **T**
cureter **T**
cuver **T, I**
cylindrer **T**

D

dactylographier **T**
damner **T**
dandiner **T**
darder **T**
dealer *fam.* **T**
déambuler **I**
déballer **T**
débaptiser **T**
débarbouiller **T**
débarquer **T, I**
débaucher **T**
déblatérer **I**
déblayer **T**
débecter *fam.* **T**
débiner *fam.* **T**
débloquer **T**, *fam.* **I**
déboguer **T**
déboiser **T**
déboîter **T, I**
débouler **T, I**
déboulonner **T**
débourser **T**
déboussoler **T**
débouter **T**
déboutonner **T**
débrancher **T**
débrayer **T, I**

Index

débrider **T**
débriefer **T**
débrouiller **T**
débroussailler **T**
débusquer **T**
décacheter **T**
décalcifier **T**
décalquer **T**
décanter **T**, **I**
décaper **T**
décapiter **T**
décapoter **T**
décapsuler **T**
déceler **T**
décélérer **I**
décentraliser **T**
décentrer **T**
déchaîner **T**
déchanter **I**
déchausser **T**
déchiqueter **T**
décimer **T**
déclamer **T**, **I**
déclasser **T**
déclencher **T**
décloisonner **T**
décoder **T**
décoiffer **T**
décoincer **T**
décolleter **T**
décoloniser **T**
décommander **T**
décomplexer **T**
décompresser **I**
décomprimer **T**
décompter **T**
déconcerter **T**
décongeler **T**
déconner *fam.* **I**
déconsidérer **T**
décontenancer **T**
décontracter **T**
décortiquer **T**
découcher **I**
découdre **T**
découper **T**
décrasser **T**
décrédibiliser **T**
décrêper **T**
décrépir **T**
décrier **T**
décrisper **T**
décroiser **T**
décroître **I**
décrotter **T**
décrypter **T**
déculotter **T**
déculpabiliser **T**
décupler **T**, **I**
dédouaner **T**
dédoubler **T**
dédramatiser **T**
défaire **T**
défalquer **T**
défavoriser **T**
défenestrer **T**
déféquer **T**, **I**
déférer **T**
déficeler **T**
défigurer **T**
défiler **T**, **I**
définir **T**
défiscaliser **T**
déflorer **T**
défoncer **T**
défouler **T**
défrayer **T**
défricher **T**
défriper **T**
défriser **T**
défroisser **T**
défroquer **T**, **I**
dégainer **T**
déganter **T**
dégarnir **T**
dégauchir **T**
dégeler **T**, **I**
dégivrer **T**
déglacer **T**
déglinguer *fam.* **T**
déglutir **T**, **I**
dégobiller *fam.* **T**, **I**
dégommer *fam.* **T**
dégonfler **T**, **I**
dégorger **T**, **I**
dégouliner **I**
dégoupiller **T**
dégourdir **T**
dégrader **T**
dégrafer **T**
dégraisser **T**
dégrever **T**
dégriser **T**
dégrossir **T**
déguerpir **I**
dégueuler *fam.* **T**, **I**
dégurgiter **T**
déguster **T**
déifier **T**
déjanter **T**
déjeter **T**
déjouer **T**
délabrer **T**
délacer **T**
délaver **T**
délayer **T**
délimiter **T**
délocaliser **T**
démagnétiser **T**
démailloter **T**
démancher **T**
démanteler **T**
démantibuler **T**
démaquiller **T**
démarcher **T**
démarquer **T**
démarrer **T**, **I**
démasquer **T**
démâter **T**, **I**
dématérialiser **T**
démembrer **T**
déménager **T**, **I**
démentir **T**
démériter **I**
démilitariser **T**
déminer **T**
démobiliser **T**
démocratiser **T**
démonétiser **T**
démonter **T**
démotiver **T**
démoraliser **T**
démouler **T**
démystifier **T**
démythifier **T**
dénationaliser **T**
dénaturer **T**
déniaiser **T**
dénicher **T**
dénigrer **T**
déniveler **T**
dénombrer **T**
dénommer **T**
dénoter **T**
dénouer **T**
dénoyauter **T**
densifier **T**, **I**
denteler **T**
dénucléariser **T**
dénuder **T**
dépanner **T**
dépaqueter **T**
dépareiller **T**
déparer **T**
départager **T**
dépassionner **T**
dépaver **T**
dépayser **T**
dépecer **T**
dépêcher **T**
dépeigner **T**
dépenser **T**
dépêtrer **T**
dépeupler **T**
déphaser **T**
dépiauter **T**
dépister **T**
dépiter **T**
déplacer **T**
déplier **T**
déployer **T**
déplumer **T**
dépolir **T**
dépolitiser **T**
dépolluer **T**
déporter **T**
dépoter **T**
dépoussiérer **T**
dépraver **T**
déprécier **T**
dépressuriser **T**
déprogrammer **T**

dépuceler T
députer T
déqualifier T
déraciner T
dérailler I
déraisonner I
déraper I
dératiser T
dérégler T
dérider T
déroger à T
dérouiller T, I
dérouler T
dérouter T
désabonner T
désabuser T
désaccorder T
désaccoutumer T
désactiver T
désaffecter T
désagrafer T
désagréger T
désaltérer T
désamorcer T
désappointer T
désapprendre T
désarçonner T
désargenter T
désarmer T
désarticuler T
désavantager T
désavouer T
désaxer T
desceller T
déscolariser T
désembouteiller T
désembuer T
désemparer T
désenclaver T
désencombrer T
désenfler T, I
désenfumer T
désengager T
désengorger T
désenivrer T, I
désennuyer T
désensabler T
désensibiliser T
désensorceler T
désenvoûter T
désépaissir T
déséquilibrer T
déserter T, I
désherber T
déshériter T
déshonorer T
déshydrater T
désillusionner T
désincruster T
désinfecter T
désinhiber T
désinsectiser T
désintégrer T
désintéresser T
désintoxiquer T
désobliger T
désodoriser T
désordonner T
désorganiser T
désorienter T
désosser T
dessaler T, I
dessaouler T, I
desseller T
desserrer T
dessertir T
dessiller T
dessouder T
dessoûler T, I
déstabiliser T
désunir T
détaler I
détartrer T
détaxer T
détecter T
dételer T, I
détenir T
détériorer T
déterrer T
détonner I
dérouter T
détraquer T
détremper T
détromper T
détrôner T
détrousser T
détruire T
dévaliser T
dévaloriser T
dévaluer T
dévaster T
développer T
déverrouiller T
dévêtir T
dévider T
dévisager T
dévisser T
dévitaliser T
dévouer T
dévoyer T
diaboliser T
diagnostiquer T
diffamer T
diffuser T
digresser I
dilapider T
dilater T
dimensionner T
discipliner T
disconvenir de T
discriminer T
disculper T
discutailler *fam.* T, I
disgracier T
disjoindre T
disjoncter I
disloquer T
dispatcher T
disperser T
disqualifier T
disséminer T
disséquer T
disserter I
dissiper T
dissocier T
dissoudre T
distancer T
distancier T
distendre T
distiller T
distinguer T
distordre T
divaguer I
diverger I
diversifier T
diviniser T
documenter T
domestiquer T
domicilier T
dominer T, I
dompter T
doper T
dorer T
dorloter T
doser T
doucher T
douer de T
draguer T
drainer T
dramatiser T
dribbler T, I
droguer T
duper T
dupliquer T
dynamiser T
dynamiter T

ébahir T
ébaucher T
éberluer T
éborgner T
ébouillanter T
ébouriffer T
ébranler T
ébrécher T
ébruiter T
écailler T
écarquiller T
écarteler T
échafauder T
échancrer T
écharper T
échauder T
échelonner T
écimer T
éclabousser T
éclipser T
éclore I
écluser T
éconduire T

Index

Index

écorner T
écosser T
écouler T
écourter T
écrabouiller *fam.* T
écrémer T
écrouer T
écumer T
édicter T
édifier T
éditer T
édulcorer T
éduquer T
effarer T
effaroucher T
effectuer T
effeuiller T
effiler T
effilocher T
effondrer T
effriter T
égaler T
égarer T
égayer T
égorger T
égoutter T
égrainer T
égrener T
éjaculer T
éjecter T
élaborer T
élaguer T
élancer T, I
électrifier T
électriser T
électrocuter T
élimer T
éliminer T
élucider T
éluder T
émanciper T
émarger T
émasculer T
embarquer T, I
embaucher T
embaumer T, I
embellir T, I
emberlificoter *fam.* T
emboucher T
embourber T
embourgeoiser T
embouteiller T
emboutir T
embrancher T
embraser T
embrigader T
embrocher T
embrouiller T
embrumer T
embuer T
embusquer T
émettre T
émietter T
émigrer I
émincer T
emmagasiner T
emmailloter T
emmancher T
emmêler T
emmitoufler T
emmurer T
émonder T
émotionner *fam.* T
émousser T
émoustiller T
empailler T
empaler T
empanacher T
empaqueter T
empâter T
empeser T
empester T, I
empiler T
empirer T, I
empocher T
empoigner T
emporter T
empoter T
empourprer T
empoussiérer T
empreindre T
emprisonner T
empuantir T
encadrer T
encapuchonner T
encaserner T
encastrer T
encaustiquer T
enceindre T
encenser T
encercler T
enchaîner T
enchâsser T
enchérir I
enchevaucher T
enchevêtrer T
enclaver T
enclencher T
enclore T
encocher T
encoder T
encorder T
encourir I
encrasser T
encrer T
encroûter T
endetter T
endeuiller T
endiguer T
endoctriner T
endolorir T
endommager T
endormir T
endosser T
endurcir T
endurer T
enfanter T
enfariner T
enferrer T
enfiévrer T
enfiler T
enflammer T
enfler T, I
enfouir T
enfourcher T
enfourner T
enfreindre T
enfumer T
engendrer T
englober T
engloutir T
engluer T
engoncer T
engorger T
engraisser T, I
engranger T
engrosser T
engueuler *fam.* T
enguirlander T
enhardir T
enivrer T
enjamber T
enjoindre T
enjôler T
enjoliver T
enlacer T
enliser T
enluminer T
ennoblir T
ennuager T
enquiquiner *fam.* T
enraciner T
enrayer T
enrégimenter T
enrober T
enrôler T
enrouler T
enrubanner T
ensabler T
ensanglanter T
ensemencer T
enserrer T
ensevelir T
ensoleiller T
entacher T
entailler T
entamer T
entartrer T
entasser T
entériner T
enterrer T
enthousiasmer T
entonner T
entortiller T
entrapercevoir T
entraver T
entrebâiller T
entrechoquer T
entrecouper T
entrecroiser T
entrelacer T
entremêler T

entreposer **T**
entrevoir **T**
entrouvrir **T**
envahir **T**
envaser **T**
envenimer **T**
environner **T**
envoûter **T**
épaissir **T, I**
épancher **T**
épanouir **T**
éparpiller **T**
épater **T**
épauler **T**
épeler **T**
éperonner **T**
épicer **T**
épincer **T**
épingler **T**
éplucher **T**
épouiller **T**
épouser **T**
épousseter **T**
époustoufler *fam.* **T**
épucer **T**
épuiser **T**
épurer **T**
équarrir **T**
équilibrer **T**
éradiquer **T**
érailler **T**
éreinter **T**
ergoter **I**
ériger **T**
éroder **T**
érotiser **T**
errer **I**
éructer **T, I**
escalader **T**
escorter **T**
espacer **T**
espionner **T**
esquiver **T**
essaimer **I**
essorer **T**
essouffler **T**
estamper **T**
estampiller **T**
estomaquer *fam.* **T**
estomper **T**
estourbir *fam.* **T**
estropier **T**
étager **T**
étaler **T**
étalonner **T**
étancher **T**
étatiser **I**
étayer **T**
éteindre **T**
éternuer **I**
étêter **T**
étioler **T**
étiqueter **T**
étirer **T**
étoffer **T**
étoiler **T**
étouper **T**
étouffer **T, I**
étrangler **T**
étrenner **T, I**
étriller **T**
étriper **T**
étudier **T, I**
euphoriser **T**
européaniser **T**
évacuer **T**
évangéliser **T**
évaporer **T**
évaser **T**
éventer **T**
éventrer **T**
évider **T**
évincer **T**
évoluer **I**
exacerber **T**
exagérer **T, I**
exalter **T**
exaucer **T**
excentrer **T**
excepter **T**
exciser **T**
excommunier **T**
excréter **T**
excursionner **I**
exécrer **T**
exécuter **T**
exhaler **T**
exhumer **T**
exiler **T**
exister **I**
exonérer **T**
exorciser **T**
expatrier **T**
expectorer **T**
expertiser **T**
expier **T**
expirer **T, I**
expliciter **T**
exploiter **T**
explorer **T**
exporter **T**
exproprier **T**
expurger **T**
extérioriser **T**
exterminer **T**
extrader **T**
extrapoler **I**

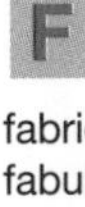

fabriquer **T**
fabuler **I**
façonner **T**
fagoter *fam.* **T**
faiblir **I**
fainéanter *fam.* **I**
faisander **T**
falsifier **T**
fanatiser **T**
faner **T**
fanfaronner **I**
farcir **T**
farder **T**
farfouiller *fam.* **I**
fariner **T**
fauter **I**
fayoter *fam.* **I**
féconder **T**
fédéraliser **T**
fédérer **T**
feinter **T, I**
fêler **T**
féminiser **T**
fendiller **T**
fermenter **I**
ferrailler **I**
ferrer **T**
fertiliser **T**
fesser **T**
festonner **T**
festoyer **T, I**
fêter **T**
feuilleter **T**
feuler **I**
feutrer **T**
fiancer **T**
ficeler **T**
fidéliser **T**
fienter **I**
figer **T**
fignoler *fam.* **T**
filmer **T**
filouter **T**
finaliser **T**
finasser **I**
fiscaliser **T**
fissurer **T**
flageller **T**
flageoler **I**
flagorner **T**
flairer **T**
flamber **T, I**
flamboyer **I**
flancher *fam.* **I**
flâner **I**
flasher **T, I**
flécher **T**
fléchir **T, I**
flemmarder *fam.* **I**
flétrir **T**
fleurer **T**
flinguer *fam.* **T**
flipper *fam.* **I**
flirter **I**
floconner **I**
flotter **T, I**
flouer **T**
fluctuer **I**
fluidifier **T**
focaliser **T**
foirer *fam.* **I**
folâtrer **I**

Index

fomenter **T**
forcir **I**
forer **T**
forger **T**
formater **T**
former **T**
formuler **T**
forniquer **I**
fossiliser **T**
fouetter **T**, **I**
fouiner **I**
fouir **T**
fouler **T**
fourbir **T**
fourcher **T**, **I**
fourrager **T**, **I**
fourvoyer **T**
fractionner **T**
fragiliser **T**
fraîchir **I**
franchir **T**
franchiser **T**
frayer **T**, **I**
freiner **T**, **I**
frelater **T**
fréquenter **T**
fréter **T**
fricasser **T**
fricoter **T**, **I**
frigorifier **T**
frimer *fam.* **T**, **I**
fringuer *fam.* **T**
friper **T**
frire **T**, **I**
frisotter **T**, **I**
froisser **T**
froncer **T**
fronder **T**, **I**
froufrouter **I**
fructifier **I**
fuguer **I**
fulgurer **I**
fulminer **T**, **I**
fumer **T**, **I**
fureter **I**
fuseler **T**
fuser **I**
fustiger **T**

gaffer **T**, **I**
gager **T**
gainer **T**
galber **T**
galéjer **I**
galérer *fam.* **I**
galonner **T**
galoper **I**
galvaniser **T**
galvauder **T**
gambader **I**
gamberger *fam.* **T**, **I**
gangrener **T**
ganter **T**
garer **T**
gargouiller **I**
garrotter **T**
gaspiller **T**
gauchir **T**, **I**
gaufrer **T**
gauler **T**
gazéifier **T**
gazer **T**, **I**
gazonner **T**, **I**
gazouiller **I**
geler **T**, **I**
gélifier **T**
géminer **T**
générer **T**
gerber **T**, **I**
gercer **T**, **I**
gérer **T**
germer **I**
germaniser **T**, **I**
gesticuler **I**
gifler **T**
gigoter **I**
gîter **I**
givrer **T**
glaiser **T**
glander **I**
glandouiller **I**
glaner **T**
glapir **I**
globaliser **T**
glorifier **T**
gloser **T**, **I**
glouglouter **I**
glousser **I**
glycériner **T**
gober **T**
godiller **I**
gondoler **I**
gonfler **T**, **I**
goudronner **T**
goupiller **T**
gourmander **T**
gouverner **T**, **I**
gracier **T**
graduer **T**
graillonner **I**
grainer **T**
grammaticaliser **T**
granuler **T**
grappiller **T**, **I**
grasseyer **T**, **I**
gratiner **T**, **I**
gratouiller *fam* **T**
gravillonner **T**
gravir **T**
gréer **T**
grêler IMP
grésiller **I**
grever **T**
gribouiller **T**, **I**
griffonner **T**
grignoter **T**, **I**
grillager **T**
grimacer **I**
gripper **T**, **I**
grisailler **I**
grisonner **I**
grognasser *fam.* **I**
grommeler **T**, **I**
gronder **T**, **I**
grouper **T**
gruger **T**
grumeler (se)
guetter **T**
gueuletonner *fam.* **I**
guider **T**
guigner **T**
guillotiner **T**
guincher *fam.* **I**
guinder **T**

habiliter **T**
habiller **T**
hacher **T**
hachurer **T**
haler **T**
hâler **T**
haleter **I**
halluciner **T**
hameçonner **T**
handicaper **T**
hanter **T**
happer **T**
haranguer **T**
harasser **T**
harnacher **T**
harponner **T**
hasarder **T**
hâter **T**
héberger **T**
hébéter **T**
hébraïser **T**, **I**
héler **T**
helléniser **T**, **I**
hennir **I**
herboriser **I**
hérisser **T**
herser **T**
heurter **T**
hiberner **I**
hiérarchiser **T**
hisser **T**
hiverner **T**, **I**
hocher **T**
homogénéiser **T**
homologuer **T**
hoqueter **I**
hospitaliser **T**
houblonner **T**
houspiller **T**
huer **T**, **I**
huiler **T**
hululer **I**
humaniser **T**

humer **T**
humidifier **T**
hybrider **T**
hydrater **T**
hydrogéner **T**
hypertrophier **T**
hypnotiser **T**
hypothéquer **T**

idéaliser **T**
identifier **T**
idolâtrer **T**
ignifuger **T**
illuminer **T**
illusionner **T**
imager **T**
imbiber **T**
imbriquer **T**
imiter **T**
immatriculer **T**
immerger **T**
immigrer **I**
immobiliser **T**
immortaliser **T**
impartir **T**
imperméabiliser **T**
implémenter **T**
imploser **I**
importuner **T**
improviser **T, I**
impulser **T**
inaugurer **T**
incarcérer **T**
incarner **T**
incendier **T**
incinérer **T**
inciser **T**
incommoder **T**
incuber **T**
incurver **T**
indexer **T**
indifférer **T**
indigner **T**
individualiser **T**
industrialiser **T**
infantiliser **T**
infecter **T**
inféoder **T**
inférioriser **T**
infester **T**
infiltrer **T**
infirmer **T**
infléchir **T**
influencer **T**
informatiser **T**
infuser **T, I**
ingérer **T**
ingurgiter **T**
inhaler **T**
inhiber **T**
inhumer **T**
initialiser **T**
injurier **T**
innover **T, I**
inséminer **T**
insensibiliser **T**
insonoriser **T**
inspecter **T**
instaurer **T**
instiller **T**
instituer **T**
institutionnaliser **T**
instrumenter **T, I**
insupporter **T**
intellectualiser **T**
intensifier **T**
intercepter **T**
intérioriser **T**
interloquer **T**
internationaliser **T**
interner **T**
interpeller **T**
interpénétrer (s')
interpoler **T**
interposer **T**
intervertir **T**
interviewer **T**
intimider **T**
intituler **T**
introniser **T**
intuber **T**
invalider **T**
inventer **T**
inventorier **T**
inverser **T**
invertir **T**
invoquer **T**
ioder **T**
iodler / jodler **I**
ioniser **T**
iriser **T**
ironiser **I**
irradier **T, I**
irriguer **T**
islamiser **T**
italianiser **T**

jacasser *fam.* **I**
jacter *fam.* **I**
jaillir **I**
jalouser **T**
japper **I**
jardiner **T, I**
jargonner **I**
jaser **I**
jaunir **T, I**
javelliser **T**
jeûner **I**
jogger **I**
joncher **T**
jouxter **T**
jubiler **I**
jucher **T, I**
juguler **T**
jumeler **T**
juter **I**
juxtaposer **T**

kidnapper **T**
kilométrer **T**
klaxonner **T, I**

labelliser **T**
labialiser **T**
labourer **T**
lacer **T**
laïciser **T**
lambiner *fam.* **I**
lambrisser **T**
laminer **T**
lamper **T**
lanciner **T, I**
langer **T**
languir **I**
lanterner **I**
laper **T**
lapider **T**
laquer **T**
larder **T**
larguer **T**
larmoyer **I**
latiniser **T, I**
lécher **T**
légaliser **T**
légiférer **I**
légitimer **T**
léser **T**
lésiner **I**
lessiver **T**
lester **T**
leurrer **T**
lever **T, I**
lexicaliser (se)
lézarder **T, I**
libeller **T**
libéraliser **T**
lifter **T**
liguer **T**
limer **T, I**
liquéfier **T**
liquider **T**
liserer/lisérer **T**
lisser **T**
lister **T**
lithographier **T**
lober **T, I**
lobotomiser **T**
localiser **T**
longer **T**
lorgner **T**
lotir **T**
louanger **T**
loucher **I**

Index

louper T, I
lourder T
louvoyer I
lover T
lover (se)
lubrifier T
luger I
luire I
lustrer T
lutiner T
luxer T
lyncher T
lyophiliser T

machicoter *fam.* I
machiner T
mâchonner T
mâchouiller T
mâchurer T
maçonner T
magner (se) *fam.*
magnétiser T
magnifier T
magouiller *fam.* T, I
mailler T, I
maîtriser T
malaxer T
malmener T
maltraiter T
manager T
mandater T
mander T
manier T
manigancer T
manipuler T
manœuvrer T, I
mansarder T
manucurer T
manufacturer T
manutentionner T
maquer *fam.* T
maquiller T
marauder I
marbrer T
marchander T, I
marger T, I
marginaliser T
marivauder I
marmonner T
marmotter T
marner T, I
maronner I
maroquiner T
marrer (se) *fam.*
maronner I
martyriser T
masculiniser T
massacrer T
mastiquer T, I
masturber T
matelasser T
mater T
mâter T
materner T
mathématiser T
mâtiner T
matraquer T
matricer T
maudire T
maugréer I
maximaliser T
maximiser T
mazouter T, I
mécaniser T
méconnaître T
mécontenter T
médailler T
médiatiser T
médicaliser T
méduser T
mégoter I
méjuger T
mémoriser T
ménager T
menotter T
mensualiser T
mépriser T
merder *fam.* I
merdoyer *fam.* I
meringuer T
mésallier (se)
messeoir I
mésuser T
métaboliser T
métalliser T
météoriser T
métisser T
métrer T
meugler I
meuler T
meurtrir T
miauler I
michetonner *fam.* I
mignoter T
migrer I
mijoter T, I
militariser T
millésimer T
mimer T
minauder I
mincir I
miner T
minéraliser T
miniaturiser T
minimiser T
minorer T
minuter T
mirer T
miter I
mitiger T
mitonner T, I
mixer T
mixtionner T
mobiliser T
modeler T
modéliser T
modérer T
moderniser T
modifier T
moduler T, I
moirer T
moisir I
moissonner T
molester T
mollarder *fam.* I
molletonner T
mollir T, I
momifier T
monder T
mondialiser T
monétiser T
monnayer T
monologuer I
monopoliser T
moquer T
moquetter T
moraliser T, I
mordiller T, I
morfler *fam.* T
morfondre (se)
morigéner T
mortifier T
motoriser T
moucharder T, I
moucher T
moucheter T
moudre T
moufter *fam.* I
mouiller T, I
mouler T, I
mouliner T
moulurer T
mousser I
moutonner I
mouvementer T
mouvoir T
mugir I
municipaliser T
murer T
mûrir T, I
musarder I
muscler T
museler T
muter T, I
mutiler T
mutiner (se)
mutualiser T
mystifier T
mythifier T, I

nacrer T
narguer T
nasaliser T
nasiller T, I
nationaliser T
natter T
naufrager I
naviguer I

navrer T
néantiser T
nécroser T
neiger IMP
nervurer T
nettoyer T
neutraliser T
nicher T, I
nickeler T
nidifier I
nimber T
nipper *fam.* T
nitrater T
nitrer T
nitrifier T
niveler T
noircir T, I
nomadiser I
nombrer T
normaliser T
noyauter T
noyer T
nuancer T
nucléariser T
numériser T
numéroter T

obérer T
objectiver T
obliquer I
oblitérer T
obnubiler T
obscurcir T
obstruer T
obturer T
occidentaliser T
occire T
occlure T
occulter T
ocrer T
œuvrer I
offenser T
officialiser T
officier I
offusquer T
oindre T
oiseler T, I
ombrager T
ombrer T
ondoyer T, I
onduler T, I
opacifier T
opaliser T
opiniâtrer (s')
opprimer T
optimaliser T
optimiser T
oraliser T
orbiter I
orchestrer T
ordonnancer T
organiser T
ornementer T
ossifier T
ouater T
ourler T
outiller T
outrager T
outrepasser T
outrer T
ouvrager T
ouvrer T, I
ovaliser T
ovationner T
ovuler I
oxyder T
oxygéner T
ozoniser T

pacifier T
paganiser T
pagayer I
pager I
paginer T
pailler T
pailleter T
paître T, I
palabrer I
palissader T
palmer T
palper T
palpiter I
pâmer (se)
panacher T
paner T
panser T
pantoufler I
papillonner I
papilloter T, I
papoter I
papouiller *fam.* T
parachever T
parachuter T
parader I
parafer T
paraffiner T
paralléliser T
paralyser T
paramétrer T
parapher T
paraphraser T
parasiter T
parcelliser T
parcheminer T
parcourir T
paresser I
parfaire T
parjurer (se)
parodier T
parquer T, I
parqueter T
parrainer T
particulariser T
passementer T
pasteuriser T
pasticher T
patenter T
patienter I
patiner T, I
pâtisser I
patoiser I
patronner T
patrouiller I
pâturer T, I
paumer *fam.* T
paupériser T
pavaner (se)
paver T
pavoiser T, I
peaufiner T
peigner T
peler T, I
pelleter T
peloter T, I
pelotonner T
pelucher I
pendiller I
pendouiller *fam.* I
penduler I
pénétrer T, I
pensionner T
percer T, I
percher T, I
percuter T, I
perdre T, I
perdurer I
pérenniser T
perfectionner T
perfuser T
péricliter I
périphraser I
perler T, I
permanenter T
pérorer I
peroxyder T
perpétrer T
perpétuer T
perquisitionner I
persécuter T
persifler T
personnaliser T
personnifier T
pervertir T
pétarader I
petit-déjeuner I
pétitionner I
pétocher *fam.* I
pétrir T
peupler T
phagocyter T
philosopher I
phosphater T
phosphorer I
photocopier T
photographier T
phraser T
piailler I
pianoter T, I

piauler I
picoler *fam.* I
picorer T, I
piéger T
piétiner T, I
pieuter (se) *fam.*
pifer / piffer T
pigeonner T
pigmenter T
piler T, I
piller T
pilonner T
piloter T
pimenter T
pinailler *fam.* I
pincer T, I
pinter *fam.* I
pioncer *fam.* I
piper T, I
pique-niquer I
piqueter T
pirater T, I
pirouetter I
pisser *fam.* T, I
pister T
pistonner T
pitonner I
pivoter I
placarder T
plafonner T, I
plagier T
planifier T
planquer *fam.* T, I
planter T
plastifier T
plastronner T, I
platiner T
plébisciter T
pleurnicher I
pleuvasser IMP
pleuviner IMP
pleuvoir IMP, I
pleuvoter /
pleuvioter IMP
plisser T, I
plomber T
plucher I
plumer T, I
pluviner I
pocharder (se) *fam.*
pocher T, I
poêler T
poétiser T
poiler (se) *fam.*
poinçonner T
poindre T, I
pointer (se) *fam.*
pointiller T, I
poireauter *fam.* I
poisser T
poivrer T
polariser T
policer T
polir T
politiser T
polluer T
polycopier T
pommader T
pommeler (se)
pommer I
pomper T
pomponner T
poncer T
ponctionner T
pondérer T
pondre T
pontifier I
populariser T
portraiturer T
positionner T
positiver T, I
posséder T
postdater T
poster T
postillonner I
postposer T
postsynchroniser T
potasser *fam.* T, I
potentialiser T
potiner I
poudroyer I
pouliner I
pouponner I
pourchasser T
pourfendre T
pourlécher T
praliner T
pratiquer T
préacheter T
préaviser T
précariser T
précautionner T
préchauffer T
précompter T
prédéterminer T
prédominer I
préétablir T
préexister I
préfacer T
préfixer T
préformer T
préjudicier I
prélasser (se)
préméditer T
prénommer T
préoccuper T
prépayer T
prérégler T
présager T
présélectionner T
pressurer T
pressuriser T
présupposer T
priser T
privatiser T
procréer T
produire T
profaner T
professer T
professionnaliser T
profiler T
programmer T
prohiber T
prolétariser T
proliférer I
promener T
promulguer T
prôner T
prononcer T, I
pronostiquer T
propager T
prophétiser T
proportionner T
propulser T
proroger T
prospecter T, I
prospérer I
prosterner T
prostituer T
provisionner T
psalmodier T, I
psychanalyser T
publier T, I
pulluler I
pulvériser T
punaiser T
purifier T
putréfier T
pyramider I
pyrograver T

quadriller T
quadrupler T, I
quantifier T
quereller T
quérir T
quêter T, I
quintupler T, I

rabâcher T, I
rabaisser T
rabibocher *fam.* T
rabioter T, I
râbler T
raboter T
rabougrir (se) T, I
rabouter T
rabrouer T
raccommoder T
raccompagner T
raccourcir T, I
raccrocher T, I
raciner T
racketter T
racler T
racoler T
racornir T

radicaliser T
radiner *fam.* I
radiodiffuser T
radioguider T
radiotélégraphier T
radoter I
radoucir T
raffermir T
raffiner T, I
raffûter T
rafistoler T
rafler T
ragaillardir T
raidir T
railler T, I
rainurer T
raisonner T, I
rajouter T
rajuster/réajuster T
ralentir T, I
râler I
rallier T
rallonger T, I
rallumer T, I
ramasser T
ramer T, I
rameuter T
ramifier (se)
ramollir T
ramoner T, I
ramper I
rancarder /
rencarder *fam.* T
rancir I
rançonner T
randonner I
ranger T
ranimer T
rapatrier T
râper T
rapetisser T, I
rapiner I
raplatir T
rappliquer T, I
rapprendre/
réapprendre T
raquer *fam.* I
raréfier T
raser T
rassembler T
rasseoir T
rasséréner T
rassir I
rassortir/réassortir T
ratatiner T
rater T, I
râteler T
ratiboiser T
ratifier T
ratiociner I
rationaliser T
rationner T
ratisser T
rattacher T
rattraper T
raturer T
ravager T
ravaler T
ravigoter T
raviner T
raviser (se)
raviver T
ravoir T
razzier T
réabonner T
réaccoutumer T
réactiver T
réactualiser T
réadapter T
réaffirmer T
réaliser T
réaménager T
réamorcer T
réanimer T
réapparaître I
réapprovisionner T
réarmer T, I
rebaisser T
rebaptiser T
rebâtir T
rebiquer *fam.* I
reboiser T
rebondir I
reboucher T
rebouter T
reboutonner T
rebrousser T, I
rebuter T, I
recalcifier T
recaser T
recauser I
receler/recéler T, I
recenser T
recentrer T
réceptionner T
rechanger T
rechaper T
recharger T
rechausser T
rechercher T
rechuter I
récidiver I
reclasser T
reclouer T
recoiffer T
recoller T
récolter T
recomposer T
recompter T
reconduire T
réconforter T
recongeler T
reconnecter T
reconquérir T
reconsidérer T
reconstituer T
reconstruire T
recorriger T
recoucher T
recoudre T
recourber T
recouvrer T
recouvrir T
recracher T, I
recréer T
récrier (se)
récrire T
recroiser T
recroqueviller T
recruter T, I
rectifier T
recueillir T
recueillir (se)
recuire T, I
reculotter T
récupérer T, I
récurer T
récuser T
recycler T
redécouvrir T
redéfinir T
redemander T
redémarrer I
redescendre T, I
redevenir I
redevoir T
rediffuser T
rédiger T
redistribuer T
redonner T, I
redorer T
redresser T
récrire/réécrire T
réécouter T
rééditer T
rééduquer T
réélire T
réétudier T
rééquilibrer T
réévaluer T
réexaminer T
réexpédier T
refaçonner T
refaire T
refendre T
référencer T
refermer T
refiler T
refléter T
refleurir T, I
refluer I
refondre T, I
reformer T
réformer T
reformuler T
refouler T, I
réfracter T
réfréner/refréner T
réfrigérer T
refroidir T, I
réfuter T
regagner T

Index

regarnir **T**
regeler **T**, **I**
régénérer **T**
régenter **T**, **I**
regimber **I**
régionaliser **T**
régir **T**
réglementer **T**
regonfler **T**, **I**
régresser **I**
regrossir **I**
regrouper **T**
régulariser **T**
réguler **T**
régurgiter **T**
réhabiliter **T**
réhabituer **T**
rehausser **T**
réhydrater **T**
réifier **T**
réimplanter **T**
réimprimer **T**
réincarcérer **T**
réincorporer **T**
réinjecter **T**
réinscrire **T**
réinsérer **T**
réinstaller **T**
réintégrer **T**
réinterpréter **T**
réintroduire **T**
réinventer **T**
réinviter **T**
réitérer **T**, **I**
rejoindre **T**
rejouer **T**, **I**
rejuger **T**
relâcher **T**, **I**
relativiser **T**
relaver **T**, **I**
relaxer **T**
relayer **T**, **I**
relire **T**
reloger **T**
relooker *fam.* **T**
relouer **T**
reluire **I**
reluquer *fam.* **T**
remâcher **T**
remanier **T**
remaquiller **T**
remarcher **I**
remarier **T**
remarquer **T**
remballer **T**
rembarquer **T**, **I**
rembarrer **T**
remblayer **T**
rembobiner **T**
remboîter **T**
rembourrer **T**
rembrunir **T**
remembrer **T**
remémorer **T**
remilitariser **T**
remiser **T**
remmancher **T**
remmener **T**
remodeler **T**
remonter **T**, **I**
remorquer **T**
rempailler **T**
rempaqueter **T**
rempiler **T**, **I**
remplacer **T**
remplumer **T**
rempocher **T**
remporter **T**
rempoter **T**
remuer **T**, **I**
rémunérer **T**
rencaisser **T**
rencogner **T**
rencontrer **T**
rendormir **T**
reneiger **I**
renfermer **T**
renfiler **T**
renfler **T**, **I**
renflouer **T**
renfoncer **T**
renfrogner (se)
rengainer **T**
renier **T**
renifler **T**, **I**
renommer **T**
renouveler **T**, **I**
rénover **T**
rentabiliser **T**
renverser **T**
réorganiser **T**
réorienter **T**
repaître **T**
répandre **T**
reparaître **I**
réparer **T**
reparler **I**
repartir **I**
repayer **T**
repêcher **T**
repeigner **T**
repeindre **T**
repenser **T**, **I**
reperdre **T**
repérer **T**
répertorier **T**
repeupler **T**
repiquer **T**, **I**
replacer **T**
replanter **T**, **I**
replâtrer **T**
repleuvoir IMP, **I**
replier **T**
replonger **T**, **I**
repolir **T**
repositionner **T**
repousser **T**, **I**
réprimander **T**
réprimer **T**
repriser **T**
reprogrammer **T**
réprouver **T**
répudier **T**
réputer **T**
requalifier **T**
requinquer **T**
réquisitionner **T**
resaler **T**
resalir **T**
rescinder **T**
résigner **T**
résilier **T**
résiner **T**
résinifier **T**
résonner **I**
résorber **T**
respecter **T**
respirer **T**, **I**
responsabiliser **T**
resquiller **T**, **I**
ressaisir **T**
ressasser **T**
ressemeler **T**
resserrer **T**
resservir **T**, **I**
ressouder **T**
ressourcer **T**
ressouvenir (se)
ressusciter **T**, **I**
restaurer **T**
restructurer **T**
resurgir / ressurgir **I**
rétablir **T**
retailler **T**
rétamer **T**
rétamer (se) *fam.*
retaper **T**
retapisser **T**
retordre **T**
retoucher **T**
rétracter **T**
retraiter **T**
retranscrire **T**
retravailler **T**, **I**
rétrécir **T**, **I**
retremper **T**
rétribuer **T**
rétroagir **I**
retrousser **T**
retrouver **T**
réunifier **T**
réunir **T**
réutiliser **T**
revaloir **T**
revaloriser **T**
rêvasser **T**
réveiller **T**
réveillonner **I**

revendiquer **T**
revendre **T**
réverbérer **T**
reverdir **T, I**
révérer **T**
reverser **T**
revigorer **T**
réviser **T, I**
revisiter **T**
revisser **T**
revitaliser **T**
revivifier **T**
revivre **T, I**
revoir **T**
révolter **T**
révolutionner **T**
révolvériser **T**
révoquer **T**
révulser **T**
rewriter **T**
rhabiller **T**
ricocher **I**
rider **T**
ridiculiser **T**
rigidifier **T**
rimailler **I**
rincer **T**
ripailler **I**
riper **T, I**
ripoliner **T**
rissoler **T, I**
ristourner **T**
ritualiser **T**
riveter **T**
robotiser **T**
rôdailler *fam.* **I**
roder **T**
rôder **I**
roidir **T**
romancer **T**
romaniser **T, I**
ronéoter **T**
ronéotyper **T**
ronfler **I**
ronger **T**
roquer **I**
roser **T**
rosir **T, I**
rosser **T**
roter **I**
rôtir **T, I**
roucouler **T, I**
rougeoyer **I**
rouiller **T, I**
roupiller *fam.* **I**
rouscailler *fam.* **I**
roussir **T, I**
router **T**
rouvrir **T, I**
rudoyer **T**
ruer **I**
rugir **T, I**
ruiner **T**
ruminer **T, I**
ruser **I**
russifier **T**
rutiler **I**
rythmer **T**

sabler **T, I**
sablonner **T**
saborder **T**
saboter **T, I**
sabrer **T, I**
saccader **T**
saccager **T**
saccharifier **T**
sacquer/ saquer *fam.* **T**
sacraliser **T**
safraner **T**
saillir **T, I**
saisonner **I**
salarier **T**
saler **T**
salifier **T**
salir **T**
saloper *fam.* **T**
sanctifier **T**
sanctuariser **T**
sangler **T**
sangloter **I**
saper (se) *fam.*
sarcler **T**
sasser **T**
satelliser **T**
satiner **T**
satiriser **T**
saucer **T**
saucissonner *fam.* **T, I**
saumurer **T**
sautiller **I**
sauvegarder **T**
sauver (se)
savourer **T**
scalper **T**
scandaliser **T, I**
scanner **T**
scannériser **T**
scarifier **T**
sceller **T**
scénariser **T**
schématiser **T, I**
schlinguer *fam.* **I**
scier **T, I**
scintiller **I**
scissionner **I**
scléroser **T**
scolariser **T**
scotcher **T**
scribouiller **T**
scruter **T**
sculpter **T, I**
sécher **T, I**
seconder **T**
secourir **T**
sécréter **T**
sectoriser **T**
séculariser **T**
sécuriser **T**
sédentariser **T**
sédimenter **T**
segmenter **T**
séjourner **I**
sélectionner **T**
seller **T**
semoncer **T**
seoir **I**
septupler **T, I**
séquestrer **T**
sérier **T**
seringuer **T**
sermonner **T**
serpenter **I**
sévir **I**
sextupler **T, I**
sexualiser **T**
shampooiner / shampouiner **T**
shooter **T, I**
siéger **I**
siffler **T, I**
siffloter **T, I**
signaliser **T**
signer **T, I**
silhouetter **T**
siliconer **T**
sillonner **T**
simuler **T**
singer **T**
singulariser **T**
siniser **T**
siphonner **T**
siroter **T**
situer **T**
skier **I**
slalomer **I**
slaviser **T**
smasher **I**
snober **T**
socialiser **T**
socratiser **I**
sodomiser **T**
soigner **T, I**
solder **T**
solenniser **T**
solfier **T**
solidariser **T**
solidifier **T**
soliloquer **I**
solubiliser **T**
solutionner **T**
somatiser **T, I**
somnoler **I**
sonder **T**
sonoriser **T**

sophistiquer **T**
soucier **T**
souder **T**
soudoyer **T**
souffleter **T**
soufrer **T**
souper **I**
soupeser **T**
souquer **T, I**
sourciller **I**
sous-alimenter **T**
sous-employer **T**
sous-entendre **T**
sous-estimer **T**
sous-évaluer **T**
sous-exploiter **T**
sous-exposer **T**
sous-louer **T**
sous-payer **T**
sous-rémunérer **T**
sous-tendre **T**
sous-titrer **T**
sous-utiliser **T**
sous-traiter **T, I**
soviétiser **T**
spatialiser **T**
spécialiser **T**
speeder *fam.* **I**
spiritualiser **T**
sponsoriser **T**
sprinter **I**
squatter **T**
squeezer *fam.* **T**
stabiliser **T**
stagner **I**
standardiser **T**
stariser **T**
stationner **I**
statufier **T**
sténographier **T**
sténotyper **T**
stéréotyper **T**
stérer **T**
stériliser **T**
stigmatiser **T**
stimuler **T**
stipendier **T**
stipuler **T**
stocker **T**
stopper **T, I**
stranguler **T**
stratifier **T**
stresser **T, I**
strier **T**
structurer **T**
stupéfaire **T**
styler **T**
styliser **T**
subir **T, I**
subjuguer **T**
sublimer **T, I**
subodorer **T**
suborner **T**
substantiver **T**
substituer **T**
subventionner **T**
subvertir **T**
suçoter **T**
sucrer **T, I**
suer **T, I**
suffixer **T**
suggestionner **T**
suicider (se)
suivre **T, I**
sulfater **T**
sulfurer **T**
superviser **T**
supplanter **T**
supplémenter **T**
supplicier **T**
suppurer **I**
supputer **T**
surabonder **I**
surajouter **T**
suralimenter **T**
surarmer **T**
surbaisser **T**
surchauffer **T**
surclasser **T**
surédifier **T**
surenchérir **I**
surentraîner **T**
surestimer **T**
surévaluer **T**
surexciter **T**
surexposer **T**
surfacturer **T**
surfaire **T**
surfiler **T**
surgeler **T**
surhausser **T**
surimposer **T**
suriner *fam.* **T**
surligner **T**
surmener **T**
surmonter **T**
surnager **I**
surnommer **T**
suroxyder **T**
surpasser **T**
surpayer **T**
surplomber **T, I**
surproduire **T**
surprotéger **T**
surtaxer **T**
surveiller **T**
survoler **T**
survolter **T**
sustenter **T**
susurrer **T, I**
suturer **T**
swinguer **I**
syllaber **T**
symboliser **T**
symétriser **T, I**
synchroniser **T**
syncoper **T, I**
syndicaliser **T**
syndiquer **T**
synthétiser **T, I**
systématiser **T, I**

T

tabasser *fam.* **T**
tacher **T, I**
tacheter **T**
tacler **T, I**
taguer **T, I**
talocher *fam.* **T**
talonner **T, I**
talquer **T**
tamiser **T, I**
tamponner **T**
tancer **T**
tanguer **I**
tanner **T**
tapager **I**
tapiner *fam.* **I**
tapir (se)
tapisser **I**
taquiner **T**
tarabiscoter *fam.* **T**
tarabuster **T**
tarauder **T**
tarer **T**
tarifer **T**
tartiner **T, I**
tasser **T, I**
tatillonner **I**
tâtonner **I**
tatouer **T**
tayloriser **T**
tchatcher *fam.* **I**
techniser **T**
technocratiser **T**
teinter **T**
télécharger **T**
télécommander **T**
télécopier **T**
télédiffuser **T**
téléguider **T**
télescoper **T**
téléviser **T**
tempérer **T**
temporiser **T, I**
tenailler **T**
ténoriser **I**
tergiverser **I**
ternir **T, I**
terrasser **T, I**
terrer **T, I**
tester **T, I**
tétaniser **T**
téter **T, I**
texturer **T**
théâtraliser **T, I**
thématiser **T**

thésauriser **T, I**
tictaquer **I**
tiédir **T, I**
tiercer **T, I**
tigrer **T**
timbrer **T**
tinter **T, I**
tintinnabuler **I**
tirailler **T, I**
tisonner **T, I**
tisser **T**
titiller **T, I**
titrer **T**
tituber **I**
titulariser **T**
toaster **T, I**
toiler **T**
toiletter **T**
toiser **T**
tonifier **T**
tonsurer **T**
toper **I**
topicaliser **T**
toquer (se) *fam.*
torcher **T**
torcher (se) *fam.*
torchonner *fam.* **T**
toréer **I**
torpiller **T**
torréfier **T**
torsader **T**
torturer **T**
totaliser **T**
touiller **T**
tourbillonner **I**
tourmenter **T**
tournicoter **I**
tourniquer **I**
tournoyer **I**
toussailler *fam.* **I**
tousser **I**
toussoter **I**
tracasser **T**
tracter **T**
traficoter *fam.* **I**
trafiquer **T**
trahir **T**
traînailler **I**
traînasser **T, I**
traire **T**
tranquilliser **T**
transborder **T**
transcender **T**
transfigurer **T**
transfuser **T**
transgresser **T**
transhumer **T, I**
transir **T, I**
transpercer **T**
transpirer **T, I**
transplanter **T**
transposer **T**
traquer **T**
traumatiser **T**
traverser **T**
travestir (se)
trembloter **I**
trémousser (se)
trépaner **T**
trépasser **I**
tressauter **I**
treuiller **T**
trifouiller *fam.* **T, I**
trimbaler / trimballer *fam.* **T**
trimer **I**
tripatouiller *fam.* **T**
tripler **T, I**
tripoter **T, I**
triturer **T**
trompeter **T, I**
tronçonner **T**
tronquer **T**
tropicaliser **T**
trotter **I**
trottiner **I**
trousser **T**
truander **T, I**
trucider **T**
truquer **T, I**
truster **T**
tuber **T**
tuer **T, I**
tuméfier **T**
turbiner *fam.* **T, I**
turlupiner *fam.* **T**
tuteurer **T**
tutoyer **T**
tuyauter **T, I**
twister **I**
typer **T**
typographier **T**
tyranniser **T**

U

ulcérer **T**
ululer/hululer **I**
unifier **T**
uniformiser **T**
universaliser **T**
urbaniser **T**
urger *fam.* **I**
uriner **T, I**
usiner **T**
usurper **T, I**
utiliser **T**

V

vaciller **I**
vadrouiller *fam.* **I**
vagabonder **I**
vagir **I**
vaguer **T, I**
vaincre **T, I**
valdinguer *fam.* **I**
valider **T**
valoriser **T**
valser **T, I**
vamper *fam.* **T**
vampiriser **T**
vandaliser **T**
vanner **T**
vaseliner **T**
vasouiller *fam.* **I**
vassaliser **T**
végéter **I**
véhiculer **T**
veiner **T**
vêler **I**
velouter **T**
vendanger **T, I**
vénérer **T**
venter IMP
ventiler **T**
ventouser **T**
verbaliser **T, I**
verdir **T, I**
verdoyer **I**
vermillonner **T, I**
vernir **T**
vernisser **T**
verrouiller **T**
versifier **T, I**
viabiliser **T**
viander **I**
viander (se) *fam.*
vicier **T, I**
vidanger **T**
vilipender **T**
vinaigrer **T**
viner **T**
vinifier **T**
violacer **T**
violenter **T**
violer **T**
virevolter **I**
virguler **T**
viriliser **T**
viroler **T**
visionner **T**
visiter **T**
visser **T**
visualiser **T**
vitrer **T**
vitrifier **T**
vitrioler **T**
vivifier **T**
vivoter **I**
vocaliser **T, I**
voguer **I**
voiler **T, I**
voisiner **I**
voiturer **T**
volatiliser **T**
volcaniser **T**

Index

voleter **I**
volleyer **I**
volter **I**
voltiger **I**
vousoyer / voussoyer **T**
voûter **T**
vouvoyer **T**
voyager **I**
vriller **T, I**
vrombir **I**
vulcaniser **T**
vulgariser **T**

warranter **T**

zapper **T, I**
zébrer **T**
zester **T**
zézayer **I**
zieuter / zyeuter *fam.* **T**
zigouiller *fam.* **T**
zigzaguer **I**
zinguer **T**
zipper **T**
zoner **T, I**
zouker **I**
zozoter **I**

N° d'éditeur : 10225192 - Dépôt légal : Mars 2012
Imprimé en Espagne par Gráficas Estella, S.L. en avril 2016